아름다운 청년 김세진·이재호

김세진·이재호 기념사업회 엮음

국립중앙도서관 출판시도서목록(CIP)

아름다운 청년 김세진·이재호/엮은이: 김세진·이재호 기념사업회.
-- 파주: 한울, 2007
  p. ; cm.

ISBN 978-89-460-3736-6 03040

330.4-KDC4
300.2-DDC21   CIP2007001237

아름다운 청년 김세진·이재호

김세진·이재호 기념사업회 엮음

한울

책을 다시 펴내며

한 해가 또 지났습니다. 21주기입니다.

지난해 많은 분들의 힘을 모아 20주기 행사를 성공적으로 치러냈습니다. 기념식뿐만 아니라 심포지엄과 현장답사 등을 통해 우리는 두 열사를 기억해내었지요. 그리고, 1년……. '산 자'들은 각자의 삶의 현장에서 열심히 살았습니다. 두 열사를 가슴에 품고 말입니다.

새로 펴내는 이 기념문집은 2006년 4월 '청년의사'에서 제작했던 것을 재발간하는 것입니다. 내용은 그대로 살리되 표지와 디자인을 조금 바꾸고 무엇보다도 많은 사람들이 친근하게 열사들을 만날 수 있도록 만들고자 했습니다. 기꺼이 재발간을 양해해 주신 '청년의사' 등에 감사의 말씀을 드립니다. 아래에는 지난번에 썼던 '발간의 글'을 발췌하여 붙입니다. 그 때의 그 마음을 다시 한 번 회고합니다.

20주기입니다. '뭔가를 해야 한다'는 생각을 했던 것 같습니다. 기념사업회가 2년 전에 다시 설 때도 '20주기'라는 사실이 동기부여를 했던 것으로 기억합니다.

이심전심으로 "꼭 해야겠다"고 의견을 모은 추모문집이었습니다. 10년 전에도 추진했다가 뒤로 미룬 일이기도 하지요.

20년이 지난 오늘, 우리가 책으로 엮어낸 열사들은 어떤 의미로 다가오고 있을까요? 두려움과 부끄러움이 앞섰지만, 용기를 내어 그 기억과 회한과 다짐을 책에 담았습니다.

우선 고마움을 전해야 할 분들이 있습니다. 원고청탁과 편집을 도맡아 주신 백창화님은 마음만 바쁘고 생활에 쫓겨 허둥지둥하는 저희들에게 결정적 도움을 주셨습니다. 평생을 민주발전과 조국통일을 위해 헌신하신 박형규 목사님께서 머리글을 써주시어 추모문집이 큰 빛을 발하였습니다.

많은 분들께 "꼭 써주시라"는 간곡한 당부로 소중한 글들을 받아낸 김재훈 아버님(세진), 이재욱 동생(재호)께는 죄송하다는 말씀을 올립니다.

항상 두 열사와 저희들을 지켜주신 민가협의 임기란 어머님, 추모곡 <벗이여 해방이 온다>의 노랫말과 곡을 만드신 이성지 선배님의 뜨거운 마음을 기억합니다.

김용출 후배님의 평전, 김탁환 후배님의 추모소설은 문집을 풍성하고 가치 있게 만드는 데 큰 힘을 보탰습니다. 그 밖에도 바쁘신 중에도 기꺼이 추모의 글을 써주신 많은 분들께도 감사의 인사를 전합니다.

추모문집을 엮으면서 새삼스럽게 느낀 점은 두 열사가 결코 외롭지 않다는 것입니다. 일단, 두 열사는 언제나 함께 기억되는 친구가 있습니다. '재호에게는 세진이, 세진에게는 재호가' 말입니다. 그리고 사랑과 생명을 주셨고 두 열사가 그토록 사랑했던 부모님들은 건강하게 잘 지내고 계십니다. 그 분들은 수십, 수백 명의 새로운 아들딸을 얻으셨지요. 두 열사들 곁에는 우리들도 있습니다. 두 분을 기억하고 삶의 거울로 삼아 살고 있는 친구와 선후배들이 바로 '우리들' 입니다.

　이제 이 모든 사람들의 가슴과 기억과 각오가 담긴 추모문집을 두 분 열사께 바칩니다. 그대들을 결코 잊지 않겠습니다. 부끄럽지 않게 살아가도록 하겠습니다. 해방으로 물결 춤추는 그날, 자유의 넋으로 살아올 새날을 위해 열심히 사랑하고 투쟁하겠습니다.

　두 열사도 함께해 주십시오.
　사랑하는 우리들의 벗이여…….

장유식(김세진·이재호 기념사업회장)

목 차

목 차

목차

아름다운 청년

김세진·이재호

님이여,
우리 6천만의 글썽이는 님이여

열사 영전에 바치는 글

고 문익환 목사

나의 막내 아들보다도 한참 나어린

앞날이 구만리 같은 빛나는 눈길

서릿발 양심으로 이 암흑 찢어 발기며

이 꽉 막힌 역사에서 불끈

솟아 오르는 또 하나 뜨거운

불길이여

열 번 스무 번 죽었다 나도

감당할 수 없는 사랑이여

막아도 막아도 귀청 찢어지게 들려오는

정의의 노랫가락이여

죽어서 사는 승리의 깃발이여

온 몸 무너지는 당신의 거룩한

이름 앞에서

우리는 발에서 신을 벗고

엎드려 고합니다

1988년, 서울대 교정에는 열사들 중 처음으로 김세진 · 이재호 열사의 추모비가 세워졌다.

님이여

우리는 당신과 함께 죽어 당신과 함께 살아 가겠습니다

살아나 껑충 껑충 뛰겠습니다

어깨를 디밀어 밀어 붙이겠습니다

온 몸으로 거부하겠습니다

옥죄어 들어오는 모든 외세를

통제와 억압과 부패를,

외세 의존과 굴종과 아첨을,

분단을

분단을 정당화하는 맹랑한 논리를

온 몸으로 거부하겠습니다

그리고 어기영차 밀어 올리겠습니다

자유를, 6천만 겨레의 자유를

온 몸 으스러지며 밀어 올리겠습니다

님이여

당신의 웃음을 보여 주소서

그날까지 우리는 웃을 수가 없습니다

당신의 얼굴에 웃음이 돌아오는 날

당신의 어머니가 당신의 벗들이

눈물을 펑펑 쏟으며 울음을 떠뜨리는 날

하늘이 울고 땅이 울고 산천초목이

얼싸안고 목놓아 우는 날

백두산, 묘향산, 금강산, 설악산, 지리산, 한라산이

한꺼번에 큰 목소리로 울음을 터뜨리는 날

민족 해방의 날이 이제

성큼 다가서는 게 저리도 가슴 아프게 보입니다

님이여

우리 6천만의 글썽이는 님이여.

(이 글은 1986년 5월 6일 서울대학교 총학생회 주최 "김세진 열사 민족장" 에서 고 문익환 목사가
직접 쓰고 낭독한 '조사' 중에서 일부를 발췌해 실은 것이다)

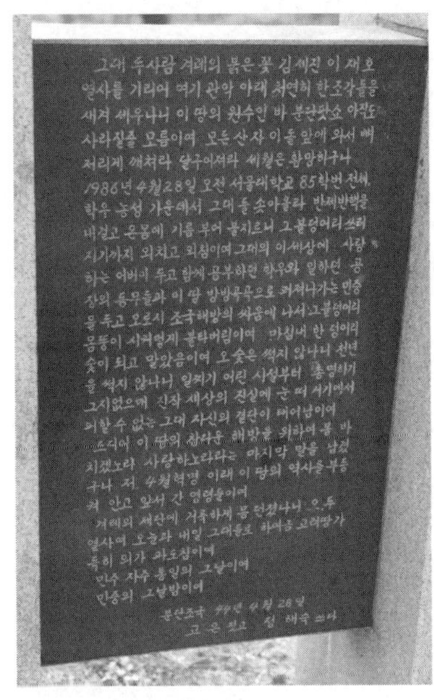

"그대 두 사람 겨레의 붉은 꽃…"
열사들의 추모비에는 고은 시인의 조사가 새겨졌다.

■ **故 김세진 열사**

65년 2월 20일	충북 충주 출생
77년 2월	청운초등학교 졸업
80년 2월	청운중학교 졸업
83년 2월	경복고등학교 졸업
83년 3월	서울대 자연대 자연 4계열 입학
84년 3월	서울대 자연대 미생물학과 진입
85년 3월	서울대 자연대 미생물학과 학생회장 및 자연대 부학생회장
86년 3월	서울대 자연대 학생회장
86년 4월 28일	"전방입소 전면 거부 및 한반도 미제 핵기지화 결사 저지"를 외치며 분신
86년 5월 3일	운명

■ 故 이재호 열사

64년 12월 29일	전남 광주 출생
77년 2월	양산초등학교 졸업
80년 2월	무진중학교 졸업
83년 2월	송원고등학교 졸업
83년 3월	서울대 사회대 정치학과 입학
86년 3월	〈반전반핵 평화옹호 투쟁위원회〉 투쟁위원장
86년 4월 28일	"양키의 용병교육 전방입소 결사반대, 반전반핵 양키고홈"을 외치며 분신
86년 5월 26일	운명

❝자랑스러운 아들임을 뿌듯하게 느끼실 그 날이
올 것을 믿습니다 ❞

아버님, 어머님.

걱정을 끼쳐 드려 죄송합니다. 용서해 주십시오. 이제 저는 정말 저의 본심을 적고자 합니다. 그동안 부모님께 대했던 태도는 저의 참 마음이 아니었습니다. 제 생각을 이야기했을 때 부모님께서 행하실 반대와 방해가 두려워 일부러 피하고 괜히 신경질적인 반응을 보이게 됐습니다.

대학에 들어와 저는 인간과 세계에 대해 고민을 했습니다. 눈 앞에서 개패듯이 끌려가는 선배와 동료들을 바라보며 저는 우리의 역사와 사회에 대한 고민으로 밤을 새웠습니다. 그리고 저는 알았습니다. 이 땅의 가난의 원흉은, 뼈아픈 분단의 창출자는, 압살되는 자유의 원인은 바로 이 땅을 억압하고 자신들의 대소 군사기지화, 식민지화시킨 미 제국주의이며 그 대리통치 세력인 군사파쇼라는 것을. 저의 대학 생활은 인간의 해방과 민중의 그리고 민족의 해방을 위한 끊임없는 고민의 과정이었으며 그것의 쟁취를 위한 투쟁의 과정이었습니다. 광주에서의 2천명의 학살은 무엇을 의미합니까? 군사 지휘권을 가진 미국이 병력 이동을 허락하지 않았으면 파쇼는 결코 공수부대를 투여할 수 없었을 것입니다.

현재의 '개헌 공방'은 또 무엇입니까? 민중의 혁명적 운동을 계량화시키고 국민을 허수아비로 기만, 우롱한 채 미제의 지원 아래 진정한 민중의 권력이 아니라 예속 대리통치 세력으로서의 보수대연합을 획책하는 것입니다. 국민이 신민당을 지지하는 것이 아님을 아버지 어머니도 잘 아시지 않습니까? 민중은 바로 자신의 권력을 원합니다. 그리고 끝내는 권력을 쟁취할 것입니다. 그것이 역사의 합법칙성이고 인간 존재의 합목적성입니다.

저의 행위는 한순간의 영웅심이나 학생회장이라는 것 때문에 억지로 한 것이 결코 아닙니다. 대학에 들어와서 읽은 수 백 권의 책과 객관적 조국의 현실을 바라보며 고뇌하며 오랜 시간 고민하여 얻은 결론입니다.

아버지, 어머니 저를 믿어주십시오. 이 글을 받으실 때쯤이면 이미 알게 되실 일을 준비하기 위해 무척 피곤한 생활을 하면서도 저는 아주 행복합니다. 돌이켜보면 아주 피곤하고 힘들고 바쁘게 보낸 3년 2개월 여의 대학생활이었지만 저는 저의 기득권이 포기되고 구속이 되더라도 조금도 후회스럽지 않습니다. 이 땅의 진정한 해방을 위해 교도소 안에서도 고민하고 나와서도 변혁해방운동에 이 몸을 바칠 것입니다. 충격이 크시겠지만 걱정하지 마십시오. 저는 아주 여유있는 마음 상태입니다. 그리고 이 일을 주도하면서도 아주 열심히 싸울 것이고 성실히 고민할 것입니다. 경찰에게는 이번 주 수요일부터 쭉 집에 들어가지 않은 것으로 이야기해주세요(그전에는 계속 집에서 학교를 다닌 것으로 해 주세요).

수면 부족과 시간 부족으로 저의 생각을 차분히 정리해서 글로 적을 여유가 없습니다. 그러나 다만 저는 해방된 주체로서 스스로 선택한 길이고 이번 일은 저 스스로가 주동적으로 만든 일임을 말씀드리고 싶습니다. 구치소로 이송되면 다시 편지 드리겠습니다(그전에 면회가 가능하겠지요). 이해해 주십시오.

사랑합니다. 아버지, 어머니.

해방된 조국의 땅에서 자랑스러운 아들임을 뿌듯하게 느낄 때가 반드시 올 것을 믿습니다. 그리고 저는 저의 투쟁 속에서 그 날을 앞당기겠습니다.

1986년 4월 26일 세진 올림

**❝효도는 사회에 봉사하는 의연한 삶을
개척하는 것임을 저는 믿습니다 ❞**

고향에 계신 부모님께.

이유 불문하고 그동안 안부조차 전해드리지 못했음을 깊게 반성하며 모든 것이 저의 불찰로 인한 것임을 시인합니다. 비록 늦었지만 지면을 통해서라도 인사드릴 수 있게 되어 기쁘게 생각하며 한편으로 부모님께서 이러한 방식으로 소식을 전할 수 밖에 없는 처지를 이해해주시고 가히 여겨주실 줄로 믿습니다.

상경하신 아버지를 만나 뵈옵고 모든 문제에 대해서 상세히 말씀드리고 싶은 마음은 헤아릴 수 없는 정도였지만 여하한 방법을 찾지 못하고 안절부절하다가 며칠이 지나버리고 말았습니다.

아버님이 학교에 오셨다는 소식을 접하고서 돌아올 수 없는 길을 가는 것도 아닌데 가슴이 꽉 차 울렁거림을 자제하기가 힘이 들더군요. 할머니를 비롯한 식구들은 모두 건강하신지요. 겨울방학 때 어머님께서 편찮으시다고 들었었는데 상태가 호전돼있길 바랍니다. 또한 아버님께서 하시는 일은 잘 마무리되고 있는지요. 기타 집안의 모든 일들이 못난 한 사람으로 인해 방해받지 않기를 바랍니다.

저는 현재 부모님께서 염려해주신 덕택으로 의식주에 큰 어려움을 겪지 않고 있습니다. 다만 행동거지가 퍽 부담스러운 까닭에 원하는 공부를 깊게 할 수 없음이 안타깝습니다. 하지만 제가 맡은 역할을 분명히 수행 책임지고 난 다음 틈틈이 독서를 함으로써 자신의 방만함과 타락의 씨앗을 근원에서부터 제거하려는데 노력을 게을리하진 않습니다.

저는 부모님에 대한 효도를 물질적 봉양만으로 생각하지 않고 있으며 효도는 첫째, 올바르게 사회에 봉사하는 의연한 삶을 개척하는 것. 둘째, '승리'로써 은혜에 보답하는 것이라는 확신을 가지고 있습니다. 이러한 확신은 힘든 결단을 가능하게 하였으며 현재의 생활을 지탱해주는 절대적 기초입니다. 물론 예고 없는 저의 결단으로 인한 충격에서 오는 부모님의 슬픔과 노여움에 고개를 떨구지 않을 수는 없지만 저의 생각과 행동이 결코 공허한 불장난이 아니라는 사실이 장기적 전망과 믿음 속에서 증명되는 날 기쁨의 해후를 할 수 있으리라는 확신을 가지고 있는 것입니다.

예전에 아버님께서 제가 어떻게 된다면 화병이 나실 것이라고 말씀하셨던 기억이 납니다. 그러나 아버님의 젊으셨을 때의 활동으로부터 아버님의 의연하심으로부터 저는 아버님께서 조금이라도 흐트러지심이 없을 것으로 확신하고 있습니다.

저는 최근의 문제가 사소한 것으로 간주되기를 바랍니다. 그렇지 않을 때, 제가 그러한 믿음을 갖지 못할 때 저는 자신감을 상실할지도 모르기 때문입니다. 그것은 패배라는 묘비명을 남길 뿐입니다.

저는 알고 있습니다.

서양 사람들은 기쁨과 슬픔을 포옹으로 표현하지만, 한국의 많은 가정에서는 예절을 통해서 표현하지만, 역사적으로 우리 집에서의 정(情)은 침묵으로 표현되었다는 사실을......

부자간, 모자간, 형제자매간의 정(情)과 한(恨)의 응어리짐들은 가장 솔직한 삶을 서로 드러낼 수 있는 것에 의해 하나하나 풀려질 것이라는 생각이 듭니다. 오래전부터 저는 자신의 삶을 준비해왔고 비로소 드러냈다고 봅니다.

지금부터 새로운 삶이 시작된다고 봅니다. 누님과 동생들에게는 의연함을 보여주고 싶습니다. 저의 생활과 주변에 관계되는 것들은 스스로 해나갈 수 있으므로 걱정은 하지 않으셔도 될 것입니다.

제가 당장 할 수 있는 최대한의 노력은 편지를 쓰는 일이라고 생각하고 가까운 날짜에 다시 연락드릴 것을 약속합니다.

건강히 계십시오.

1986년 4월 2일 저녁 12시. 서울에서 재호 올림

아름다운 청년

김세진·이재호

제 1 부

한반도 평화의
불꽃으로 타오르다

그대 눈부신 아침 햇살로

양 성 우 (시인)

그대 부르는 끝없는 흐느낌에 드디어 허공을 날으는 돌이 되고

이제는 밤을 새워 피울음 우는 뭇 사람 허허벌판

이 거친 바다에

그 빛나는 큰 넋으로 횃불이 되어 천리만리

비추는 이.

그대 부르는 끝없는 흐느낌에 드디어

참으로 눈을 뜨고 너나 나나 고스란히

그대 그리움에 비로소 죽고,

또 다시 물결처럼 일어서서 하늘 땅 덮는 바람으로

혹은 밤새 내리는 굵은 빗줄기로 저 어둠의 피묻은 벽,

잠잠한 떼무덤들 위에 온몸으로 나란히 부딪치리라.

날이면 날마다 지친 몸으로 먼 길을 가고

86년 5월 3일, 모든 이의 염원을 뒤로 하고 김세진 열사는 영원의 삶을 향해 떠났다.

이 비탈에 죽지 못해 억지로 사는,

그렇지만 오직 하나 내일을 믿고 시퍼런 풀잎으로

바람 앞에 수시로 눕는 뭇 사람의 이름 위에

큰 이름으로 그대 영원히 사는 이여.

지금도 이 깊은 늪, 낭떠러지에서 남의 손에 거듭하여

죽고,

그렇지만 세상의 모든 숨은 꿈 위에 영원히 사는

넋이여, 그대 지천으로 쌓이는 검은 재 위에

눈부신 아침 햇살로 굽이굽이 내리는 숨결이여.

모든 부끄러움의 해묵은 역사의 껍질들 다 태우는

그대의 그 불길 하나로 이 나라의 마지막 어둠이 한 순간에

걷히고, 죽으나 사나 한결같이 이어지리 쫓기는 이들

모조리 그 뜨거운 가슴으로 돌아와 끝날까지

그대의 큰 이름을 소리 높여 부르리라, 입을 모아

소리 높여 부르리라, 사랑하는 이여.

(김세진 이재호 열사를 추모하며 양성우 시인이 쓴 추모시 전문이다)

어둠의 시대, 별이 된 청년들

박 형 규 목사

70년대 초 나는 민주화운동에 동참하려는 학생 노동자 도시빈민 농민 종교인들에게 '의식화 교육(conscientization)'을 하면서 죠지 샌솜 이라는 일본역사를 전공하는 미국인 학자의 말을 자주 인용했었다. 그는 임진왜란 때 일본군이 패배한 이유로 "조선의 정부와 군대는 약하고 어리석었지만은 조선의 민중은 강하고 슬기로웠다."고 기술하고 있었다. 물론 이순신이라는 명장이 있었기 때문이기도 하지만 이순신 자신이 전술을 수행함에 있어 왕명을 받들기보다는 토착민들의 지혜와 용기에 의존한 장수였다. 한국 민중운동 또는 민주화운동의 저변에는 '인내천(人乃天)' 이라는 민중사상이 흐르고 있다고 보아야 할 것이다.

1945년 8.15 해방 후 미국과 소련에 의해 남북으로 분단된 조국의 현실을 놓고 이를 자주적 민족역량으로 극복하고 통일을 성취하려는 세력은 각각 미국과 소련의 지원을 받는 외세 의존적 세력에 의해 무자비하게 제거되었다. 그 과정에서 항일독립운동에 헌신한 많은 민족지도자들이 목숨을 잃었다. 북에서는 스탈린식 공산주의 이념에 동조하는 세력만이 살아남고, 남에서는 미국식 반공 자유민주주의에 동조하는 세력이면 과거의 반민족 친일 행각을 묻지 않고 누구나 새나라 건설에 참여할 수 있었다.

그러나 이러한 민족적 모순을 극복해보려는 애국애족의 불씨는 언제나 살아있었고 기회 있을 때마다 커다란 횃불이 되어 민족이 처한 위기에 대처하도록 잠자는 민족의 양심을 일깨웠다. 그리고 우리의 현대사에서 이 횃불의 역할을 담당한 것은 학생운동이었다. 4.19 학생혁명은 이승만의 자유당 정권이 선거 부정을 감행한데 대한 마산의 고등학생들의 항의 시위에서 촉발됐다. 김주열 학생의 시신이 마산 앞바다에 떠오르는 순간 서울을 비롯한 전국의 학생들이 일어나 시위와 함성으로 불의한 정권을 무너뜨렸다. 이때에도 젊은 학도들의 고귀한 피의 대가는 치루어야 했다.

한반도의 분단에 책임 없다 할 수 없는 미국

준비 없이 정권을 이어받은 민주당은 1년을 넘기지 못하고 박정희가 이끄는 일부 군부의 반란으로 어이없이 무너지고 말았다. 이 때에도 일부 학생들은 통일을 빙자한 북의 남침으로 일어난 동족상잔의 전쟁재발을 막기 위해 민족 분단의 모순을 자주적으로 풀어야 한다며 "가자 북으로"를 외치며 걸어서 38선을 넘으려했었다. 이러한 순진하고도 무모한 학생들의 행동이 외세에 의존하여 분단체제를 공고히 하려는 군과 수구세력에게 쿠데타의 빌미를 제공했다고 볼 수도 있을 것이다.

하지만 미국이 UN군으로 한국 전쟁에 개입함으로써 일단은 북의 무력에 의한 일방적 통일 기도를 저지할 수는 있었다 하더라도 한반도의 분단과 그로 인한 민족적 모순의 창출에 미국이 관여한 책임은 면할 길이 없을 것이다.

박정희의 군부정권은 철저하게 미국의 극동 전초기지로서의 역할을 수행하는 반공국가 체제를 만들어갔다. 61년 쿠데타로 정권을 잡은 박정희는 63년에는 군으로 돌아가겠다는 약속을 어기고 그동안 준비해온 극우정당인 공화당을 발판으로 대통령이 되고, 69년에는 '삼선개헌안(三選改憲案)'을 통과시켜 71년 대통령 선거에서 야당후보 김대중을 간신히 누르고 삼선 대통령이 됐다.

그동안 학생운동은 미국의 개입으로 이루어지는 '굴욕적 대일 국교정상화 협상'에 반대하는 시위를 벌였고 '삼선개헌' 결사반대 투쟁으로 운동의 역량을 키워나가는 한편 일부 지식인과 중산층 그리고 근로대중의 지지의 폭을 넓혀나갔다. 그리고 김대중 김영삼으로 대표되는 야당세력이 학생운동권의 지원을 받을 경우 박정희 정권은 선거에서 패배할 가능성이 컸다.

이런 시점에서 박정희 일당이 들고 나온 것이 72년 7월의 '7.4 남북공동선언'이요, 이 선언으로 민심이 막연한 희망으로 술렁이는 틈을 타서 3개월 후 '10월 유신'을 선포, 비상 계엄 하에 국회가 해산되었다. 박정희는 아마도 일본의 명치유신을 본받아 철권통치로 자신이 종신 대통령이나 총통이 되겠다고 생각했는지 모를 일이다. 그러나 이 유신으로 인해 부인 육영수 여사가 74년 광복절 기념식장에서 총에 맞아 죽고 자신도 79년 10월 김재규의 총에 맞아 죽었다.

그러나 한국 학생운동의 전개 과정에서 볼 때 유신체제는 한국 학생운동의 시대적 대응능력을 남김없이 드러내보일 수 있는 절호의 기회였다. 이시기에 대학의 학생회 조직은 곧 정치적 저항세력의 조직으로 전환했고 이에 이의를 거는 학생이나 교수나 직원은 없었다. 학생회 간부가 된다는 것은 당국의 감시와 탄압의 대상이 된다는 것을 알면서도 그것을 회피하는 학생은 없었다. 운동권 학생으로 분류되지 않은 학생들도 당국에 협조하는 경우는 거의 없었다. 심지어 경찰이나 구치소의 교도관 중에는 조사받거나 구치소로 넘어간 학생들에게 중요 정보를 알려주는 경우도 있었다. 74년 봄 '민주주의 청년학생연합' 의 전국적 동시다발 '반 유신시위' 가 정보유출로 불발로 끝나고 수 백 명의 학생이 고문조사를 받고 백 여 명의 학생이 서울 구치소에 수감됐을 때에도 학생들은 '유신타도' 를 외치고 있었다.

유신정권은 '민청학련' 을 북의 공작에 의한 거사로 만들기 위해 실체 없는 '인민혁명당' 을 날조했었다. 그러나 학생운동의 자금이 북에서 온 것이 아니라 윤보선 전 대통령과 지학순 주교 등 학생운동을 지원하는 각계 지도급 인사들의 성금이었다는 사실이 명백해지자 '인혁당' 날조의 사실을 숨기기 위해 8명의 무고한 사람들을 사형선고 후 24시간을 넘기기 전에 사형을 집행하는 천인공노할 만행을 저질렀다. 이 만행으로 박정희 일당은 인간성을 잃은 인면수심(人面獸心)의 집단임을 드러냈다.

한반도의 캄캄한 하늘을 밝혀준 두 개의 맑은 별

박정희가 죽은 후 잠시 '서울의 봄' 이라 불리는 기간이 있었다. 그러나 권력을 잡은 것은 겨울 사람들이었다. 전두환 노태우의 신군부집단은 한국의 민중과 학생을 '망나니들' 이니 '들쥐새끼들' 이니 하며 폄하하는 미국의 지원을 등에 업고 엄청난 폭력으로 국민을 위협했다. 야당지도자 김영삼을 가택연금하고 김대중을 내란죄로 몰아 사형선고를 내리는 등 전두환 일당의 횡포는 국민을 기죽게 만들 수는 있어도 학생들의 궐기를 막을 수는

없었다.

　80년 5월의 광주 민중항쟁은 전두환 신군부로 하여금 민중의 평화적 시위를 무장시위로 유도하여 무자비한 소탕작전을 감행함으로써 천추에 씻을 수 없는 민족의 역적으로 낙인찍히게 만들었다. 전두환과 노태우는 대통령을 지냈고 그들의 범죄집단은 지금도 5.18 진압작전의 공로로 받은 훈장을 달고 다닌다고 한다. 그러나 역사는 결코 그들의 범죄를 잊지 않을 것이고 그들의 훈장은 살인범의 표식으로 활용되는 날이 올 것이다.

　5.18 광주민중항쟁 이후 남한의 모든 폭력과 비리와 부패와 민중탄압의 배후에는 미국이 있다는 인식이 학생운동권 사이에 퍼져나갔다. 따라서 반미운동이 곧 민족 자주운동이요 군벌정치를 물리치고 진정한 민주질서를 회복하는 첩경이라는 인식이 학생들 사이에 확산됐다. 82년에는 학생들의 '부산 미 문화원 방화사건' 이 일어나고, 84년에는 서울 미문화원을 대학생

들이 점거하는 사건이 일어난다.

그리고 86년 4월 28일 김세진 이재호가 서울 신림동 사거리 가야쇼핑센터에서 벌인 "양키의 용병교육 전방입소 결사반대" 시위로 이어진다.

김세진과 이재호는 시너와 라이터를 준비하고 옥상에 올라갔다. 진압경찰이 무자비하게 거리에 집결한 학생들을 구타하며 연행하는 것을 보았다. 경찰이 옥상에 나타나자 "접근하면 분신하겠다"고 소리쳤다. 그러나 지휘자의 명령에 기계처럼 움직이는 진압경찰은 끝내 접근을 멈추지 않았고 두 학생은 무지막지한 폭력 앞에서 자신들의 몸에 불을 지르고 민족의 자주와 민주 평화 통일을 이끄는 별들이 되기 위해 캄캄한 밤하늘의 별자리로 올라간 것이다.

그들이 하늘의 별자리로 올라간 시 20년. 지구라는 작은 별의 한 모퉁이를 차지한 한반도에도 많은 변화가 일어났고 그들이 경험한 폭압 살인 정권도 사라졌다. 그러나 한반도에 평화가 정착하고 자유와 인권이 존중되는 통일된 자주와 민주의 나라가 실현되기 까지는 아직도 갈 길이 멀다. 이제 우리에게는 하늘에서 우리를 지켜보고 있는 이름다운 별들이 너무 많다. 우리는 이 별들의 이름을 결코 잊어서는 안될 것이다.

(박형규 목사는 서울제일교회 목사를 지냈고 민주헌법쟁취국민운동본부 상임공동대표, 민주화운동기념사업회 초대 이사장을 역임한 우리나라 민주화운동의 산 증인이다)

잃어버린 진실을 찾아서 –
1986년 김세진·이재호 열사 분신사건

장유식

"반전반핵 양키고홈", "양키의 용병교육 전방입소 결사반대"

1986년 4월 28일, 오전 9시 30분, 신림사거리........두 열사의 분신투쟁을 전후한 서울대의 전방입소거부투쟁에 대해 진술하기에 앞서 분명히 해 두고 싶은 것이 있다. 당시 언론의 왜곡보도로 인해 두 열사의 투쟁은 흔히 '분신 자살'로 알려져 있다. '공부 잘하는' 서울대생들의 분신 자살이라고 해서 세간의 엉뚱한 관심을 끌었고, 반면 생명경시 풍조니 교육제도의 잘못이니, 고생을 모르고 자라 나약하다느니 하는 무지막지한 마타도어가 판을 쳤다.

그러나, 분명한 것은 두 열사가 결코 스스로 목숨을 끊은 것이 아니라는 점이다. 그것은 명백한 타살이었다. 척박한 조국의 현실과 군사독재정권의 폭력으로 인해 두 열사는 사랑하는 조국과 부모형제, 친구들을 뒤로 한 채 죽음으로 내몰렸다. 두 열사는 누구보다도 열심히 살아왔고, 또 미래에 대한 강력한 희망을 가지고 투쟁했기에 삶은 그들에게 너무나 소중한 것이었다.

또 한 가지 분명한 것이 있다. 비록 두 열사는 죽음으로 내몰렸지만, 투쟁

과정에서 결코 죽음을 두려워하지 않았다는 것이다. 그야말로 결사(決死)의 의지로 사랑했고, 투쟁했고, 쓰러져 산화했다. 그 뜨거운 4월의 봄날, 그들이 목숨을 걸고 지키고 얻으려고 했던 것은 과연 무엇이었을까.

미국을 다시 보자

두 열사의 투쟁을 이해하기 위해서는 우선 당시 한국의 대학생들과 지식인들이 '미국' 이라는 나라를 어떻게 인식하고 있었는지 살펴보아야 할 것이다. 미국은 오랜 기간동안 한국의 우방으로 인식되어왔고, 미국에 반대하는 것은 바로 북한에 동조하는, 즉 이적행위로 간주되어 왔다. 그러나, 1980년대 학원가의 미국에 대한 인식은 근본적인 변화를 겪게 된다. 특히, 광주민중항쟁에서의 미국의 역할에 대한 의구심이 제기되고 박정희 정권에 이어 전두환 군사정권에 대한 미국의 지원이 계속되면서 반미감정은 확산일로를 겪게 된다. 나아가 주한미군과 핵전쟁위기에 대해서도 새로운 시각이 일반화된다. 주한미군이 미국의 주장처럼 북한의 남침을 막기 위해 존재하는 것이 아니라, 대소련 전진기지가 필요한 미국의 세계전략에 따라 배치되어 있다는 것이다. 지금으로서는 특별할 것도 없는 국제사회의 일반원리가 반공이데올로기와 숭미사대주의에 쩔어있던 한국사회에는 매우 충격적으로 다가올 수 밖에 없었다.

한반도 핵전쟁에 대한 위기감도 고조되었다. 남한에 배치되어 있던 전술핵이 실제로 사용될지 모른다는 우려가 현실감있게 제기되었다. 이 점은 당시 미국의 1983년 국방보고서에서도 분명히 확인되고 있다.

"소련이 중동 산유국에 개입할 경우 미국은 소련의 군사력을 분산시키고

석유자원지대를 수중에 확보하기 위한 전략으로 동북아시아의 동맹국과 함께 북한을 공격하고 북한에 대한 핵공격을 감행한다"(동아일보, 1983. 2. 15. 보도).

이처럼, 높아가는 핵전쟁과 민족공멸의 위기 앞에 애국적 열혈청년 학생들의 분연한 궐기는 이미 예고되어 있었다고 할 수 있다. 한편, 당시의 정치상황은 신군부가 정권을 차지한 후 수년간의 폭압정치가 계속되고 있었고, 이에 군사독재정권을 종식시켜야 한다는 국민적 열망 속에 대통령 직선제 개헌논의가 그 어느 때보다도 뜨거웠던 때이다.

'반전반핵 평화 옹호 투쟁위원회'의 발족

1986년에 들어서면서 반미투쟁의 선두에 나선 것은 '반전반핵 평화옹호 투쟁위원회'였다. 그 위원장이 이재호 열사이다. 1986년 3월 18일 11시경 서울대 IMC 회관앞에서 이재호 열사는 '반전반핵평화옹호 투쟁위원회'(이하 반전반핵투위)를 발족시키고 그 위원장에 취임한다. 당시 학내에서조차 시위가 자유롭지 않았고(상주경찰인력이 철수한 것은 1984년), 조금이라도 정치적인 성격의 집회는 학교 측의 동의나 요청 없이도 바로 경찰이 투입되는 상황이었기 때문에 발족식은 극도의 보안 속에서 준비되었고, 긴장감 속에서 속전속결로 집행되었다. 이날 쏟아지는 빗발 속에서 모인 100여명의 학생들은 이재호 열사의 선창에 따라 "반전반핵 양키고홈", "민족생존 위협하는 핵기지를 철수하라.", "친미독재 타도하고 미제국주의 몰아내자"는 등의 구호를 외쳤다.

반전반핵이 서구의 평화운동에서는 생명운동, 평화운동의 일환으로 진행

되는 데 비해, 이날의 구호는 '평화옹호'의
기치를 내세우면서도 문제의 본질인 미국문
제에 직접 접근하였다. 이날의 투쟁은 1982
년 3월 18일 부산미문화원 방화사건을 계승
한다는 의미에서 날짜도 3월 18일로 정해졌
으며, 1985년 서울 미문화원 점거농성투쟁
이후로 광범위하게 확산되던 학생운동 내에
서의 반미투쟁의 요구를 수렴한 것이라 할
수 있다. 특히, 서울 미문화원 점거농성 때만

반미 자주화를 외쳤던 열사들의 정신을 '추모사업회'는
통일운동으로 이어갔다.

해도 국민정서를 감안해서 '우리는 반미가 아니다' 라고 강변했던 학생운동
권이 이제는 반미를 전면에 내걸고 투쟁하게 된 것이며, 이전까지 주로 반파
쇼, 반독재 투쟁에 머물러 있던 학생운동이 민족 모순을 온몸으로 껴안고 가
겠다는 결연한 의지를 표현한 것이라고도 할 수 있다.

반미투쟁의 확산

'반전반핵투위'의 발족은 이후 확산되어가는 반미운동의 서막에 불과했
다. 이로부터 청계천4가 미 공병대 앞에서의 성조기소각투쟁, 영등포로타
리에서의 반미투쟁, 미국의 리비아 폭격규탄 투쟁, 남영동 미8군 USO타격
투쟁 등 일련의 반미투쟁이 이어진다. 4월 4일에는 '반미자주화 반파쇼민
주화 투쟁위원회(이하 자민투)'가 결성되었으며, 같은 달 11일에는 '자민
투' 산하 투쟁위원회들이 속속 구성되어 반미투쟁을 위한 조직정비가 마무
리되어진다. '반전반핵투위'는 '자민투' 산하 투쟁위원회로 소속된 상태

에서 이재호 열사를 중심으로 활동하게 된다.

한편, 투쟁위원회와는 별도로 학생회 차원에서의 준비도 계속되었는데, 각 단과대학과 총학생회 선거를 통한 의식화와 조직화가 그것이다. 학생회장 선거공간을 이용해 반미운동의 정당성을 홍보하고, 미국에 의해 만들어진 핵전쟁위기와 민족공멸의 긴박한 상황을 알리는 한편, 1, 2학년을 중심으로 한 조직화에도 힘썼다.

김세진 열사의 경우 집회와 시위에 빠짐없이 참석하여 현장에서 적극적으로 투쟁하였으며, 그 과정에서 3월말 자연대 학생들을 대표하는 자연대 학생회장에 선출되었다. 김세진 열사는 자연대 학생회장으로서 총학생회 활동에도 적극적으로 참가하여 총학생회가 반미투쟁에 나서도록 하는데 중요한 역할을 담당하였다. 총학생회는 학생들의 자치조직으로서, 과거 군사정권에 의해 학도호국단으로 전락한 후 다시 학생회로 부활한지 채 2년밖에 되지 않았던 상황이었다. 총학생회는 학생들의 자치적 의사를 대변한다는 점에서 반미운동의 대중화에 중요한 배경을 제공하게 된다.

반미투쟁의 대중화를 위하여

선도그룹의 치열한 문제의식과 강인한 투쟁 의지에도 불구하고, 학생 대중들 내부에서도 반미운동에 대한 정당성이 충분히 확인되지 않은 상황이었다. 학생 대중의 일반적 인식은 전두환 정권이 광주의 피무덤 위에 세워진 정통성 없는 집단이라는 점에 대해서는 아무런 이의를 달지 않지만, 미국문제에 이르게 되면 의견이 분분해지곤 했다. 또 주한미군의 존재나 핵기지의 위험성, 미국의 세계패권전략 등에 대해서도 관념적 이해에 그치는 경우가 많았기 때문에 실천의 한계가 쉽게 드러나기도 했다. 더욱이 운동진영 내부에서도 미국에 대한 견해, 개헌공방에 대한 견해차이로 인해 '자민투' 계열과 '민민투(반제반파쇼 민족민주투쟁위원회)' 계열로 분열하였고, 이 분열로 인해 '자민투'나 '민민투' 모두 대중들의 신뢰를 상실하고 투쟁에 어려움으로 작용하고 있었던 것이다.

이렇게 서울대 학생운동이 혼란을 겪고 있던 1986년 4월 초, 성균관대학교 85학번 2학년들이 전방입소거부투쟁을 벌이고 있었다. 전방입소제도는 문무대 입소교육(1학년 때 시행, 현재는 모두 폐지)과 함께 대학생들을 군사조직화하는 대표적 억압 장치로 지목받아왔다. 서울대 총학생회와 '자민투'는 성균관대 2학년이 벌이는 전방입소거부투쟁을 높이 평가하면서, "전방입소훈련은 미제국주의의 대학생들에 내한 용병교육이며 식민지 노예교육"이라고 규정하게 된다. 이에 따라 총학생회와 '자민투'는 4월 28일에서 5월 3일까지 예정된 서울대 85학번들의 입소훈련을 전면 거부하는 투쟁을 결의하기에 이른다. 입소거부투쟁을 통해 미국의 남한에 대한 군사적 지배의 본질과 실상을 폭로하고, 대학생들에게 만연된 숭미사대주의를 반미민족자주의식으로 전환해내는 한편, 많은 학생대중의 참여를 유발하여 반미투쟁을 대중적으로 확산시키는 것이 투쟁의 목적이었다. 4월 10일을 전후하여 입소거부투쟁이 최종 결의되고 투쟁의 주체로 총학생회와 '자민투'가 결합한 특별위원회 구성이 결정된다.

특별위원회의 구성

4월 16일, 총학생회장(김지용, 국제경제학과)을 위원장으로, 총학생회 기

획부장과 반전반핵투위장을 공동 부위원장으로 하는 특별위원회(전방입소
훈련 전면거부 및 한반도 미제군사기지화 결사저지를 위한 특별위원회)가
구성되었다. 특별위원회는 성명서를 통해 "양키들은 한민족을 자신의 용병
으로 전락시킬 목적으로 우리에게 용병교육을 강요하고 있다........(중략).....
전방입소교육을 냉철한 지성과 조국애를 바탕으로 전면 거부한다."라고 선
언하였다.

특별위원회가 전방입소교육을 미제국주의의 용병교육이라 규정한 것은
한국군이 미국의 용병으로 전락한 현실인식에 근거했다. 한국군에 대한 군
통수권과 모든 군사훈련, 병력배치이동, 군장비이동 등에 관련된 작전지휘
권은 주한미군사령관에게 있었다. 1994년 평시작전지휘권이 한국군으로
이양되긴 했으나, 1986년 당시만 해도 평시와 전시를 막론하고 한국군에 대
한 작전지휘권은 미군의 손아귀에 있었던 것이다. 이 역시 미국인들의 한
국군의 인식의 단면을 살펴보면 분명해진다.

"한국군은 미국의 용병이다."(풀브라이트의원, 미상원 외교위원회에서)

"한국군은 미국의 투자를 지켜주는 보초병으로서의 군대이며 또한 최소
의 비용으로 최대의 성과를 얻어주는 군대이다." (로버트 전 주한미군 사령
관)"한국군은 어디까지나 철두철미하게 미국의 고용 군대이며, 또한 한국
은 아시아 진출의 방패에 불과하다."(미국의 유력지 '군사평론' 중에서)이
같은 현실에서 대학생에게 전방입소훈련을 강요하는 것은 미제국주의의
용병이 되기를 강요하는 것이며, 식민지 노예로 길들여지라는 것에 다름 아
니라는 것이다.

특별위원회는 이러한 현실인식과 투쟁목적 하에 입소거부투쟁을 준비
해 나갔다. 이때 이재호 열사는 이미 경찰의 수배를 받고 있는 상황이었으

나, 검거망을 피해 '자민투' 위원장들과의 모임, 특별위원회 모임을 중심으로 전방입소거부투쟁을 주도적으로 준비해나갔고, 김세진 열사 역시 수배 상태에서 단대학생회장 모임의 대표로서 총학생회 차원의 구체적인 준비와 투쟁을 계속하고 있었다.

중앙도서관 농성계획 불발

특별위원회는 전방입소훈련을 앞두고 일주일동안 모든 힘을 집중하기로 결정하였다. 4월 20일부터 26일까지 매일 20여명씩 조를 이루어 "양키의 용병교육 전방입소 결사반대", "휴전협정 폐기하고 평화협정 체결하라." 등의 구호를 외치며 학교 구내를 돌면서 선전활동을 하고, "민족의 활화산" 이라는 소책자도 만들어 학내와 타 대학교에 배포하였다. 입소대상자인 85학번 2학년들은 학내 곳곳에서 전방입소훈련과 미국에 대한 토론을 벌이고, 과별·단과대별로 입소거부를 결의하였다. 85학번들은 스스로 대표를 뽑고 입소거부 서명운동을 전개하였고, 4월 22일에는 아크로폴리스(광장)에서 85학번 전체입소거부 결의대회를 개최하여 굳은 의지를 다지고 혈서로써 투쟁을 맹세하기도 했다. 이렇게 투쟁을 준비하는 과정에서 85학번 학생 대중들의 결의는 매우 높아졌다.

한편, 성균관대학교의 4월 22일~26일까지의 입소거부 자진 퇴소자 12명 중 10명에게 징집영장이 발부되자, 이에 항의하는 강력한 농성투쟁이 성균관대에서 벌어졌고, 이는 서울대의 전방입소거부투쟁에도 큰 힘을 불어넣어 주었다. 특별위원회는 달아오르는 대중적 의지를 모아 전방입소거부를 선언한 뒤, 입소훈련이 예정되었던 4월 28일부터 4일간 중앙도서관에서 농성을 하며 '민족대학'을 선포하고 강연과 문화프로그램 등을 운영할 계획을 세웠다. 이에 위기를 느낀 서울대학교 당국은 4월 26일 오전부터 28일까지 중앙도서관 휴관을 전격 결정하게 되는데, 이로써 도서관농성은 불발되고 특별위원회는 입소일을 며칠 남겨두지 않은 상황에서 대안을 찾지 않으면 안될 상황으로 내몰렸다.

연건캠퍼스 농성계획 실패

특별위원회는 대안으로 농성장소를 연건캠퍼스(의과대학교) 도서관으로 정히였다.

김세진 열사가 농성에 필요한 사전답사를 책임졌다. 김열사는 26일 오전과 오후를 이용하여 연건캠퍼스 진입로, 도서관내의 농성장소, 진입일시 등에 대한 계획을 세워 특별위원회에 보고했고 위원회는 26일 밤, 그 계획대로 추진할 것을 결의하였다. D-day는 27일 오후 1시, 농성현장을 지휘할 지도부로는 김세진 열사, 이재호 열사 등이 결정되었다. 이 계획은 26일 밤, 4~5명씩 조 단위로 연락체계를 갖추고 있던 85학번들에게 전달되었다.

27일 아침, 두 열사는 연건캠퍼스에 미리 들어가 투쟁을 준비하였다. 그러나 정오가 되자 상황이 급변하였다. 어떤 경로에 의한 것인지는 아직도 확인을 하지 못했지만, 사전에 정보가 경찰에 입수되었고 캠퍼스 주변에는 삼엄한 경계망이 둘러쳐졌다. 농성은 무산되고, 진입을 시도하던 학생 100여명이 경찰에 연행되었다. 모든 계획이 수포로 돌아가고 만 것이다.

27일 저녁 비상대책을 마련하기 위한 격론이 벌어졌다. 특별위원회는 막중한 책임감을 느끼고 있었다. 특히 농성현장을 직접 지도하고 투쟁을 책임

져야 했던 김세진·이재호 열사의 경우 더 큰 책임감을 느꼈다. 급선무는 불과 12시간 정도밖에 남지않은 입소 당일의 투쟁 장소를 결정하는 것이었다. 입소 집결지인 망우리와 서울대 관악캠퍼스, 신림사거리 등이 거론되었다. 이때 김세진 열사는 신림사거리 연좌농성을 강력히 주장하며, "나에게 맡겨라", "모든 것을 책임지겠다"는 굳은 결의와 의지를 내보였다. 특별위원회는 결국 28일 아침 9시, 신림사거리 연좌농성을 결정했다. 이어진 회의에서 두 열사가 건물 옥상에서, 인문대 학생회장이 연좌농성을 주도하기로 하고, 각자 관악캠퍼스 집회와 사후 대책에 대한 역할 분담을 끝낸 후 마지막 결의를 다졌다.

신림사거리 연좌농성과 두 열사의 산화

28일 아침 9시, 마지막까지 연락이 가능했던 4백 여 명의 입소대상 85학번들이 신림사거리 가야쇼핑센터 앞으로 모여들었다. 맞은편 3층 건물 옥상에는 이재호·김세진 두 열사가 핸드마이크를 손에 쥐고 구호를 외치며 투쟁을 주도하였다.

"양키의 용병교육 전방입소 결사반대".

두 열사가 옥상에서 선창하고, 4백여 학생들은 도로에 연좌한 채 서로의 어깨를 걸고 구호를 따라 외쳤다. 얼마 지나지 않아 경찰들이 출동하였다. 그들은 연좌한 학생들을 무차별 구타하며 연행하기 시작했고, 일부는 두 열사가 있는 건물로 뛰어 올라갔다. 두 열사는 미리 준비한 시너를 온몸에 끼얹으며 외쳤다.

"시위대에 덤벼들지 말라. 우리에게 가까이 오지 말라. 가까이 오면 분신

할 것이다" 그러나 두 열사의 거듭된 경고에도 불구하고 경찰들은 조금의 망설임도 없이 건물 옥상으로 쳐들어왔다. 결국……

굳은 각오로 투쟁을 주도하고 있던 두 열사는 자신들의 몸에 라이터로 불을 당겼다. 불길은 거세게 치솟아 올랐고, 누구도 예상치 않았던 두 열사의 분신투쟁이 눈앞에 벌어졌다. 김세진 열사는 순간적으로 뒤로 넘어졌으나, 곧바로 일어나 온몸이 화염에 휩싸인 가운데도 두 손을 불끈 쥐고 계속 구호를 외쳤다. 초인적 투쟁 자세로 임하던 두 열사는 얼마 후 이재호 열사가 고통에 못 이겨 옥상에서 떨어져 내리고, 김세진 열사도 기진하여 옥상에 쓰러지고 만다. 연좌하여 투쟁하던 4백여 학생들의 눈에서 두 열사는 사라지고 검은 연기만 치솟아 올랐다. 85학번 학생들은 연행되어 가면서도 눈물을 흘리며 재호형, 세진이형을 부르면서 열사들이 외쳤던 구호를 목이 터져라 외쳤다. 이렇게 두 열사는 1986년 4월 28일 오전 9시 반경, 신림동 사거리에서 목숨을 건 반미투쟁의 현장에서 불꽃이 되어 산화하셨다.

"나 죽더라도 후회하지 않아요"

분신으로 인해 깊은 화상을 입은(이 열사는 80%, 김 열사는 60%) 두 열사는 몇몇 병원을 전전하다가 한강성심병원으로 옮겨졌다. 경찰은 병원을 완전히 통제하고, 직계 가족을 제외하고 모든 면회를 제한하였다. 비보를 전해들은 부모님들이 찾아오셨을 때, 두 열사는 의식불명 상태였다. 의식을 회복하고, 대화를 나눌 수 있게 되었을 때 두 열사는 화상으로 인한 극심한 고통과 죽음에 대한 두려움 속에서도 "제가 죽는 건가요? 저 죽더라도 후회하지 않아요" "친구는 어떻게 되었습니까?"라며 의연한 자세를 결코 잃지 않았다. 평소 효심이 깊었던 두 열사는 오히려 부모님을 위로하며 투쟁의 정당성을 설득하기도 했다. 이렇게 굳은 의지와 헌신성, 동지에 대한 책임감으로 반미투쟁의 선봉에 섰던 두 열사는 많은 사람들의 안타까움 속에서 김세진 열사가 5월 3일, 이재호 열사는 모친의 피부이식수술에도 불구하고 5월 26일 우리 곁을 떠나고 말았다. 김세진 열사는 판교공원묘지에, 이재호 열사는 광주 망월동에(성산묘지에서 이장) 고이 묻히셨다.

민족자주와 조국통일의 씨앗이 되어

두 열사의 투쟁은 우리 사회의 근본적 패러다임을 변화시켰다. 당시 제기되었던 '반전반핵' 슬로건은 그 후 들불처럼 한반도 전역으로 퍼져나갔고, 미국에 대한 인식도 근본적으로 바꾸어 놓았다. 학생운동과 사회운동의 모든 초점은 미국과 군사독재정권에 맞추어졌으며, 친미정권에 대한 대중적 분노는 박종철 열사 물고문 치사사건과 6월 민중항쟁을 통해 폭발하였다.

부끄러운 것은 당시의 슬로건이 현재에도 아직 유효하다는 점이다. 전방입소훈련은 없어졌지만, 평화협정도 불가침선언도 이루어지지 않았고, 핵문제는 북한핵문제로 약간 변질되긴 했지만 민족의 생존을 여전히 위협하고 있으며, 한미간의 불평등한 SOFA 협정은 아직껏 개정되지 않고 있다.

두 열사의 투쟁에서 반드시 주목해야 할 것은 대중적 투쟁방식과 지도부의 헌신성이다. 그 이전에도 물론 반미투쟁은 있었다. 그러나, 해방전후와 한국전쟁시기를 제외하면 대중적 반미투쟁은 최초가 아닌가 싶다. 전방입소훈련이라는 대중적 이슈를 중심으로 학생대중을 조직하고 설득하였으며, '미국' 이라는 문제의 본질에 접근하려는 끊임없는 노력을 경주하였다.

대중적 투쟁을 선도하는 지도부의 헌신성은 더욱 중요하다. 이점에서 이재호 · 김세진 열사의 헌신성은 그야말로 모든 것을 내던진 그것이었다. 중앙도서관과 연건캠퍼스 농성이 무산된 후, 모든 투쟁을 책임지겠다는 각오로 85학번 후배들의 연좌농성대오를 수호하기 위해 스스로의 몸에 시너를 뿌리고, 경찰의 폭력적 진압에 저항했고 또 그대로 실천했다. 그들은 목숨을 스스로 버릴 만큼 무모하거나 나약했던 것이 아니라 투쟁대오를 사수하고, 후배 동료들을 보호하려는 강인한 의지와 책임감의 소유자였던 것이다.

아마 김세진 열사였던 것으로 기억한다. 28일 아침, 신림사거리로 떠나기 직전 중앙대 근처에 있었던 한 자취방에서 "빵(교도소)에 가면 먼저 청소해두고 기다릴테니 나중에 따라오라"는 농담을 했다. 이재호 열사는 당면 시기 '민족해방운동의 중요성'에 대한 당부를 잊지 않았다. 두 열사가 그렇게 먼저 가셨다.

두 열사가 죽음을 두려워하지 않고 문자 그대로 결사(決死)의 의지로 이야기하고 싶었던 것은 민족자주와 조국의 통일이었다. 전쟁에 반대하고, 핵무기에 반대하고, 평화를 사랑했던 두 청년의 외침은 오늘 광화문 촛불시위로 되살아나고, 모두의 가슴에 영원한 불꽃으로 타오르고 있다.

(이 글은 민주화운동기념사업회가 펴낸 '기억과 전망' 2004년 봄호에 실렸던 것을 전재한 것이다. 글을 쓴 장유식은 산업공학과 83학번으로 사건 당시 공대 학생회장으로 활동했다. 지금은 법무법인 동서남북에서 변호사로 일한다)

그 날, 그 자리에 서서

이정승

20년 전, 정확하게는 1986년 4월 28일 세진과 재호가 불꽃처럼 산화한 그 자리를 최근 다시 한번 방문해 보았다. 그곳은 신림 사거리에서 신대방동 방향으로 100미터 거리에 있는 3층 건물인 서강빌딩 주변이다.

20년이란 시간의 흐름 속에 이 지역도 개발의 여파로 많은 변화가 있어 주변은 오피스텔과 아파트 등 높은 건물들이 대체하고 있었다. 하지만 세월의 무게를 넉넉히 이겨내면서 변하지 않은 건물이 가끔 눈에 띄었다. 그 중의 하나가 바로 친구들이 산화했고 농성 집회가 열렸던 당시 중심 건물이었던 서강빌딩이다.

높은 빌딩을 좌우로 두고 변함없이 지켜온 낡은 적벽색의 3층 건물은 아무런 표식 없이 다양한 소규모 가게-빵 가게, 분식점, 안경점, 부동산업소, 컴퓨터방, 만화방 들을 품고 있었다. 과거 이 건물 주변에서 느꼈던 소박함과 질박함이 완전히 없어진 것은 아니지만, 세월의 흐름 속에서 향락성과 번성함을 새롭게 느낄 수 있었다.

이 주변을 오가는 많은 젊은이들에게서 서강빌딩이 갖는 상징성과 의미

를 전혀 느낄 수는 없었다. 하지만 이곳은 세진과 재호와 대면하며 호흡을
함께 한 선배와 동료와 후배들에게, 그리고 당시 운동에 헌신하고자 다짐하
고 결의한 모든 동지들에게는 잊을 수 없는 자랑스러운 곳이자 한편으론 마
음의 짐인 곳이기도 하다. 더욱이 이 곳은 80년대 들어 심화되기 시작한 반
미자주화 물결의 대중적 확산에 디딤돌 역할을 한 곳이라고 볼 수 있다.

　세진과 재호가 분신에까지 이르게 된 상황을 두고 당시 고생 모르고 자란
서울대생들의 철부지 행각이니, 생명경시 풍조니 하는 마타도어가 횡행하
기도 했었다. 세진과 재호의 분신에 이르게 된 과정과 결과적으로 분신이
갖는 의미를 객관적으로 조망하기 위해 우선 분신 전후의 시대상황을 간략
하게 실펴볼 필요가 있다.

태생적 한계를 지닌 전두환 정권의 말기적 증상들

　86년 전후 당시 우리가 당면하고 인식하고 있었던 환경을 한번 살펴보자.
한국경제는 외향적으로는 저유가, 저금리, 저달러라는 3저 현상을 기반으
로 사상 유례없는 호황을 누렸다. GDP 10% 증가, 수출 30% 증가, 국제수지
흑자 30억 달러 달성 등으로 단기적으로 외채문제, 실업문제, 물가문제의
극복뿐만 아니라 장기적으로 한국경제의 미래가 온통 장밋빛으로 보이던
시기였다.

　하지만 경제외형의 성장에 따른 고용인구의 증가에도 불구하고 상용근
로자의 감원과 임시직과 일용근로자의 증가 등 고용구조는 악화되었고('86
년 11월 노동부 통계에 따르면 전국 피고용 임금근로자 중 임시직 및 일용
근로자가 48.5%로 증가), 호황에도 불구하고 임금 및 상여금은 제자리였으

며, 공금요금 등은 오히려 상승하여 서민가계는 정부발표와 같은 호황을 체
감하지 못하고 있었다.

또한 정부의 재정정책 및 통화정책이 대기업 여신관리를 완화하는 방향
으로 운영되어, 부실기업 정상화자금, 수출금융, 설비자금 등을 통해 3저 호
황으로 인한 상당부분의 자금이 대기업으로 흘러 들어갔다. 이에 따라 30대
대기업의 대출비중이 36% 수준을 차지하고, 중소기업의 대출비중은 30%이
하 수준으로 당시 의무대출 비중인 35%선에도 미치지 못했다.

정부가 주장하던 성장동력의 마련이나 성장축의 육성이라는 논리로 당
시 정책의 정당성을 담보할 수는 없었다. 정부의 여신정책에 따라 자금사
정이 풍부해진 대기업들은 은행권으로부터의 차입금을 상환하는 대신, 오
히려 자금원 확보를 위해 단자회사 및 투자신탁 등 제2금융권 투자를 확대
했다. 더 나아가 아산만과 시화지구 등 일부 지역의 부동산 투기와 주식투
기를 주도하는 모습이 감지되기도 했다.

국내산업 간 명암(당시 자동차, 전자, 기계 및 철강, 반도체는 호황 기류
였으나 건설, 조선, 해운업 등은 부실이 확대되고 있었음)으로 부실기업 문
제가 한국경제의 최대 아킬레스건으로 등장하고, 이를 해결하기 위해 정부
가 일부 대기업에 부실기업 인수에 따른 특혜를 제공하는 사태가 발생하였
다. 정부는 부실기업의 청산보다는 정부지원에 의한 정상화가 국가경제의
발전과 근로자의 고용유지라는 측면에서 바람직하다는 입장이었으나, 정
부의 자의적인 기준에 따른 지원으로 일부 부실인수 대기업이 부실화하여
더 큰 낭비와 비효율을 초래하기도 하였다.

당시 전두환 정권은 외견상으로는 우람한 거구의 레슬링 선수처럼 보였
으나 정권 후반기로 접어들면서 태생의 한계를 노정한 채 심각한 내부질환

을 겪고 있었다. 이들의 운영 시스템과 소프트웨어에는 곳곳에 노폐물이 쌓여 있었다. 발에 지나치게 많은 피를 보내 두뇌와 다른 인체부위에는 형편없이 모자란 피를 공급할 수 밖에 없는 형편이었다.

'슈퍼 파워'를 강요하던 미국에 대한 새로운 인식의 시작

1980년대 들어 대학가를 중심으로 미국에 대한 인식이 변화의 단초들을 보이고 있었다. 광주민중항쟁에서 미국의 역할, 주한미군의 역할, 필요성, 정당성, 유효성에 대한 의문, 남한 내 배치된 전술핵으로 인한 한반도 핵전쟁의 위기감 확대 등의 이슈와 함께 진행되어 왔다.

더욱이 현실적인 측면에서 미국은 실물과 자본시장을 대상으로 한국시장의 개방요구와 통상압력을 급격히 확대하고 있었다. 특히 80년대 들어 커진 한국경제의 파이에서 미국 자본의 잇속을 챙기기 위해 수입자유화와 관세인하 등을 요구해 왔다.

미국은 85년 하반기부터 한국의 보험시장 개방 및 미국의 지적소유권을 보호해 줄 것을 요청하기 시작했고, 86년부터 양담배 국내판매 허가와 소맥, 옥수수 등 사료원료와 원자재 등의 수입물량 확대와 광고 및 금융시장의 추가 개방을 요구했고, 87년부터 퍼스널컴퓨터, 자동차부품 베어링, 일부 공산품의 수입개방을 단행키로 합의했다. 더 나아가 미국의 심각한 무역적자 해소를 위해 우리가 일찍이 경험하지 못한 원화절상 압력을 가해 왔다.

미국은 또한 한국의 대미 주력 수출상품을 수입 규제하는 조치를 병행하여 TV나 앨범에 대한 덤핑관세 부과와 섬유 및 철강의 수입물량 규제 등을 시행했다.

또한 외국인의 국내 주식투자 허용 등 자본자유화가 좀 더 구체적이고 본격적으로 논의되기 시작했다. 당시 외국 기업들의 대 한국 FDI(직접투자) 중 일본 기업들이 48%, 미국 기업들이 30% 수준을 차지하고 있었다. 당시 한국에 진출한 주요 미국기업은 GE, GM, 칼텍스, 체이스 맨하탄, 시티은행 등이었다. 한국에 투자한 외국투자 기업들의 ROE(자기자본이익률)는 13% 수준으로 국내 상장기업 7.5% 보다 매우 높은 수준이었다. 이러한 외국투자 기업들의 높은 수익성을 효율적인 경영활동에 의한 이익의 증가라는 측면보다는 외국 기업들이 한국의 저임금과 정부 로비에 기반하여 달성한 이익을 과실송금형태로 국외로 유출해 나간다는 인식이 당시에는 강했다.

한국시장 개방을 위한 정치적 압력이나 각종 기구들이 미국의 힘과 정책의 산물이었다. 미국은 자신들의 개빙화 혹은 세세화 선략이 제2차 세계대전 직후의 미국의 전략에 기반을 두고 있으며, 개방된 세계 경제를 창출함으로써 또 다른 대공황의 발생을 예방하는 한편 소련과 공산주의를 봉쇄 시켜버리는 데 있다고 주장한다.

하지만 당시 미국의 논리와 모습은 '어느 한 나라가 물리적으로 다른 나라를 점령하여 자신의 뜻을 강요한다' 는 측면에서 제국주의 형태로 다가왔다. 중립적인 표현으로 슈퍼파워(Superpower)였다. 이는 현재와 같은 세계화의 흐름 속에서 미국과의 Give-and-Take가 아니라 정치적인 논리와 한반도의 지정학적 위치 등을 중심으로 미국의 존재를 인식하고 해석했다.

이에 따라 미국에 대한 '문제 제기' 의 동력은 이미 잉태되고 배양되어 왔던 것이다.

마침내 그 힘이 충분히 축적되어 임계치를 넘어섬에 따라 비로소 하나의 거대한 회오리 바람으로 뭉쳐졌다고 볼 수 있었다. 그리고 그 회오리 바람은 맹렬한 기세로 과거 인습과 고정관념을 하나씩 재해석하고 살펴보게 만든 축매제라 할 수 있다. 나는 세진과 재호의 활동과 구호와 삶을 '회오리바람'으로 규정하고 싶다.

그날의 함성

1986년 4월 27일 밤 늦은 시간 당일 서울대학교 의과대학교 연건캠퍼스 농성 계획이 불발에 그치고 학생회 멤버들이 나의 자취방이었던 흑석동 소재 중앙대학교 부근 옥탑방에서 모였다.

옥탑방에 모인 멤버들은 총학생회장 김지용, 사회대 학생회장 황이수, 자연대 학생회장 김세진, 공대 학생회장 장유식, 사대 학생회장 김재영 등이었다. 이 자리에서 세진은 내일 신림동 사거리 농성 집회로 '전방입소 거부 투쟁'을 정리하겠다는 의사와 결의를 피력했고, 나는 신림동 사거리 집회 이후 교내 아크로폴리스에서 추가 정리집회를 주도하기로 했다.

이후 자취방 근처의 포장마차에서 단과대학 학생회장들은 국수를 저녁 삼아 먹으면서 소주를 이별주 삼아 마셨다. 세진은 포장마차에서도 특유의 웃음을 지으며 "먼저 들어가 있을 테니 열심히 싸우고 들어와라. 자리 준비하고 있을게"라며 여유로운 모습을 보였다.

그날 나를 비롯한 일부 단과대학 학생회장들은 흑석동 자취방에서 세진과 마지막 밤을 보내게 되었다. 다음날 4월 28일 아침 일찍 세진이가 일어나 나갈 준비를 하고 있었다.

내가 "왜 이렇게 일찍 가려고 하니?"라고 물으니 세진이가 "시너를 좀 사려고" 했다. 내가 시너를 왜 사려고 하냐고 묻자 "경찰들이 접근하면 위협을 좀 하려고"라는 세진의 대답이 돌아왔다.

세진이 나의 자취방을 나간 뒤 40여분 후 나는 전날 약속한 대로 교내 집회 준비를 위해 학교로 향하다가 신림 사거리 정리 집회를 봐야겠다는 생각이 들었다. 그래서 세진과 재호의 마지막 모습을 볼 수 있었다. 나는 버스를 타고 신림 사거리 부근 소재 가야쇼핑 근처에 내렸다. 도착한 시간은 집회 예정 시각 10여분 전이었다. 가야쇼핑 부근 골목과 대로변, 건너편 골목 등에 85학번 후배들을 중심으로 4백 여 명이 운집해 있었다.

9시가 조금 넘은 시간 서강빌딩 옥상에 세진과 재호가 핸드마이크의 경적을 울리며 유인물을 살포함과 동시에 "양키의 용병교육 전방입소 결사반대"라는 구호를 외치면서 집회를 주도했다. 이에 맞추어 골목과 거리에 있던 후배들이 서강빌딩을 중심으로 한 내로와 인도에 구호를 외치고 농성을 하면서 집회는 이어졌다.

5분이 채 지나지 않아 신림 사거리 부근에 있던 경찰들이 시위대를 에워

높은 빌딩을 좌우로 두고 오늘도 변함없이 자리를 지키고 있는 낡은 건물. 그 곳을 오가는 많은 젊은이들은 두 열사가 분신했던 역사적 의의를 알 것인가?

싸고 무차별 연행하기 시작했고, 일부 경찰은 두 친구들이 집회를 주도하고 있던 건물 옥상으로 난입했고 친구들은 시너를 몸에 뿌려 접근을 차단하려고 했으나 계속되는 난입과 연행 시도에 라이터를 당겨 분신에 이르게 된 것이다.

분신 후 두 친구의 몸은 아래에 있던 우리들의 시야에서 사라졌다. 그런 직후 온 몸이 불길에 휩싸인 세진이가 다시 나타나 주먹을 올린 채 구호를 계속 외쳤다. 이후 세진이는 옥상에 쓰러졌고 검은 연기만이 시야에 보였다. 재호는 분신 후 뒷편 낮은 건물로 뛰어 내렸다.

이후 예기치 않은 친구들의 분신에 연좌 농성을 하고 있던 후배들은 '세진형' '재호형'을 언호하며 투쟁기간 중 가슴에 닮아 수 백번 수 천번을 외쳤던 "반전반핵 양키고홈" "양키의 용병교육 전방입소 결사반대" 구호를 목이 터져라 외쳤다. 나 자신도 친구들의 예기치 않은 분신에 엄청난 충격을 받았다. 가슴속에 엄청난 화기가 치밀어 오르면서 마음속에는 주체할 수 없는 눈물이 흘렀다. 나 자신 집회를 정리해야겠다는 생각에 계획에는 없었던 신림 사거리 농성장에 뛰어들어 집회를 주도하게 되었다.

세진에 대한 개인적인 추억

나는 재호와의 추억이 많지 않아 세세한 기억과 경험을 담지 못해 재호에게 미안한 마음이 앞선다. 내가 세진이를 공식적으로 대면하고 얘기를 나눈 것은 단과대 학생회장 후보들 예비 모임이었던 것으로 기억한다. 1986년 1월경 신림 사거리의 다방에서였다. 집회에서 종종 스치면서 보기는 했지만 얘기를 나눈 것은 그 때가 처음이었다.

세진이는 당시 대학생들의 머리 스타일이었던 장발을 휘날리며(?) 다녔
다. 지난 3월, 국민들을 열광의 도가니에 빠지게 했던 월드베이스볼클래식
(WBC) 4강 신화를 이룬 한국팀의 맏형 이종범 선수 또는 영화배우 최민수
와 송강호 등의 머리스타일이었다.

생김새도 그렇다. 소위 '킹카' 였다. 또, 손으로 머리를 자주 매만지는 버
릇이 있었다. 가끔씩 머리를 만진 손가락의 청결 상태도 확인하면서 말이
다. 전체적인 분위기는 완벽을 추구하고 정갈함을 중요시여기는 친구였다.

세진이는 열정이 있고 통찰력이 있었으며 리더십이 있는 친우였다. '미
쳐야 한다' 는 주의를 가지고 열정적으로 운동과 토론에 임했다. 도서관, 농
성장, 토론회에서 논리력을 기반으로 열정적으로 설득에 매진하던 모습이
지금도 생생히디. 다양한 분파와 입장 속에서 강인한 의지와 책임감을 가지
고 운동을 견인했다.

학생회장단 멤버들이 선거 전에는 서울 강서구에 소재하던 세진의 자취
방에서, 선거 후에는 흑석동에 소재하던 나의 자취방에서 모임을 갖곤 했었
다. 처음 방문한 세진의 자취방은 예의 세진의 성격처럼 신혼방처럼 청결하
게 정리된 모습이었다. 토론 시 상대편의 논리에 동의할 수 없을 때는 유난
히 눈을 반짝이면서 날선 언어로 상대를 코너에 몰던 기억도 새삼스레 떠 오
른다. 하지만 내면적으로는 따스함과 남에 대한 배려도 잊지 않는 친구였다.

흑석동 나의 자취방에서 4월 27일 예정된 서울대학교 의과대학교 연건캠
퍼스 농성 계획을 최종 점검하던 4월 26일에는 회의 후 부모님께 보내는 편
지를 나와 함께 썼던 것으로 기억한다. 세진이는 "부모님께 죄송함을 표하
고, 영웅심이나 학생회장이라는 부담에서가 아니라, 수백 권의 독서와 조국
의 현실을 깊이 인식하고 고민하여 얻은 결론에서, 이땅의 진정한 해방을

위해 교도소 안에서 고민하고 향후 변혁 해방운동에 몸 바치겠다"고 다짐
하는 내용의 편지를 부모님께 부친 것으로 안다.

우리에게 남겨진 것

세진과 재호의 삶과 분신이 던져주는 의미와 무게는 그들과의 친소관계
에 따라, 개인이 몸담고 소속한 위치에 따라, 향후 삶의 지향점에 따라 다르
게 다가올 수 있다.

매년 다가오는 기일을 즈음하여 단편적인 회한과 다짐 수준에 그칠 수도
있다. 한편 친구들의 과거 모습이 우리들의 조그만 일상의 선택에도 긍정적
인 영향을 미칠 수도 있다. 속된 말로 가버린 친구에 비해 이승에서 너무나
많은 것들을 가지게 된 우리가 '세상을 우러러 한 점 부끄럽지 않은 삶'을
살자는 소박한 다짐일 수도 있다.

나는 세진과 재호가 남기고 간 몸짓과 메시지의 의미를 콜롬비아의 작가
인 가브리엘 마르케스가 쓴 '백 년 동안의 고독'이라는 소설을 읽으면서 되
새기곤 한다. 이 소설은 어느 한 마을 사람들의 이야기를 전하고 있다. 모든 것을 쉽게 망각하게 만드는 아주 해괴한 '전염성 건망증'이 나이 많은 사람들로부터 마을 전체로

서울대 400여명의 학생들이 전방입소 반대 연좌농성을 벌였던 신림사거
리 가야쇼핑 부근

확산되자, 이병에 걸리지 않은 젊은이가 모든 사물에 이름표 예를 들면 '이 것은 탁자입니다' '이 마을의 이름은 마콘도입니다' '신은 존재한다' 를 붙 여 피해를 줄이고자 노력했다.

이 소설이 전하고자 하는 메시지-모든 인간은 중·고등학교에서 배운 수 학공식과 영어단어와 처음 태어난 곳의 집 주소는 물론 인생 역정에서 배운 것을 몽땅 다 잊어버릴 수 있으며, 이런 것들을 모두 잊어버려도 손해 볼 것 은 없다. 하지만 우리가 어디에 소속되어 있는지, 우리의 정체성과 비전까 지도 모두 잊어버린다면 인간성마저도 모두 상실해 버리는 것과 같다-를 20 년 전 세진과 재호의 삶의 모습과 몸짓과 대비한다고 하면 우리가 친구들 에게 너무 큰 요구를 하고 있는 것일까 자문해 본다.

히브리 성경 '창세기' 에서 언급된 유사 이래 가장 오래된 이야기 중의 하 나, 즉 카인의 아벨 살해 동기에 대한 랍비들의 해석과 평론은 다양하다. 이 브라는 여성을 놓고 서로 논쟁을 벌였다는 설(성적인 만족감과 종족 번식 관련), 토지를 소유한 카인과 동산과 가축을 소유한 아벨 간의 영토분쟁 설 (경제개발과 물질적 성취 관련), 신전의 위치가 자신들의 올리브 밭에 있기 를 다투었다는 설(정체성 및 비전 계승 관련) 등이 있다. 이처럼 인간은 살 면서 많은 욕구를 느끼고 살아가지만 정체성과 비전에 대한 탐구와 모색은 무엇보다도 중요하다고 생각한다.

과연 미국과 우리의 관계, 실체적 진실은 무엇인가?

나는 1986년 당시 운동의 핵심 이슈였고 세진과 재호의 삶과 분신에서 확 인된 미국의 존재를, 한국과 미국의 대자적인 관계를 그 후 10여년의 시간을 거치면서 다시 경험하고 인지할 수 있는 작은 기회를 갖게 되었다.

첫 번째 기회는 김영삼 정부시절 쌀시장 개방을 결정하면서 학생과 농민을 중심으로 전국적으로 반정부 및 반미시위가 격화되었을 때 한국의 재야, 학생, 농민들을 대상으로 쌀 개방과 미국에 대한 한국 국민들의 인식을 듣고 싶다는 미국 뉴욕타임즈 논설위원의 요청에 따라 그와 함께 이틀에 걸쳐 부산과 경남지역을 순회한 적이 있다. 이 논설위원은 '진보' 또는 '리버럴' 성향의 언론인들이 갖고 있는 진보적 정치관(Political Correctness)을 갖고 있었다. 그는 미국의 역사는 '수탈과 착취의 역사'며 백인 남성들이 나라 안에서는 여성과 유색인종 그리고 동성 연애자들을, 나라 밖에서는 제3세계 국민들을 수탈해 온 역사였다는 인식을 갖고 있었다. 그가 미국에 돌아간 후 쓴 논설에서 한국 국민들의 '자존심' 이라는 관점에서 한국민들의 대미 인식을 소개한 것으로 기억한다.

두 번째 기회는 한국이 IMF체제를 받아들인 직후인 김대중 정부 초기시절 마틴 펠스타인 하버드대 경제학교수를 수행, 당시 재경부장관과 금감원장관 면담에 배석한 적이 있다. 펠스타인 교수는 전미경제연구소장(NBER)을 역임했으며, 이번 미국 연방준비제도이사회(FRB) 의장 후보로 강력하게 거론되었던 미국 경제계의 핵심 인물이다. 당시 우리는 곳간이 비어버린 현실에서 IMF라는 대체물을 통해 한국경제와 한국시장을 일거에 접수하는 미국정부와 미국자본의 현란한 합작 플레이를 지켜볼 수 밖에 없었다. 한국경제의 Global Standard 및 한국 기업구조의 투명성을 고양한다는 전제하에 미국 자본에게 안방을 내어주고 그들의 요구사항을 전면 수용할 수 밖에 없는 상황을 지켜보면서, 미국은 슈퍼파워(Superpower)가 아니라 하이퍼파워(Hyperpower) 수준으로 진화되었음을 부정할 수 없었다.

제국주의라는 간단한 단어로 미국을 치부해 버리고 미국과의 적절한 위상 관계를 모색하기에는 'Globalization' 이라는 단어가 던져주는 변화의 폭과 깊이가 너무 크다. 혹자는 미국을 '글로벌한 오만국가' 라고 칭한다. 미국의 문화와 경제력이 너무나 강력하게, 너무나 널리 또 속속들이 영향을 미쳐, 다른 나라 사람들의 삶에 영향력을 행사하기 위해 굳이 다른 나라를 물리적으로 점령할 필요가 없는 수준까지 왔다는 측면에서 말이다. 우리에게 있어 미국이란 존재는 무엇인가?

"미 제국주의인가?"

"글로벌한 오만국가인가?"

"Give-and-Take를 통해 Win-Win이 가능한 관계인가?"

20년 전 세진과 재호가 불꽃으로 산화하며 우리 사회에 던졌던 하나의 화두 '반미' 는 오늘에 이르러서는 시대적 변화 속에 또 다른 형태로 바뀌어 우리가 결코 피할 수 없는 상대적 개념으로서의 '미국' 으로 나타나고 있다. 또, 자칫 폐쇄적 의미로 오인될 수 있는 '자주' 는 세계화의 밑바탕이라는 점에서 인식의 재정립을 요구하며 그 본연의 가치에 무게를 더하고 있다. 그날 이후 20년이 지난 오늘까지도 그들이 외치고 지키고자 했던 것들은 이제 더 이상 '이즘' 의 시대가 아닌 현재에도 생명력을 갖고 우리 사회의 앞날에 대한 방향을 제시하고 있다. 그렇게 소망했던 것들을 하나씩 이루어 나가는 일은 이제 남아있는 우리들의 몫이다.

(이정승은 영문과 83학번이며 1989년부터 91년까지 대우그룹에서 12년 동안 근무했다. 미국 미시건대에서 MBA를 취득했고 지금은 (주)아하사이언스 대표이사로 있다)

1986 그리고 2006,
우리가 외쳤던 주장은 여전히 유효한가?

민 경 우

나는 84년도에 대학에 들어갔다. 당시 대학은 80년 광주학살로 들어 선 전두환 정권에 대한 대중적 저항의 진원지였다. 나 또한 자연스럽게 그런 물결에 휩쓸렸다.

광주에서 무고한 양민이 학살되었다는 것, 그리고 학살을 자행한 주범이 대통령이 되었다는 사실만으로도 내가(또는 동시대를 살았던 우리가) 학업을 접고 정권에 맞서 싸우는 이유로 충분했다.

85년 5월 서울 미문화원에 서울대 · 연세대 · 고려대 등 5개 대학 학생 72명이 들어가 농성을 벌였다. 학생들의 주장은 광주학살에 미국이 개입되었으며 전두환 정권에 대한 지지와 후원으로 독재정권이 유지되고 있다는 것이었다. 80년 5월 22일 미군이 자신의 작전통제권 하에 있던 20사단 병력의 광주 출동을 허락했다는 신문 보도는 미국의 개입에 대한 명백하고 구체적인 물증이었다.

미국에 대한 문제 제기는 다소 낭만적인 생각에 빠져 있던 내가 학생운동에 대해 새롭게 고민하는 계기가 되었다. 전두환 정권을 감싸고 있던 배후에 대한 막연하지만 뚜렷한 느낌을 갖게 되었다. 이 시기부터 나는 반미주의자가 되었다. 약간의 시차는 있지만 80년대 중반의 학생운동은 85~86년을 전후하여 미국에 대한 본격적인 문제 제기를 준비하고 있었다. 그리고 그 연장선에서 86년 4월 '반전반핵 양키고홈'을 외치며 두 학생이 자신의 몸에 불을 당기는 충격적인 사건이 벌어졌다.

80년대 중반, 반미운동의 성과와 한계

이 시기 학생운동이 주장했던 반미를 어떻게 평가할 수 있을까? 85~86년 조숙했던 반미 운동은 86년 10월 '건대 사건'으로 일대 타격을 받았다. 당시로 보면 반미와 연북은 국민 대중의 시각에서 보면 너무 급진적인 주장이었다.

국민 대중의 지지가 허약한 틈을 비집고 전두환 정권은 반미 운동의 진원지였던 학생운동을 건국대로 몰아 넣고 집중적인 탄압을 가했다. 이런 관점에서 보면 당시의 학생운동이 가지고 있었던 반미 주장은 국민 대중의 정서와 상당한 괴리를 갖고 있었다.

다음으로 중요한 것은 반미운동이 현실적으로 마주

했던 정치적 접점이다. 전두환 정권이 80년 광주학살을 통해 집권하는 과정에서 미국이 개입했고 미국은 그 이후로도 전두환 정권을 지지·후원하는 입장에 서 있었다. 따라서 당시 반미운동은 전두환 정권에 대한 저항과 밀접히 결합되어 있었다.

87년 4.13 당시 전두환 대통령이 간선제 헌법을 중심으로 87년 대선을 치르겠다고 선언하면서 민주화운동을 둘러 싼 본격적인 대결이 시작되었다. 4.13 호헌선언을 목표로 한 각계 각층의 저항이 본격화되는 가운데 박종철 군 고문치사 사건의 조작과 허위가 판명나면서 민주화투쟁은 정치권의 공방을 넘어 거리 투쟁으로 발전하기 시작했다.

87년 6.10 1차 국민대회에 이어 6.18에는 전국적으로 2차 국민대회가 진행되었다. 6월항쟁의 정점으로 기록될 이 날 시위를 거치면서 미국은 전두환 대통령을 중심으로 한 강경군부에 대한 지지를 철회하고 노태우 당시 민정당 대표를 고리로 보수 야당을 부분적으로 참여시키는 정치 개혁을 단행한다. 이것이 이른바 6.29 선언이다.

87년 6.29 선언 이후 운동은 두 가지로 분열되기 시작했다. 직선제라는 형식을 통해 보수 야당이 정치적 경쟁 구도에 뛰어 들 여지가 발생하자 보수 야당과 재야 사이의 관계가 재조정되기 시작했고 보수 야당이 정치적 지위를 확대하는 속도에 맞게 87년 6월 거리에서 싸웠던 학생들도 제도권에 합류하기 시작했다. 이 과정에서 반독재와 밀접히 결합되어 있었던 반미운동의 성장은 약화되기 시작했다.

87년 6.29 선언 또는 '87년 체제'를 다르게 이해한 또 다른 부류도 있었다. 나 또한 그런 부류에 속한다. 나는 직선제란 민주화의 지극히 초보적이고 형식적인 측면일 뿐 민주화의 대오를 민중으로까지 확대하고 미국에 대한 문제제기를 지속해야만 민주화 또한 정상적으로 이룩될 수 있다고 믿었다. 그런 믿음 속에 또 다른 일단의 학생운동 출신들은 공장과 농촌으로 뛰어 들었다. 이런 관점에서 보면 87년 6.29 선언 이후 반미 운동의 퇴조는 일시적인 후퇴라고 할 수 있었다.

나는 후자의 생각이 옳다고 생각한다. 그런 면에서 80년대 중반의 반미운동은 뚜렷한 한계를 가지고 있었다. 당시의 학생운동은 한편으로는 막 깨달은 반미 의식을 국민대중의 정서를 고려하지 않고 무차별하게 주장하는 미숙함을, 다른 한편으로는 형식적인 민주화에 탐닉하여 진정한 민주화를 위한 싸움을 접어 버리는 성급함을 함께 가지고 있었다.

80년대의 반미운동을 90년대 통일운동으로 계승하며

나는 89년 2월 학교를 졸업한 후 우여곡절 끝에 조국통일범민족연합 남측본부라는 통일운동 단체에서 일했다. 범민련 남측본부는 반미를 넘어 이를 남북해외가 연대하여 함께 이룩하자는 혁신적인 구상과 강령을 가지고 있었다. 민주화되었다고 하지만 국가보안법과 공안기관이 시퍼렇게 살아 있는 조건에 이런 류의 주장은 용납될 수 없는 것이었다.

90년대 통일운동은 혹독한 시련에 시달렸다. 매년마다 8월이면 범민족대회를 두고 공권력과 살벌한 대치를 거듭했고 95년과 96년에는 공권력의 전면적 탄압에 직면했다. 95년 11월에는 전국의 범민련 남측본부 성원 29명이 일제 연행되었고 96년 8월에는 이른바 연대사태가 벌어졌다. 그런 과정에서 나 또한 국가보안법으로 구속되어 징역을 살았다.

90년대가 중간층과 시민운동의 시대였던 만큼 범민련 류의 주장은 세상에서 통용되기 어려웠다. 그러나 언론과 제도 영역에서 비중있게 거론되지는 않았지만 85~86년의 문제의식을 계승하려는 시도는 90년대에도 줄기차게 이어지고 있었다.

98년 김대중 정권이 출범하면서 남북관계를 둘러 싼 객관적 환경은 뚜렷이 달라지기 시작했다. 남북관계가 개선되는 속도에 따라 남북관계를 화해와 협력으로 발전시키려는 세력과 이를 저지하려는 보수수구 세력의 대접전이 연이어 벌어졌다. 2001년 9월 임동원 통일부장관 해임, 2002년 대통령 선거, 2004년 3월 탄핵과 4월의 총선 등이 이와 연관되어 있다.

남북관계를 어떻게 볼 것인가를 둘러 싼 정치적 대결이 본격화되는 속에서 나는 범민련 남측본부와 통일연대 사무처장으로 일했다. 90년대의 대결이 대다수의 국민 대중은 방관적인 입장에 선 채 정권과 통일운동 세력 사이에서 벌어진 국지전이었다면 김대중 정부 출범 이후의 접전은 국민 대중 전체가 나라의 진로를 두고 벌이는 전면전이었다.

남북의 정상이 오가고 금강산에 수십만의 남측 국민이 관광을 하고 있는 조건에서도 분명 국가보안법은 살아 있었다. 무엇이 위법이고 무엇이 합법인 지도 불분명한 상태에서 나는 또 다시 국가보안법에 의해 구속되었다. 그리고 2005년 8월 남북의 정부 당국자들이 참여한 가운데 상암경기장에서 6만 명이 참여하는 큰 규모의 군중집회가 열리던 8.14 특별 사면으로 출소했다.

2006년, 우리에게 미국은 무엇인가?

85~86년 처음 반미에 공감한 때로부터 20년이 흘렀다. 20대 청년이었던 우리들은 이제 40대에 들어섰다. 20년이 지난 지금 미국의 존재는 우리에게

무엇일까? 2002년 두 여중생의 죽음을 애도하고 그 책임을 묻는 대중적인 반미 시위가 전국에서 벌어졌다. 광화문을 뒤덮은 거대한 촛불의 물결은 미 대사관을 압박하며 미국의 오만을 매섭게 추궁했다.

2002년의 촛불시위는 미국의 이라크 침공을 둘러 싸고 UN 안보리에서 국제사회의 대논란이 진행되고 있던 시점, 2차 북핵위기가 시작되었다는 점, 대통령 선거전, 남북관계의 호전과 맞물려 진행되었다는 점에서 특기할 만한 사건이다. 남측의 국민 대중은 2002년 10.3~5 제임스 켈리 차관보가 북을 방문하면서 시작된 2차 북핵 위기보다도 억울하게 생을 마감한 두 여중생의 죽음에 더 큰 의미를 두고 있음을 촛불 시위를 통해 명확히 보여 주었다.

2002년이 갖고 있었던 각별한 의의에도 불구하고 여전히 반미운동은 뚜렷한 한계를 가지고 있다. 2002년의 촛불시위는 엄밀하게 말하면 억울한 죽음에 대한 도덕적·사법적 책임을 묻는 상식적이면서 온건한 요구였다. 그러나 미국의 존재는 감성적이고 도덕적으로 접근하기에는 너무나 거대한 존재였다.

2003년부터 특대형 안보 현안이 터지기 시작했다. 북핵 위기, 남북관계, 동북아시아의 변화, 이라크 파병, 한미동맹 재편, 한미 FTA 등이 그런 사안이다. 노무현 정부는 북핵 위기를 관리한다는 이름 하에 남북관계를 통제하는가 하면 한미동맹을 앞세워 이라크에 한국군을 파병하였다. 그리고 우여곡절을 거쳐 2006년에는 전략적 유연성에 동의하고 평택으로의 미군 기지 이전을 강행하고 있다. 또한 아마도 IMF에 버금가는 커다란 영향을 미칠 한미 FTA 추진을 공언하고 있다.

도덕적 선악만으로만 보면 미국은, 특히 현재의 부시 행정부는 토론의 여지없이 악이라고 할 수 있을 것이다. 이라크 전쟁을 통해, 대북강경정책을 통해 미국은 전 세계를 향한 참으로 파렴치한 패권정책을 추구하고 있다.

그러나 40대가 된 우리가 도덕적 선악만으로 미국에 대한 태도를 결정할 수는 없을 것이다. 우리는 우리 사회를 구성하는 보다 많은 요소들을 면밀하게 고려해야 하는 나이가 되었다.

그렇다면 현재의 우리에게 미국은 도대체 무엇일까? 반미인가 친미인가, 그것도 아니면 용미인가? 85~86년 김세진 · 이재호 선배가 외쳤던 구호는 여전히 유효한가? 시간이 흐를수록 한국 사회는 점차 미국의 영향권 내로 보다 깊숙이 편입되고 있다. 미국은 9.11 이후 테러와의 전쟁을 전면에 걸고 전 세계를 무대로 전쟁을 방불케 하는 공격적인 외교 전략을 구사하고 있다. 그 일환으로 전개되고 있는 것이 미일군사동맹의 일체화 · 미 군사력의 변환 · 해외주둔 미군의 재편 계획 등이다.

용산 미군기지의 평택 이전 · 주한미군의 전략적 유연성 따위는 한국이 9.11 이후 미국의 외교 전략에 깊게 결합되고 있음을 의미한다. 이렇게 되면 당연히 미국의 대척점에 있는 중국과 러시아는 물론이고 북에 대한 태도도 경직성을 벗어나기 어려울 것이다. 미일 군사동맹이 강화되는 가운데 이에 반대하는 중 러가 다시금 결집하고 있고 북 또한 미국의 압박 정책에 격렬하게 반발하고 있다. 한반도를 둘러 싼 상황은 3.8 선을 경계로 또다시 위험한 대결과 군비 경쟁의 계선이 그어지고 있다.

한미 FTA는 경제적인 차원의 문제이면서 정치군사적인 문제인 듯 하다. IMF 이후 한국경제는 미국이 주도하는 세계화된 경제 속으로 더욱 깊숙이 편입되었다. 이로 말미암아 한국경제는 세계경제에 편입된 부분과 그렇지 않은 부분으로 양극화되었다. 외자와 수출 민간대기업이 전자라면 내수 중심의 중소기업과 서민대중이 후자일 것이다. 그리고 사회적 양극화는 날이 갈수록 도를 더해 가고 있다. 한미 FTA는 IMF 관리체제 이후 심화되고 있는 사회적 양극화를 더 큰 규모로 확대하게 될 것이다.

이제 미국에 대한 태도를 결정하자

한국이 미국이 주도하는 세계질서에 깊숙이 편입되는 반면 미국주도의 세계질서 자체가 이전과는 달리 동요하고 흔들리는 조짐이 뚜렷하다. 미국의 경상·재정 수지 적자 규모는 3조 2천억을 넘어 서고 있다. 미국의 터무니없는 과소비는 동아시아의 중앙은행이 막대한 외환 보유고를 미 국채 매입을 통해 다시금 달러를 미국으로 환류시키는 금융 구조에 지탱되고 있다. 이러한 기형적인 경제 질서가 언제까지 유지될 수 없음은 명확하다.

미국에 대한 중 러의 저항도 날이 갈수록 심각해지고 있다. 2005년 8월 중 러는 공동의 군사훈련을 진행하는가 하면 동유럽, 중앙아시아, 중동아랍, 동북아시아 등 곳곳에서 미국과 충돌하고 있다. 미국이 이라크에서 승리했다면 북과 이란은 이라크를 반면교사로 삼고 핵 개발을 강행하고 있다. 미국이 북과 이란을 이라크처럼 처리하기는 쉽지 않을 것이다. 신자유주의의 폐해가 심화되는 가운데 중남미와 중동아랍에서는 신자유주의에 대한 대중적 저항이 날이 갈수록 심화되고 있다. 심지어는 유럽에서조차 유럽과 이슬람 사이의 갈등, 청년실업 문제 등으로 몸살을 앓고 있다.

85~86년의 우리가 미국 주도의 한반도 질서가 안정된 가운데 부분적인 차원에서 미국에 대한 문제제기를 한 것이라면 2006년의 우리는 미국의 주도권이 동요하는 가운데 점점 미국의 질서속으로 편입되는 과정에서 미국

에 대한 태도를 결정해야 한다.

　나는 또는 85~86년 미국과 싸웠던 비슷한 세대의 우리는 당시의 열정과 40대가 된 우리가 세상에 대해 보다 많이 이해하게 된 균형감을 결합하여 문제를 적극적으로 해결하는 입장에 섰으면 한다. 마약을 끊는 것은 고통스럽더라도 단번에 끊는 것 이외에는 다른 방법이 없기 때문이다. 85~86년 우리는 분명 올바른 문제제기를 했고 20년이 지난 지금 그것은 마땅히 보다 발전적으로 계승되어야 한다.

(민경우는 국사학과 84학번으로 87년 인문대 학생회장을 지냈고 노동 현장을 거쳐 범민련 남측본부 사무처장, 통일연대 사무처장 등을 역임한 현장 활동가다)

고마운 인연들 그리고 소중했던 추억 –
추모사업회를 만들기까지

홍 성 영

1988년에 추모사업회를 만들고 1년여 기간 농안 운영했던 사람으로서 추모집을 만든다면 글 한편 올릴 자격은 있으리라. 하여 고심 끝에 원고 청탁을 수락하였으나, 결국 후회막급이다. 개인적으론 부끄러운 고백이지만 졸필에다가 초등학교 저학년 때를 제외하곤 이 때까지 일기 한번 제대로 써본적이 없을 정도로 글쓰기를 멀리하고 살았다. 하는 일까지 바빠 막판에 몰리다 보니 불혹을 훨씬 넘긴 이 나이에 창살 없는 감옥으로 비유되는 원고 마감의 압박을 새삼스레 느낀다.

사실 나는 세진이와 재호를 모른다. 분신 당시 영어의 몸이었던 관계로 소식도 나중에 전해 듣게 되었고 그 때서야 이름을 알게 되었지만 일면식도 없는 후배들이다. 생김새도 사진으로만 보았을 뿐이다. 때문에 정서적으로는 특별한 교감이나 추억은 없다. 다른 이들보다 무슨 글을 어떻게 써야 할지 더 난감할 수밖에 없다.

과거 추모사업회와 관련된 일들을 쓴다고 한다면 그다지 어렵지도 않을 것이고 할 얘기도 적지 않아 글쓰기 부담이 훨씬 덜할 듯하지만 나 좋다고 지난 이야기나 하고 있을 수는 없을 것이다. 그래도 그 편이 글 머리의 부담을 덜 수 있을 것 같다. 아울러, 개인적으로는 추모사업회 활동 과정에서 도움을 받은 많은 분들에 대해 그동안 고마움의 인사조차 제대로 전하지 못한 송구스러움을 조금이나마 면할 좋은 기회이기도 한 것 같아 다소 이기적이기는 하겠지만 그 얘기로부터 글을 시작하고자 한다.

통일운동 단체로서 '추모사업회'의 첫 발을 떼다

유난히 추웠던 겨울이 지나고 이제 봄이다. 정확히 지금부터 18년 전의 일이다.

1988년 그 해 봄은 통일운동과 함께 시작되었다. 지금은 영화배우가 된 85학번 김중기 후배가 총학생회장 선거에 이른바 NL계열의 후보로 통일의

서울대학교 후배들은 해마다 열사 추모제를 잊지 않는다.

구호를 전면에 내걸고 출마하면서 그 한 해는 온통 통일이 핫 이슈가 되었다. 금기시되던 통일의 구호가 다소 우려스러운 충격보다는 신선함으로 다가온 것은 아마도 87년 민주화 운동의 성과와 자신감 때문이었을 것이다.

다른 한편으로는 대선 기간 분열의 후유증과 대선 패배의 허탈함이 모두를 지배하고 있던 당시 분위기를 새로운 이슈로 돌파하고 싶은 공감대도 있었을 것이다. 즉, 분위기 전환이 필요한 때였다. 전두환의 후계자 노태우가 권력을 잡아 군부정권이 연속되긴 하였으나 직접 투표로 당선된 탓에 민주화라는 구호는 아무래도 힘이 빠질 수 밖에 없었다. 그렇게 통일운동은 민족 민주 운동 진영에 새로운 활력을 불어넣었고 분산된 마음과 힘들도 하나둘 결집할 수 있었다.

그 무렵 세진이의 자연대 1년 후배인 조성만군이 명동성당에서 올림픽 공동 개최 등을 주장하면서 투신하는 일이 발생하였다. 개인적으로는 참으로 안타까운 희생이었으나 운동권이 대선 기간 분열의 후유증을 극복하고 통일을 구호로 운동 진영을 다시 추스르는 계기가 마련되었다. 고 문익환 목사님을 비롯한 재야 원로 인사들과 운동권의 중진 인사들이 자연스레 한 자리에 모이게 되었고 조성만 후배의 장례식은 규모면에선 이한열 열사의 장례식에는 못 미쳤으나 형식과 참여 인사의 면면에서는 비슷하게 정치권과 재야 인사, 운동권을 한데 아우르게 되었다. 김대중 당시 평민당총재와 김영삼 통일민주당총재까지 장례위원회의 고문으로 참여할 정도였다.

비록 87년 대선에는 패배하였으나 87년 민주항쟁의 성과에 기반한 우리 사회의 민주화 진전과 노태우정권의 집권 초기 유화 조치로 인해 파생된 정치적 여유 공간을 통일운동이 기민하게 차지한 것이다. 아울러, 88올림픽이 예정되었던 관계로 올림픽 공동 개최는 국민들의 민족주의적 정서를 자극

함으로써 통일운동의 저변 확산에 좋은 자양분이 되었다.

"민족해방열사 김세진 이재호 추모사업회"는 88년의 그러한 분위기에서 만들어졌다. 요즘의 용어로 풀이하면 '반전반핵 양키고홈'을 외치며 산화했던 세진이와 재호는 평화와 통일이라는 새로운 운동 코드에 부합하는 훌륭한 아이콘이었다. 좁은 의미의 추모사업을 주관하는 것도 의미있는 일이었으나 부모님들의 이해와 추모사업회 구성원들의 역량과 의지, 시대적 상황 등은 추모사업회에 그 이상의 활동을 요구하게 되었다.

87년 7월, 88년 2월에 출소한 서울대 82, 83, 84학번들의 주도로 설립된 추모사업회는 고 문익환 목사님을 회장으로 모시고 지선스님, 진관스님, 박원순 변호사님, 김영주 목사님 등을 운영위원으로 하여 그해 4월 종로성당에서 정식 창립식을 갖게 되었다. 함운경, 김종민, 이명재, 이남주, 이승문, 김길혜, 고은아, 최재인 등이 당시 함께 한 서울대 동료, 후배들이다. 지금은 정치인, 교수, 변호사 등으로 변신하였지만 당시엔 유명했던 쟁쟁한 투사들이었다. 개인적 사정에 따라 활동 기간의 길이는 달랐지만 구성원들의 그러한 면면은 추모사업회가 이름과 달리 통일운동 단체의 일원으로서 이른 시간 안에 자리 잡을 수 있게 만든 요인이 되었다.

세진이와 재호가 분신하였던 4월 28일에 서울대 후배들의 도움으로 서울대 아크로폴리스 광장에서 약 5천 여 명이 모인 가운데 2주기 추모식을 성대하게 치르고 당일 서울대학교 인문과학동인 5동 옆 잔디밭에 서울대 열사들 가운데 처음으로 추모비를 건립하고 제막식을 거행하였다. 이후 매년 4월 마지막 주 일요일에 서울대 선후배들과 민가협 어머님들이 추모비 앞에 모여 추모식을 갖고 있는데 현재까지 계속되고 있다.

매년 졸업식 때마다 많은 후배들이 추모비에 헌화를 하고 기념사진을 찍음으로써 인생의 새 출발 순간에 두 열사의 뜻을 기리고 두 열사를 기억하는 소중하고 아름다운 모습은 추모비의 소중함을 일깨워주고 있다. 추모비 뒷면에는 고은 선생님의 추모사가 정해숙 선생님의 글씨로 새겨져 있는데, 추모비를 디자인한 사람의 이름이 빠져 있어 못내 아쉬움이 남는다. 당시 미대에 재학 중인 후배가 디자인한 것으로 기억나는데 추모비를 만드는 일에 급급한 나머지 고마움조차 제대로 전달하지 못하였고 작가의 이름을 기록하지 못하는 실수를 범하였다. 이 글을 통해서나마 미안함과 함께 고마운 마음을 새삼 전하고자 한다.

추모사업회에 도움 주셨던 많은 분들께 드리는 감사

추모사업회는 이후 통일운동 단체로서 자리매김을 하고 1988년 한 해를 뜨겁게 달구었던 통일운동의 대중화를 위해 미력하나마 힘을 보태는 데 주력하였다. 그 해 여름에는 혜화동에 조그만 사무실도 마련하였다. 창립 후 약 넉 달간 한겨레연구소에서 더부살이를 하였는데 연구소 살림과 활동에 적지 않은 민폐를 끼쳤다. 넉넉한 인심으로 돌봐주신 당시 연구소 이사장이신 예춘호 선생님과 연구소 살림을 챙기고 계셨던 거북이란 별명으로 유명한 김원재 선배께도 감사의 말씀을 드려야 할 것 같다.

지금은 한나라당의 3선 중진의원으로 변신한 이재오 선배께서 단체는 사무실부터 마련해야 한다고 조언한 덕분에 서둘러 사무실을 마련한 것인데, 혜화동에 사무실을 얻게 된 것은 추모사업회의 운영위원으로 참여하시어 물심양면으로 많은 도움을 주시던 김영주 목사님의 배려 덕분이었다. 당시 형제교회 담임목사를 맡고 계셨던 목사님은 천주교의 정의구현 사제단에 비견되는 개신교 목사님들의 모임인 정의평화목회자협의회(오래전 일이라 정확한 이름인지는 불분명함)를 이끌고 계셨는데 모임 사무실의 한 켠을 떼어주시어 추모사업회가 조그만 사무실이나마 갖게 된 것이었다. 이후 형제교회 예배당도 교육 활동의 장으로 흔쾌히 빌려주셨는데 아직도 감사의 마음을 전하지 못하고 있어 개인적으로 참 송구할 따름이다.

사무실이 마련되자 추모사업회는 통일운동의 대중화를 위해 '평화통일 시민배움터'(이하 배움터)라는 교육의 장을 마련하고 1988년 여름부터 이듬해 봄에 걸쳐 3기까지 졸업생을 배출하였다. 제1기 수강생을 모집하는 신문 광고를 보고 제일 먼저 신청한 이는 나의 친한 고향 선배였다. 연락이 두절된 상태에서 신문 광고를 보고 빈가운 미음에 한달음에 달려 온 것이다.

지금은 훌륭한 사업가로 변신한 분인데 일찍이 그 분의 성실함과 유능함, 사람 됨됨이에 반한 세진이 어머님께서 사윗감으로 눈여겨보신 덕에 결국 세진이의 매형이 되었다. 1기 졸업생 중에는 나중에 나의 처남이 된 이도 있었으니 어찌 보면 세진이와 재호가 우리들에게 소중한 인연을 제공해준 셈이다. 생전에 본 적이 없는 두 후배를 친동생처럼 살갑게 여기게 된 것도 그 덕분이다.

배움터와 관련해서는 잊을 수 없는 분이 또 한 분 있다. 고 조용술 목사님이시다. 목사님은 당시 복음교단 총회장으로서 멀리 군산 제일복음교회에 머물고 계셨다. 1988년 봄에 대선 실패의 후유증을 극복하고 민족민주운동 진영의 단결을 촉구하기 위해 재야원로인사들의 연석회의가 있었는데, 그 준비를 위해 어른들께 서한을 돌리는 심부름을 하는 과정에서 인연을 맺게 된 분이다.

개신교 교단의 원로 목회자임에도 불구하고 조목사님은 반미자주화에 대한 확고한 신념과 철학을 갖고 계신 분이었다. 조준호 현 민주노총 의장이 조목사님의 작은 자제분이다. 큰 자제분 역시 오랜 기간 민주화운동과 노동운동에 헌신하였다.

교단의 지도자이시고 환갑을 훌쩍 넘긴 나이에도 불구하고 형식과 절차에 구애받지 않으시는 훌륭한 인품의 소유자이셨다. 당시 배움터 교육을 위해 멀리 서울까지 오시는 수고를 단 한번도 마다하지 않으실 정도로 뜨거운 열정을 간직하셨던 분이시다. 생전에 가끔 찾아 뵙고 가르침을 받곤 했으나 바쁘게 살다보니 정작 장례식에는 참석하지 못하는 큰 결례를 범하였다. 두 자제분을 뵐 낯이 없게 되었는데 이 글을 통해서나마 그 송구함의 일부라도 전해졌으면 한다.

지선스님 또한 잊지 못할 분이다. 8/년 6·10 민주항쟁 당시 성공회성당에서 6·10선언에 참여하시어 옥고를 치르게 되었는데 그 일을 계기로 불교계가 민주화운동에 주도적으로 참여하고 있음을 세상에 널리 알린 분이다. 나 역시 스님의 존함을 그 때 처음 알게 되었다. 추모사업회 운영위원회마다 거의 빠지지 않고 참여하셨음은 물론이고 재정적으로도 많은 도움을 주신 분이다. 당시 광주 무등산 기슭의 문빈정사에 머물고 계셨는데, 운동권 스님이라는 데 대한 일반의 인식과는 달리 원래는 20대에 조계종 종정 사서실장과 제주 본사인 관음사 주지를 맡을 정도로, 세속의 용어로 표현하면 조계종의 잘 나가는 스님이셨고 공력도 상당한 분이었다.

어느 해 설 명절 뒤 귀경길에 친구 함운경과 백양사에 잠시 들러 인사를 드린 적이 있었는데 가정을 이룰 정도로 어른이 된 우리들에게 수중에 갖고 있는 돈이 얼마 안 된다며 주머니에서 꺼낸 돈 전부를 노잣돈으로 챙겨주실 정도로 정이 넘치는 분이었다. 당시 문빈정사에는 검은색 가사를 입는 것

으로 유명하신 진관스님도 계셨는데 스님의 도움 또한 적지 않았다. 통일
운동과 관련해서는 아마 종교계 인사 중에서 제일 진보적인 분일 것이다.
그 외에도 많은 분들이 물심양면으로 많은 도움을 주었으나 다 소개하지는
못할 것 같다.

이처럼 많은 분들의 도움으로 추모사업회를 운영하게 되었으나 1989년
에 들어 통일운동에 대한 탄압과 단속이 본격화되면서 추모사업회는 약 1
년에 걸친 활동을 모두 중단하게 되었다. 통일운동과 관련하여 추모사업회
활동 과정에서 발간한 책자와 기고문, 강연 내용 등이 문제가 되었다. 친구
함운경과 후배 이남주가 국가보안법으로 구속되었고 배움터 역시 폐쇄되
었다. 나 역시 기소중지자의 신분이 되었다. 기본적인 추모사업의 활동조
차 제대로 수행할 수 없게 되어 양가의 부모님들께는 미안한 마음 그지 없
었으나 경제력도 없었던 데다가 기소중지자의 신분으로선 달리 도리가 없
었다. 결국 통일운동과 함께 시작한 추모사업회의 활동은 그렇게 중단되었
지만 개인적으로는 아름답고 소중한 인연을 간직하게 된, 내 인생에 가장
기억에 남는 1년으로 자리잡고 있다. 이제는 세진이와 재호의 친구이자 동
지들인 83학번 동기들이 주축이 되어 본연의 추모사업회 활동을 하고 있어
든든한 마음이 든다. 후배들에게 고마움과 기대의 마음을 전한다.

인간에 대한 예의와 사람 사는 도리를 생각해 본다

지금 그 시기를 회상하면 그 당시엔 참 겁도 없었다는 생각부터 든다. 아
무런 경제적 기반도 없이 매사 의지와 열정만 가지고 덤벼들었다. 여러 가
지 일도 많이 하였다. 지금 같으면 아마 절대 못했을 것이다. 결과적으로 못

한다기보다는 지레 포
기하였을 것이다. 젊음
의 특권이라 생각한다.
내 인생에 언제 다시 그
러한 열정의 시기가 찾
아올지 싶다. 늦은 나이
에 복학을 하고 내친 김

에 대학원까지 다닌 탓에 90년대 학번의 후배들도 만날 기회가 많이 있었
다. 후배들을 보면 최루가스 맡을 일이 없는 그들이 부러울 때도 있었지만
한편으로는 딱한 느낌이 들 때도 적지 않았다. 뜨거운 열정이나 용기는 아
무래도 부족한 듯한데 개인적인 탓보다는 시대를 달리한 탓일 것이다. 젊
은 후배들에게 의지와 열정의 소중함을 강조하고 싶다.

다른 선후배들과 마찬가지로 20년이라는 적지 않은 기간 동안 나 역시 많
이 바뀌었다. 혈기방장한 청년에서 세월의 흔적이 얼굴 곳곳에 묻어 나기
시작하는 40대 중반의 중년 남성이 되었다. 가정을 이루어 식솔도 거느리게
되었고, 하는 일은 물론이고 생각도 많이 바뀌었다. 사회적으로는 가장 활
발하게 활동하는 연령대가 되었지만 지금도 어떻게 살아야 하는지에 대해
서는 고민의 끈을 놓지 못하고 있다. 또래의 많은 이들 또한 비슷한 고민을
안고 있으리라.

그런데 우리를 당혹스럽게 하는 이들도 있다. 어느날 갑자기 '뉴라이트'
인지 뭔지를 들고 나와 뒤통수를 멍하게 만든 사람들이다. 사상의 자유가
있기에 사상의 전향을 나무랄 수는 없을 것이다. 그리고 그들이 주장하는
바에 일리가 없는 것도 아니다. 나는 본래 사상이나 이론에 밝은 사람이 아

니라 잘 알지도 못하고 논리적으로 반박할 능력도 없지만, 왠지 본능적으로 거부감이 드는 것까지 감출 수는 없다. 이성과 논리의 차원보다는 사람 사는 도리의 차원에서이다.

세진이와 재호가 분신할 당시 전방입소의 대상자인 서울대학교 2학년이었던 죄로 분신 현장에 있었던 이름 모르는 수많은 후배들은 눈 앞에서 벌어진 선배들의 죽음을 평생 가슴에 간직한 채 살아갈 것이다. 가끔 정든 교정에 들를 일이 있으면 추모비를 찾아 잠시 묵상이라도 하고 갈 것이다. 그러나 그 투쟁을 결과한 노선을 주창한 이들은 이른바 전향을 선언하고 더러는 뉴라이트 운운하면서 입에 거품을 무는 이도 있다. 세진이와 재호의 20주기를 맞이하면서 인간에 대한 예의와 기본을 다시 생각하게 만드는 대목이다. 주제 넘은 얘기일지 모르겠지만, 진정 자신의 과거 생각이 잘못되었다고 한다면 유명을 달리한 후배들 앞에 참회의 눈물을 흘리고 조용히 속죄의 삶을 사는 것이 인간다운 도리가 아닌가 싶다.

세상이 달라진 만큼 우리도, 우리를 둘러싼 환경도 많이 달라졌다. 세진이와 재호가 외쳤던 반전반핵 양키고홈의 구호도 듣기 힘든 세상이 되었다. 나 역시 어쩌다 그러한 구호를 듣게 되면 반가움보다는 생경함이 느껴지는 것이 솔직한 심정이다.

물론, 따져 보면 그 구호가 갖는 본질적인 의미가 사라진 것은 아니다. 북핵 문제로 인해 미국은 잊을 만하면 한번씩 전쟁의 위험을 상기시킨다. 북한이 핵카드를 사용하고 있어 반핵의 대상이 누구인지 불분명하게 되었으나 핵 문제 역시 현 시기 한반도의 핵심 키워드이다. 주한미군 역시 그대로이다.

현 시기 우리가 살고 있는 한반도의 상황은 여전히 간단치 않다. 아니 더 복잡해진 것 같다. 독도 영유권 문제를 끊임없이 제기하면서 신사참배를 통해 우경화를 노골적으로 추진하는 일본이야 어제 오늘의 얘기가 아니지만, 고구려사까지 왜곡하면서 한반도에 역사적 지분이 있음을 표방한 중국은 우리에게 이전과는 다른 차원의 숙제를 던져주고 있다. 자타 공인 대국인 중국은 친미건 반미건 미국만을 상대해왔던 우리들에게 새로운 고민이 아닐 수 없다. 더구나 땅까지 이웃하고 있고 역사적으로도 유쾌하지 않은 기억을 공유하고 있는 관계로 미래의 긴장 관계를 생각하지 않을 수 없다. 자주 국가로서 외국 군대가 주둔하지 않는 것은 당연한 일이지만, 바다 건너 있는 미국과 미래 국경을 맞댈 중국에 대해서는 원교근공의 교훈도 새삼 무시못할 느낌으로 다가 온다.

한편, 삼성이 소니를 추월하였고, 세계 조선업계의 1위에서 7위까지를 한국 업체들이 몽땅 차지하였다. 전자업계의 소니와 조선업계의 미쯔비시 중공업은 일본의 자존심이었다. 불과 몇 해 전까지만 해도 우리 세대에서 가능할까 싶던 일들이 지금 눈 앞에서 벌어지고 있다. 전체적으로 보면 아직도 모자란 부분이 적지 않으나 세계 일류 국가의 가능성은 충분히 확인된 셈이다. 또한, 일개 삼성그룹의 경제 활동 규모가 북한 경제의 7배나 된다. 이제는 새로운 전략과 새로운 상상력이 필요한 때이다. 세진이와 재호의 20주기를 맞이하여 두 사람을 기억하는 모든 이들이 희망을 가지고 특유의 의지와 열정으로 한 차원 높은 새로운 흐름을 만들었으면 한다.

(홍성영은 토목공학과 82학번으로 1988년, 기념사업회의 첫 발을 뗀 실무 책임자 역할을 했다. 지금은 중소기업을 운영하고 있다.)

아름다운 청년
김세진·이재호

제 2 부

벗이여,
자유의 넋으로 살아 오소서

그대 숯덩어리 썩지 않나니

- 김세진 열사의 분신 백일을 맞이하여 -

고 은 (시인)

그대 죽어 백일이 되었구나

어둠을 불질러

그대 뜨거운 불덩어리로

반제반핵 이 땅의 양키 꺼져라 외치다가

양키 꺼져버려라 외치다 쓰러져

이제 죽어 말이 없구나

온 민중의 분노 꼭 껴안고

마침내 시커먼 숯덩어리로 묻혀 말이 없구나

……

1986년 4월 28일 오전 9시 반 신림동 네 거리

한 건물 옥상에서

반전반핵평화옹호투쟁위의 85학번 학우들 앞에서

수많은 학우의 농성장 앞에서

그대는 이재호와 함께 처절하게 외쳤다

반제반핵 양키는 꺼져라

그리고 선언문을 뿌렸다 전단이 널렸다

그리고 그대는 마지막으로

농성대열 짓밟는 전경대에 경고했다

그대와 이재호의 몸에

그대는 석유를 붓고 외쳤다

더 이상 물러설 땅이 없었다

그대는 불을 당겼다

벗의 몸도 불에 싸였다

불덩어리였다

불덩어리였다

그대는 불덩어리로 외쳤다

온 몸 뛰어 오르며 외쳤다

그 고통의 극한으로

그 전율의 극단으로

그 최후로 외쳤다

목숨 다하여 끝까지 외쳤다

양키는 꺼져라 양키는 가라고

그대는 쓰러졌다

......

그대는 윤동주의 서시를

책상 위에 두고

모든 죽어가는 것을 사랑해야지

그리고 나한테 주어진 길을

걸어가야겠다

오늘 밤에도 별이 바람에 스치운다

고 이따금 마음 속으로

노래하였구나

그 노래를

아니 그대 자신의 노래를

그대 죽어 백일이 되었구나

우리 여기 모여

그대 살아있음을

펄펄 살아있음을 깨치노니

숯은 썩지 않는다

그대 숯덩어리 썩지 않는다

오 민족의 꽃 산화하여

민족의 썩지 않는 숯으로

파묻혀 있음이여

영령이여

어둠을 불지르고

악을 불살라

그대 불덩어리로 외치다가

그대 숯덩어리로 외치다가

이 엉망진창으로 날뛰는 망나니의 발악 앞에서

단말마 앞에서

멸망 앞에서

그대 스무살 청춘 산화 아니거든 무엇이겠느냐

어둠 불사르고

가난 불사르고

뷰다 활활 불사르고

길고 긴 팟쇼 불사르는 싸움

오 김세진

그대의 삶과 죽음 앞에서 우리 엉엉 우는구나 뭉치는구나

오 김세진

그대 여기 살아있구나 살아있구나

오늘이구나

(이 시는 1986년 8월 11일 김세진 열사 100일 추모제를 기념하여 고은 시인이 쓴 것을 일부 발췌하여 실었다)

희망을 품고 대학에 입학한
사랑하는 세진이의 아우들에게

김재훈(김세진 열사 아버님)

사랑하는 세진이의 아우들이여.

세진이가 내 곁을 떠난 지 어언 스무 해가 되었습니다. 10년이면 강산도 변한다는데 20년이 지난 지금도 나의 마음엔 아무 것도 변한 것이 없는 것 같습니다. 아직도 관악 캠퍼스에 가면 흐드러진 진달래, 철쭉꽃 사이에서 "아버지, 오셨습니까?" 하며 세진이가 뛰어나와 반겨 줄 것만 같습니다. 아직도 해질녘이면 "저 돌아왔습니다" 하는 세진이의 힘찬 목소리를 환청처럼 듣곤 합니다.

여러분의 선배인 세진이는 할머니, 아버지, 어머니와 형, 누나가 있는 여리고 귀엽기만 한 막내 아들이었습니다. 남들은 조국과 민족을 위하여 한 몸을 바친 열사라고 합니다만 나에겐 아직 나이 스물 하나의 여리고 어린, 그리고 귀염둥이인 막내 아들입니다. 관악 캠퍼스에서 만나는 모든 학생들이 내 눈에는 여전히 어린 귀염둥이들로만 보입니다.

사랑하는 세진이의 아우 여러분, 세진이가 그러하였듯이 여러분도 대학에 들어온 순간 많은 갈등을 느꼈을 것입니다. 물론 전혀 아무런 갈등도 갖지 않은 사람도 있을지 모릅니다. 여러분은 초등학교, 중학교, 고등학교란 교육 과정을 통해 빵 굽는 아저씨의 숙련된 손으로 잘 구워진 똑같은 붕어빵처럼 우수한 상품으로 잘 구워져(왜곡된 의식과 속박에 잘 길들여진) 선택된 상품으로 대학에 들어와 있다고 생각하여 본 적이 있는지요?

대학은 진리를 탐구하는 곳이고 내일의 우리 사회를 이끌고 갈 창조적 지도자를 키우는 곳이라고 정의함에 의견을 달리 할 사람은 아무도 없을 줄 압니다. 그러나 현실은 과연 그러할까요? 내가 장차 이끌고 갈 우리 사회가

2006년 봄, 서울대학교 교정에는 꽃같은 웃음들이 피어나고…

가지고 있는 폐단과 모순에 대하여 아무런 인식과 비판도 검토도 없이 그 사회를 이끌 지도자가 될 수 있을까요?

지금의 대학은 여러분에게 현 사회를 유지할 부속품이 되기를 강요하고 있습니다. 사회 발전과 인류 공영의 길로 이끌고 갈 창조적 인간이 아닌 기존 사회(바람직한 사회이든 그렇지 않은 사회이든간에)를 지탱할 기능인을 만들고 있습니다.

사랑하는 젊은이 여러분, 여러분은 대학이 전통과 제도, 때로는 공권력으로 창조적인 인간을 순화하여 가치지향을 상실한 굴종적 기능인을 마치 잘 교육된 유능한 인재로 미화한 기능인 양성소(취직 훈련소)로 전락되어 가고 있다고 생각하여 본 적이 있습니까? 아니 나 스스로가 왜곡된 나와 현상에 동의하며 안주하고 현실적이고 실리적이라고 나 자신을 기만하며 스스로 이 길을 가고 있지는 않은가 라고 고민하여 본 적이 있습니까?

여러분의 선배 세진이도 이런 고민의 과정으로 대학 생활을 하였습니다. 그래서 세진이는 무엇이 될 것인가 보다 어떻게 살 것인가를 고민하였습니다. 해방된 변혁의 주체자인 진정한 대학인으로 살려 하였습니다.

세진이가 떠나기 3개월 전, 미생물학과 학회 회지 'MICROBIA(1986.1발간)'에 과 회장으로서 인사말을 쓴 것이 있습니다. 아마도 세진이가 살았다면 지금 후배들에게 주고 싶었을 그 글을 여기 옮겨 봅니다. 세진이는 오늘도 여러분에게 그때와 똑같이 절규하고 있다고 믿습니다. 세진이의 목소리를 듣고 나의 아이덴티티를 확인하기를 바랍니다. 그리고 목이 비틀려진 닭처럼 지향도 없이 속박된 틀 안에서 끌려다니는 맹목적인 삶이 아니라 역사의 주체가 되고 변혁의 주체가 되는, 진리 속에서 자유로운 해방자의 삶-대학인의 삶-을 살아가는 아우들이 되기를 바랍니다.

싱싱한 희망을 품고 대학에 다니는 젊은 청년 모두에게 아비 된 심정으로 세진이의 글을 대신 전합니다.

"스스로 변화하기를 두려워하지 맙시다"

김세진(미생물학과 과 회장 인사말)

인간은 의식적인 실천 속에서 자신과 세계를 재생산시키는 변혁의 주체입니다. 모순의 발전 과정으로서의 역사는 이러한 주체가 투쟁 속에서 자기 자신을 해방시키며 세계의 제 관계들을 변화시키는 지양과 통일의 운동과정인 것입니다. 따라서 이러한 인간의 실천은 가치 중립적이 아니라 가치 지향적이며 목적의식적인 것으로 됩니다.

우리를 둘러 봅시다. 우리는 나와 세계를 변화시키고 해방시키기 위해 어떠한 일을 해왔고 또 지금 하고 있습니까? 우리는 대학인입니다. 보통 대학의 이념을 '진리의 탐구' 라고들 합니다. 이 진리라는 말은 다시 '가치' 란 말로 환언되고 곧 자신의 지향성과 판단기준을 갖는 말이 됩니다. 대학은 가치중립적인 곳이 아닙니다.(이 세상에 가치중립적인 것은 아무 것도 없습니다).대학의 이념이 '진리의 탐구' 란 말은, 대학은 진리에로 개방되어 있는 장이란 뜻이고 대학인은 진리에의 개방 속에 자신과 세계의 변증법적 발전(변화)을 지향해 나아가야 한다는 말입니다.

학우 여러분, 그리고 신입생 여러분.

우리는 얼마나 스스로를 변화시키기를 두려워하고 있습니까? 그래서 그 고민들로부터 도피해서 주어진 '틀' 안에 안주하기를 즐기지는 않았습니까? 나 자신에 대해서 끊임없이 의문을 던지고 스스로를 부정하려고 노력해 왔습니까?

85년을 돌아 봅시다. 구로에서는 빵과 자유를 요구하는 노동자들의 연대 동맹파업이 일어났고 이들은 각목과 쇠파이프를 든 사복 경찰과 깡패들에 의해 폭력적으로 해산당하고 천 명 이상이 해고되었습니다. 저농산물 가격과 외국 농축산물 수입 등 반 민중적 정책으로 인해 피폐할 대로 피폐해진 농민은 이제 자신의 힘을 인식하고 자신의 권리를 찾기 위해 직접 싸우기 시작했습니다. (며칠 전에도 서울역에서 5백 여 농민의 시위가 있었쥬)

올림픽 등 국제행사를 위한 도시미관이란 명목으로 수많은 도시 빈민을 갈 곳 없이 집에서 내몰고 자본가의 배를 불리고 정권의 투기, 정치자금으로 사용하려는 도시 재개발 사업에, 삶의 터전을 지키려는 민중의 투쟁은 목동, 신정동에서 뜨겁게 타올랐고 지금도 사당동에서 계속되고 있습니다.

민중은 끊임없이 투쟁하고 있습니다. 이들이야말로 인간 해방의 주체이고 역사 발전의 동력입니다. 계속되는 부분적인 패배의 축적 속에서도 민중은 결국 승리할 것이라는 것을 역사는 말해줍니다. 자신을 변화시키려고 처절히 고민하고 실천하지 않는 사람은 역사의 주동으로 설 수 없습니다. 그 사람은 곧 역사 발전의 반동이 될 것이고 민중의 적으로 될 것입니다. 민중과 함께 하기 위해 역사 발전에 합목적으로 동참하기 위해 우리는 80년 광주의 처절한 기억을 뼈아프게 간직하며 삼민

(민족, 민주, 민중)이라는 우리의 이념을 정착해 왔습니다. 삼민이란 곧 민족통일, 민주쟁취, 민중해방을 의미합니다.

작년 우리가 한 일을 돌이켜 봅시다. 삼민 이념을 구체화하여 미문화원 점거투쟁, 민중연대투쟁, 민족자주수호투쟁, 민정당 정치연수원 점거투쟁(파쇼헌법 철폐투쟁)등으로 우리는 역사의 주동으로서 민중과 함께 싸워 왔습니다. 여기에 저들은 폭력적 본질을 드러내어 미 문화원 이후 벌써 5백 여명 이상의 학우들을 구속, 고문하고 있습니다. 작년 1,2 학기의 모든 총학생회장과 총학생회장 권한대행 등이 집시법,국보법 등으로 구속됐습니다. 저들은 학교 안에까지 들어와 우리 눈 앞에서 우리 대표를 잡아가기까지 하지 않았습니까? 저들이 스스로 정체를 폭로했을 때 우리는 치열하게 교문 싸움, 도서관 철야농성, 수업거부 및 학생총회 등으로 굳건히 맞서 싸웠습니다. 어떠한 탄압에도 굴하지 않고 삼민은 끝내 승리하고 말 것입니다.

학우 여러분, 몸으로 배우고 몸으로 변화합시다. 스스로 변화하기를 두려워하지 맙시다. 실천 속에서 자신의 생각을 검증하고 자신의 존재를 확인하고 자신을 참으로 해방된 모습으로 바꿔 나갑시다. 과 학회, 서클, 다른 여러 모임들은 이것을 함께 나누는 곳입니다. 이 속에서 서로의 생각을 확인하고 변화할 수 있도록 서로 격려하며 함께 나아갑시다. 며칠 전 '국정연설'이 있었습니다. 큰 정치를 하자고 합니다. 88년 까지는 어떤 정치적 요구도 안 된답니다. 이것은 곧 민중과 민중을 대변하는 삼민운동에 대한 대 탄압을 의미합니다. 우리가 고민으로부터 도피하기 위한 변명의 수단이었던 학내 공간의 자유도 더 이상 주어지지 않을 것입니다.

이제 학기가 시작됩니다. 어떻게 총학생회를 구성하고 삼민투를 결성하고 싸워야 할까요? 우리의 주체적인 실천 속에서만 우리는 해방될 수 있습니다. 어려운 시대에, 어려운 상황 속에서 뜨겁게 가슴을 부여잡고 함께 어깨 걸고 나아갑시다.

삼민이여 진군하라, 해방의 공동체로!!

(김세진 열사의 부친인 김재훈 님은 요즘 커 가는 손주들을 보는 것이 큰 즐거움이다. 특히 중학생인 둘째 손주는 영민한 것도, 잘생긴 것도, 어렸을 적 세진이를 쏙 빼닮아 할아버지 할머니에게 기쁨을 안겨주고 있다)

자유와 평화 사랑만이 가득한
하나님의 나라가 오게 하소서

김 순 정 (김세진 열사 어머님)

세진이가 떠난 지 올해로 꼭 스무 해가 되었다. 나에겐 정말 긴 세월이었고 큰 변화와 힘든 시간들이었다. 지금은 건강도 여의치 않고 새로 글을 쓴다는 것이 힘에 겨워 지금으로부터 10년 전, 미국 기독교 여성지에 기고했던 글을 중간 중간 정리해 다시 한 번 소개하고자 한다.

우선 세진이 분신 당시 상황을 정리해 본다.

그 무렵 늘 쫓기면서도 한 달에 한 번은 잠깐씩 집에 들르던 세진이가 석 달째 집에 들르지 않았다. 운동권 학생을 둔 부모라면 모두들 생각하는 것처럼 무소식이 희소식이라고(경찰에 잡히면 곧바로 가택수색을 하고 구속되면 한 달 쯤 후에 연락이 온다) 생각하면서도 소식이 없어 애를 태우고 있는데 세진이가 아버지 사무실로 찾아와 용돈을 받아갔다고 한다. 그날이 세진이 분신사건이 있기 열흘 전쯤 된다.

사무실에서 부자간 짧은 시간의 만남이었지만 그날 밤 우리 부부는 길게 길게 부자간의 만남을 이야기하였고 나는 세진이의 모습을 떠올리며 안도와 불안이 교차되는 행복(?)을 느꼈다고나 할까? 그때는 세진이에 대한 걱정으로 가슴을 에이는 불안이었겠지만 지금 생각하니 그것이 행복이었다. 이제는 가슴을 에이게 하는 기다림일망정 기다리는 꿈마저 없지 않은가.

되돌아올 수 없는 먼 길을 떠나기 위해 아버지를 찾아왔던 아들

그날 아버지는 세진이로부터 찾아 뵙겠다는 전화를 받았다. 오랫동안 집에 들르지 않던 세진이가 찾아오겠다니 무척 반가우면서도 지금까지 한 번도 사무실로 찾아온 적이 없는 세진이가 사무실로 찾아오겠다니 한편 불안하기도 하였다고 한다. 오후 세시 반 경 훤칠한 키에 오똑한 코, 미남형의 막내아들을 회사 직원들에게 자랑하고 싶기도 하고 또 세진이의 마음을 돌려주는 이야기라도 들려주고 싶어 비서에게 간부 직원 몇 사람을 부르라고 시키자 세진이가 아버지에게 조용히 드릴 말씀이 있고 시간이 없다며 둘이 있기를 청하였다 한다.

늘 과묵하고 꼭 필요한 말만 하는 아들을 잘 아는 아버지는 세진이의 뜻대로 차를 시키고 둘만이 있었다. 잠깐의 침묵이 있는 동안 아버지가 긴장하고 있음을 느꼈는지 평소에 전혀 농담을 하지 않던 애가 차를 잘못 가져온 여직원에게 농담을 건네기도 하여 아버지를 즐겁게 하더란다. 기분이 즐거워진 아버지가 찾아온 용건을 물으니 뜻밖에 용돈이 조금 필요하여 왔다는 것이다. 아버지는 용돈이라면 전화만 해도 세진이 계좌에 송금했을 텐데 더구나 많지도 않은 액수를 직접 받으러 왔다는 것이 조금 의아했다고 한다. 그러나 사랑하는 막내 아들과의 만남이라 즐겁게만 생각하고 세진이와 조금이라도 더 함께 있고 싶어 직접 은행에 가서 돈을 찾아주었다고 한다.

은행 앞에서 헤어진 세진이는 몇 걸음 가다가 뒤돌아보더니 다시 목례를 하고는 빠른 걸음으로 가더란다. 이때 빗방울이 방울방울 떨어지기 시작했고 세진이 눈에서 얼핏 물기를 보았으나 빗방울인 줄만 알았다. 나중에 생각해보니 세진이의 눈물이었던 것 같다고 한다. 빗속으로 사라진 모습이 살아서 본 세진이의 마지막 모습이 될 줄이야 어찌 짐작인들 했을까.

중대한 결심을 하고 마지막으로 아버지의 얼굴을 보고 싶어 찾아 온 것을......우리 부부는 이런 고뇌에 찬 행동은 상상도 아니하고 세진이의 유쾌한 모습만 길게 길게 이야기하였으니 이 얼마나 어리석음인가! 이제 세상을 조금은 알 듯도 하고 자기가 믿는 신념에 따라 행함이 무엇인지 알 듯 하면서도 불안한 심정으로 고뇌와 고뇌를 거듭하여 중대한 결심을 하고, 어쩌면 아버지의 동의라도 얻고 싶은 심정에서, 아니 앞으로 닥쳐올 수난에 아버지의 따뜻한 위로라도 받고 싶어서, 아니 다시 되돌아올 수 없는 먼 길을 떠나면서 마지막 뵙는 아버지의 품에 안겨 실컷 울고 싶은 심정으로 아버지를 찾아 왔으리라.

그런데 아버지는 세진이에게 아무 것도 할 기회를 주지 못하였다.

이 일을 통하여 나는 "깨어있으라"는 성경 말씀을 비로소 깨닫게 되었다. 내 자식에 대한 일에도 제대로 깨어있지 못한 내가 어찌 주님 오실 때를 위해 깨어있다 할 수 있단 말인가? 나는 깨어있음이 무엇인지 비로소 알게 되었고 그 후 많은 깨어있는 사람들을 만났다.

한국에는 깨어있는 사람들이 많다. 그중에서도 민주화가족운동협의회(민가협)의 어머니들이 있다. 흔히 민가협을 이야기하면서 어머니의 사랑을 이야기하곤 한다. 물론 이 분들이 헌신하는 힘의 근원은 모성애에서 시작되었을 것이다. 또 객관적으로는 그렇게 판단될 것이다. 그러나 그들과 함께 있어보면 모성애보다 더 큰 힘이 있음을 알게 된다.

그들은 대부분 내 자식이나 가족이 구속되었기 때문에 이 운동에 참여하였다. 그래서 처음에는 내 자식의 석방이나 안전을 위해 활동한다. 그러나 참여하다 보면 이것이 내 가족만의 일이 아님을 알게 된다. 그래서 이 분들은 내 자식이 석방된 뒤에도 고통스럽고 힘든 고난의 이 운동을 계속하고 있다. 이 분들이야말로 하나님의 나라를 건설할 우리 젊은 일꾼들에게 꿈과 용기를 주고 있다. 참으로 고맙고 훌륭한 분들이다. 그래서 나는 이분들과 함께 일하는 것을 자랑스럽게 생각한다.

잊을 수 없는 세진이의 마지막 말 "내가 죽나요?"

악몽과도 같던 4월 28일. 세진이가 "목숨을 걸고라도 양키의 용병교육을 저지하겠다" 하고 하니 세진이를 만나달라는 학교 당국의 연락을 받고 아버지는 세진이 형과 함께 삼일째 학교 안을 찾고 있었다. 그날도 미생물학과 강의실로 세진이를 찾아 다니고 있던 중 교무실로부터 세진이가 부상을 입고 병원에 갔다는 전갈을 받고 아버지는 한강성심병원으로 왔다고 한다.

나는 세진이 친구라고만 밝힌 학생으로부터 세진이가 화상을 입고 한강성심병원에 있다는 전화를 받고 풀썩 주저 앉았다가 정신없이 집을 뛰쳐나와 택시를 타고 병원에 가는 동안 내내 눈물만 흘렸다. 그때만 해도 화상을 입고 어린 것이 받을 고통에 대한 어머니의 가슴 아픔이었다. '목숨을 걸고' 라는 말을 들었다고는 해도 제 자식이 죽을 수도 있다는 생각을 해본 부모가 어디 있으랴!

병원에 도착하니 아버지와 형이 복도에서 기다리고 있었고 세진이는 아직 치료실에 있어서 만나볼 수가 없었다. 우리는 한 시간 여를 더 기다렸다가 중환자실에 옮겨진 세진이를 만나 볼 수가 있었다. 그때가 오후 7시경이었다.

세진이는 얼굴과 한쪽 다리만을 빼놓고는 온 몸이 전부 붕대로 감겨져 있었고 목과 가슴 부위의 붕대 위로 붉은 색 핏물이 배어나고 있었다. 얼굴은 검게 그을려 있었고 그 참혹함을 어떻게 표현할 수가 없다. 고통스러움인들 오죽했으랴. 나는 숨이 막히고 어지러워 쓰러질 것만 같았다. 그래도 정신을 차리고 뭐가 뭔지 갈피를 잡지 못한 상태에서 겨우 몸을 지탱하고 안심시킨답시고 나와 아버지는 약속이라도 한 듯 "생각보다 상처가 심하지 않으니까 마음 편히 가져라"는 말만 되풀이했다.

그러자 세진이는 우리를 알아보고 고통스러운 표정을 애써 감추며 "친구는?" "친구는?" 하면서 재호의 안부를 물었다. 아버지가 친구는 가벼운 상처를 입어서 치료하고 집으로 갔다고 하였더니(물론 거짓말이다. 그때 재호는 다른 병원에서 치료 중이었다) 그때서야 안도의 숨을 내쉬고는 "아버지 어머니 죄송해요" 한다. 이때 아버지가 "무슨 소릴 하는 거냐? 너 마음 편히 먹어야 나으니까 이제는 하나님께 의지해야 한다"고 꾸지람 섞인 당부를 하였다.

세진이는 "내가 죽나요?" 하고 물었다.

우리 부부는 다그치듯 부정하였지만 세진이의 입에서는 "나 죽더라도 후회하지 않아요" 하는 말이 나왔다. 면회를 끝내고 나오니 연락을 받고 온 친지들이 몇 분 와계셨다. 그중 한 분이 의사였는데 이 분이 나중에 알고 보니 나에게 음료수에 수면제를 타서 주었던 모양이다. 약 기운에 잠들어있다 정신을 차려 병실에 뛰어가 보니 임종예배를 보고 있지 않은가. 전 날 저녁 갑자기 혼수상태였다고 한다. 나는 전 날 저녁 이후 수면제에 취해 다음날 아침에야 깨어난 것이다.

나는 첫 날 잠깐 세진이를 만나 이야기를 나눈 후 세진이와 이야기를 더 나누지 못했다. 병원에 있는 동안 세진이를 돌본 수녀 간호사를 통해서 세진이의 이야기를 들었다. 세진이는 내가 죽게 되면 어디가 나빠서 어떤 과정으로 죽게 되는지 이야기해달라고 했다고 한다. 사실대로 다 이야기해달라고 하면서 "나는 죽더라도 후회하지 않아요"라며 끝까지 의연했다고 한다. 수녀님은 어떻게 그렇게 훌륭한 아드님을 두셨냐며 나를 위로했다. 그러나 이 모든 위로와 치료하시는 선생님들의 수고, 많은 사람들의 기원에도 불구하고 우리 세진이는 5월 3일 세상을 떠났다.

세진이는 누구보다 인간의 존엄성을 존중하던 기독교 신자다

이제 겨우 스물 한 살의 어린 나이였다. "내가 죽나요?" 하고 묻던 그 얼굴이 지금도 내 눈에 뚜렷하다. 그 지경에 이르러서도 살려달라고 애원하는 말 한 마디 없이 의연하던 세진이, 후회하지 않는다고 부모 앞에 다짐하던 세진이, 그러나 그 꿋꿋했던 모습을 생각하다가도 "내가 죽나요?" 하고 묻던 세진이의 표정을 생각하면 지금도 가슴이 찢어질 것만 같다. 그 순간 그 어린 것이 안고 갔을 그 갈등을 생각하면 가슴이 미어진다.

"내가 죽나요?" "어디가 아파서 죽게 되나요?" 하고 세진이는 분명히 물었다. 남들이 '투사' 라고 말하는 내 아들은 죽음을 바라지 않고 있음을 이 어머니는 확실히 알 수 있었다. 그러나 세진이는 "나 죽어도 후회하지 않아요" 라고 말했다. 세진이는 살고 싶어했다. 그러나 죽어도 좋다고 했다. 죽음 앞에서 벗어나 보려는 생존의 욕구와 죽어서라도 이루고자 했던 이상의 욕구, 이 둘 사이의 무자비한 충돌, 그 사람이 다른 사람 아닌 바로 내 아들 세진이었다.

만신창이로 불타버린 몸으로도 강렬하게 살고자 하는 의지를 나는 내 아들의 목소리로 생생하게 들었다. 그러나 내 아들의 뜨거운 삶의 의지도 '후회하지 않을' 그 무엇 앞에서는 아주 작은 것이 되어 있었다. 무엇이었을까? 내 아들이 그렇게 살고 싶어했으면서도 목숨과 맞바꿀 수 있다고 다짐하게 한 것은 무엇이었을까? 세진이는 제 몸에 불을 붙였다. 죽기 위해 제 몸에 불을 붙인 게 아니다. 내 아들은 "살기 위하여, 올바르게 살기 위하여" 제 목숨을 끊을 수도 있다고 생각한 것이다. 주위 분들이 그 얼마나 눈물어린 따뜻한 위로를 우리 가족에게 보냈는지 모른다.

그러나 내 아들의 분신을 보는 사회의 눈은 너무 가혹했다. 신문마다 "자살은 용납할 수 없다"는 주장 아래 인간의 존엄성 운운했던 기사들은 내 가슴에 칼을 찌르는 쓰라린 말들이었다. 요즘 학생들은 교육제도의 잘못 때문에 인간의 존엄성을 경시한다든가, 고생을 모르고 자라 나약하다든가, 그러니 인간의 존엄성을 강조해서 가르쳐야 한다고 말할 때 나 세진이 엄마는 텔레비전 앞에서 "아니요" 라고 소리를 지르기도 했고 신문을 찢은 적이 한두 번이 아니다.

세진이가 인간의 존엄성을 느끼지 못해 자신의 목숨을 끊었단 말인가? 아니다, 결코 아니다! 나의 세진이는 착실한 교인이었다. 모태 신앙인으로 태어나 일생동안 교회를 떠난 적이 없었다. 유치부, 중고등부 회장, 대학부 청년회장의 교회 생활을 통해 그애가 보인 신앙생활을 나는 누구 앞에서도 떳떳하고 자랑스럽게 이야기할 수가 있다. 이것들은 몇 권의 책을 써도 다 하진 못하리라.

세진이의 신앙적인 생활 신념 한 가지만 소개하자면, 세진이가 대학 1학년을 마치고 학회지에 "친구들에게"란 제목으로 쓴 편지를 들 수 있겠다. 자신의 생각을 쓰고 난 후 "나는 성경에 있는 말씀으로 이 글을 맺고 싶소"라고 덧붙이고 있다.

"여러분에게 어떤 신념이 있다면 하나님 앞에서 각각 그 신념대로 살아가십시오. 자기가 옳다고 생각하는 일을 하면서 양심의 가책을 받지 않는 사람은 행복합니다(로마서 14:22)"

하나님 앞에서 양심의 가책을 받지 않는 삶이 그 아이의 생활 신념이었다. 죽는 날까지 그 애는 책상 위에 윤동주 시인의 '서시'를 액자에 넣어 두고 아침 저녁으로 묵상하였다.

"하늘을 우러러 한 점 부끄럼 없기를....."

예수께서 십자가를 피할 수도 있었듯이 세진이도 분신을 하지 않았을 수도 있다. 그러나 예수께서 피하지 않았듯이 세진이도 자기 십자가를 피하지 않았다고 나는 믿는다. 기독교 신앙보다 더 인본주의적이고 인간의 존엄성을 존중하는 신앙이 지구상에 어디 있는가?

세진이는 평등과 평화, 정의로운 세상을 꿈꾸었다

세진이는 어려서부터 과묵하고 주관이 뚜렷하였다. 초등학교 시절부터 줄곧 전체 수석을 해온 명석한 두뇌와 잘생긴 용모, 건강한 체구, 또 서울대학교 출신이란 이미 세진이가 쌓은 기득권만 가지고도 세상적으로는 적어도 한국에서는 장래가 보장된 아이다. 그리고 그 나이에 미래에 대한 꿈도 컸을 것이다. 그런 애가 죽기 전 며칠 동안 느꼈을 갈등을 생각한다면 우리 어른들은 아무도 인간의 존엄성 운운하는 말을 뱉어서는 안된다. 당시 한 신문 칼럼에 독자가 이런 글을 써 보냈다.

자식을 먼저 떠나보내야 했던 열사들의 부모님은 그러나 이 땅의 모든 자식을 어루만지는 모두의 부모님이 되어 주셨다.

"인간이 죽음을 앞에 두면, 그리고 죽음을 염두에 두고 품은 생각이란 선한 것입니다. 그리고 그 생각을 누구도 매도해서는 안됩니다. '당신은 국가를 위해 죽는다'는 일을 생각해본 적이 있습니까? 이데올로기적인 생각 이전에 대한민국 국민으로서 분신한 그들의 정신적 육체적 아픔에 같이 아파할 줄 아시기 바랍니다."

이 글을 읽고 너무도 고마워 나도 모르게 눈물을 흘렸다. 그 애들의 주장이 그들의 생각과 다를 수도 있을 것이다. 그 주장의 옳고 그름을 판단하는 사람은 적어도 '인간의 존엄성'을 운운하여서는 안 된다고 지금도 생각한다. 우리 어른들이 무엇을 제대로 못하였기에, 정치인들은 무엇을 얼마나 못했기에 어린 학생들이 자신의 목숨까지 대신해야 했던가를 먼저 고민하지 않는 사람은 적어도 이 문제에 대하여서는 말할 자격이 없다.

나는 세진이가 목숨과 바꿀 만큼 가치있는 그것이 무엇인지, 그 가치가 무엇인지를 알고자 노력하였다. 세진이는 평화와 의를 구했다. 세진이는 평등과 평화, 정의로운 세상을 건설하기를 바랐다. 이를 위해서는 목숨을 버려도 좋다고 생각한 것이다. 세진이가 건설하고자 한 나라, 그것은 이 땅에 하나님의 나라를 건설하는 것이다.

"아버지의 나라가 오게 하시며 아버지의 뜻이 하늘에서와 같이 땅에서도 이뤄지게 하소서(마태 10:10)"

많은 사람들이 나를 보고 '세진이를 잊으라' 했다. 그러나 한국에는 '부모가 죽으면 땅에 묻고 자식이 죽으면 가슴에 묻는다' 는 속담이 있지 않은가. 나는 세진이를 잊은 적이 없다. 잊으려하지도 않았지만 잊혀지지도 않을 것이고 잊고 싶지도 않다. 즐거운 일이나 기쁜 일이나 괴로운 일이 있을 때에는 그때마다 세진이 생각이 더욱 간절하다. 어느 때는 모습이 떠오르기도 하고 어느 때는 세진이가 받았을 고통이 겹쳐 보이기도 하고 어떤 일에 판단이 어려울 때는 세진이라면 어떻게 하였을까 대비하여 보기도 하였다.

나의 내면 세계만 그러한 것이 아니다. 나를 아는 사람들은 나를 "세진이 어머니"라 부른다. 내 이름은 이미 없어진 지 오래되었다. 길을 걷다가도 이떤 일을 하다가도, 또는 회의를 하다가도 누가 "세진이 어머니" 하고 부르면 문득 옷매무새부터 가다듬게 된다. 그것은 나를 통하여 세진이가 보여진다는 생각이 앞서기 때문이다. 이렇게 외형적으로도 세진이의 반 분신이 되어 있다. 이것을 두고 '어머니의 한' 혹은 '어머니의 사랑(모성애)' 이 이렇게 만들었다고 할 수도 있을 것이다. 물론 그것을 부인하지는 않는다. 그러나 나는 세진이를 낳았지만 세진이는 나에게 깨달음을 주었고 그 깨달음은 나를 '새로운' 세진이 어머니로 만들었다고 확신한다.

나는 이제 세진이를 학교에서는 영특한 우등생이요 동네에서나 교회에서는 귀염둥이며 내 가정에서는 즐거움과 희망을 주었던 사랑둥이 세진이로만 기억하고 생각하지는 않는다. 그 애가 살아있을 때는 하나님의 나라, 평화의 나라를 만드는 일꾼으로 보내주신 것을 믿는다. 나는 십자가에 매달려 고통스럽게 죽어가는 처절한 아들의 죽음을 지켜본 마리아와 같이 확신의 신념을 가지고 나에게 주어진 십자가를 겸허하게 안고 살아가기로 결심하였다.

내가 거리에 나서면 많은 젊은이들이 "어머니"하고 부른다. 최루탄의 독한 가스 속에서 눈물과 흙먼지로 범벅이 된 모습으로 고문과 징벌에 시달려 파리하게 야윈 모습으로, 언제 붙잡힐 줄 모르는 기약없는 수배에 길거리를 헤매는 공포의 모습으로 나를 부른다. 나는 이들에게서 세진이를 본다. 그리고 이들이 바로 부활하신 예수임을 알게 된다. 이들은 이 땅에서 고난과 핍박과 불의를 몰아내고 자유와 평화, 사랑만이 가득한 하나님의 세상을 만들 것이다. 그날을 기다리면서 나는 이들과 함께 투쟁의 한 길을 갈 것이다.

기독교는 부활의 종교라 한다. 그러나 부활하신 예수를 보고 제자들까지도 의심하여 옆구리의 창 자국을 만져 보았다. 그처럼 오늘 이 땅에 오신 많은 예수를 많은 사람들이 알아보지 못함이 안타까워 성경의 한 구절을 빌어 내 글을 마치고자 한다.

"누구든지 사람들 앞에서 나를 안다고 증언하면 나도 하늘나라에 계신 내 아버지 앞에서 그를 안다고 증언하겠다. 그러나 누구든지 사람들 앞에서 나를 모른다고 하면 나도 하늘에 계신 내 아버지 앞에서 그를 모른다고 하겠다(마태 10:32-33)"

끝으로 내 아들 세진이의 죽음을 함께 아파했던 많은 분들과 나와 우리 가족에게 따뜻한 위로를 보내주신 분들께 마음 속 깊이 감사의 뜻을 표한다.

(이 글은 1995년 3월, 미국 기독교 여성지에 기고했던 것을 다시 정리한 것이다. 김세진 열사의 부모님은 건강이 좋지 않아 경기도 화성의 조용한 마을에서 요양하며 신앙생활에 전념하고 계신다)

영원히 살아 내게 말을 건네는
내 아들 재호

전 계 순 (이재호 열사 어머님)

86년 4월 28일

낮 12시, 못자리에 갔다 오니 전화가 왔다. 받아보니 재호가 위급하다고 한다. 택시를 타고 송정리 비행장을 가보니 비행기가 오후 7시에나 있다고 한다. 그래서 택시를 타고 광주 고속터미널로 가서 표를 샀다가 조금이라도 빨리 갈 마음에 자가용을 사정사정했다.

한강성심병원 중환자실로 들어가 보니 재호는 못 알아보게 부어 엄마는 하늘이 무너지는 듯 했다. 재호 아버지는 이미 30분 전에 도착해 있었다.

"재호야, 재호야 어찌할거나. 어쩌끄나 뭐라고 말 해 봐라."

"아버님, 어머님 오래오래 행복하게 사세요"

"재호가 이렇게 되었는데 엄마가 어떻게 사니?" 하자 재호가 큰 소리로

"동생들이 있지 않소." 한다.

그날 밤 10시. 형사들은 나를 형사실로 데려 갔다. 재호가 평소에 착했느

냐고 묻는다. 그리고 나빴느냐고도 물었다. 군사 독재는 생각만 해도 치가 떨린다.

엄마는 밤낮을 사흘간 자지 않고 샜다. 사흘째 되는 날 재호는 부기가 빠졌다. 엄마는 이제 재호가 살겠다고 좋아했다. 치료를 하러 가면 두 시간씩 걸렸다. 그때마다 엄마 마음이 찢어졌다.

"재호야, 무엇을 먹을래?"

해장국을 달라고 했다. 그러나 병원에서는 못 먹게 한다.

재호 작은아버지가 오셨다.

"작은아버지, 생회를 사 주세요."

"현철아, 나 좀 도와달라!"

"원식아, 우진장에 기서 잠 좀 자자" 하며 계속 친구들을 불러댄다.

같이 다친 김세진 군은 안타깝게 며칠째 되는 날 숨졌다. 세진이가 숨진 줄도 모르고 재호는 세진이가 신발이 없어서 못 간다고 했다. 이렇게 슬플 수가 없다. 옆자리에 다친 전경은 재호보다 더 작은 화상인데도 군사독재 측 병문안이 줄을 이었다. 재호는 평화통일을 외치며 양키는 물러나라고 외친다. 재호는 전경이 막고 있는데 친구들이 어찌 오겠느냐면서도 하루에 친구를 몇 사람이나 부르는지 모른다.

86년 5월 22일

김현채 은사님이 오셔서 엄마 살을 떼어 재호 몸에 붙이면 될른지 모른다고 말했다. 19일, 살을 떼서 재호한테 붙였다. 엄마가 병원 가운을 입고 있으니까 "엄마, 어디가 편찮으세요?" 하고 묻는다. 엄마는 계단에서 넘어졌다고 말했다. 그런데도 재호는 눈치가 빨라 알아차리고는 슬퍼한다.

"재욱아(동생), 종이와 펜을 가져와"

재호는 엄마한테 편지를 쓴다고 한다. 엄마는 "재호야 얼릉 나서서(빨리 나아) 집에 가자" 이렇게 말했다. 그런데 20일이 되는 날 재호 소변이 안 나오더니 22일에 다시 나왔다.

"엄마, 노래를 부르세요"

"재호야 너 먼저 불러라"

재호는 노래를 부른다.

"간다 간다 나는 간다"

밑도 끝도 없이 이렇게 불렀다.

86년 5월 26일

말을 멈추고 대소변이 멈추고 헛소리를 한다. 그러더니 26일 아침에는 손발이 차다. 그리고 오후 세 시 정각에 숨이 졌다.

"재호야, 엄마는 같이 죽고 싶다. 하지만 할머니가 있고 너의 동생들이 있고 나쁜 놈들, 전경이 괴롭게 하는구나"

영등포 성당에서 신부님이 오셔서 많은 일을 해주셨다. 정말 고맙습니다. 하나님 감사합니다.

86년 5월 28일

아침 6시에 출발해서 11시에 일곡동엘 오니 오늘따라 엄마 생일이다. 음력 4월 20일은 하나님이 우리 이재호를 당신의 자녀로 불러 주시고 스테파노로 세례를 받게 해주신 날이다. 감사합니다. 하나님 아버지.

아들 예수께서도 우리를 위하여 십자가에 못박혀 죽으시고 사흘만에 부활하셨다.

이재호도 영원히 살리라, 스테파노 영원히 살리라.

남동성당 남재희 신부님께서 일곡동에 오셔서 하관 미사와 많은 일을 해주셨다. 아 슬프다, 86년 5월 26일 오후 3시가 이렇게 분하고 슬프다. 파리 한 마리도 파리채를 들면 도망가는데 피끓는 나이 23세 나이로 무엇을 원하고 자기 목숨을 내어 주겠는가.

생각해 보아라. 바로 민주 평화통일 때문이다. 전두환은 이재호 앞에 무릎을 꿇으리, 마침내 무릎을 꿇을 것이다. 1987년 음력 4월 2일 안으로 전두환은 무릎을 꿇을 것이다. 항복할 것이다.

86년 10월 20일

오늘따라 마음이 괴롭고 슬프다.

해는 떠서 지고 달도 떠서 지고 그 다음 날 또 뜨건만 이재호는 한 번 가니 다시 돌아오지 못하네. 어둔 길을 하루 이틀, 한 달 두 달, 아니 일 년 이 년 간다 해도 재호, 재호만 만난다면 나는 가리라.

보기도 아까운 내 아들, 나라 위해 목숨을 내준 내 아들. 비록 세상을 떠났다 해도 영원히 살아 말을 할 것이다. 민주 평화를 위해 영원히 노력할 것이다. 앞장 설 것이다. 비록 일곡동에 묻혀 있어도 숯덩어리는 썩지 않는다. 절대로 썩지 않는다. 불러도 대답은 못해도 영원히 살아 말을 할 것이다.

86년 11월 초 어느 날

10월 28일부터 나흘간 건국대 옥상에서 25개대 대학생들이 단식을 하면서 외치는 소리. 엄마는 많은 눈물을 흘리면서 슬퍼했다. 31일 방송은 거짓말이고 헬리콥터도 최루탄을 마구 뿌려 심한 부상을 입고 뛰어 내리다가 얼마나 많은 학생들이 다쳤을까? 가보지 못해 죄스럽다. 많은 아들들이 잡혀가고 다쳤다. 어찌하면 좋을까?

아들들한테 고문만은 없었으면 한다. 민주화가 빨리 오기를 기다린다.

86년 12월 25일

성탄을 맞았다. 엄마는 성당에서 하룻밤을 새워가며 기도를 했다. 재욱이가 대학에 꼭 합격해야 한다.

그것이 엄마의 소원이다. 대학을 마치고 결혼을 하면 아들 삼형제를 두어야 한다. 첫째 아들은 이민주화, 둘째 아들은 이평화, 셋째 아들은 이통일, 이렇게 불러야 한다. 이것이 엄마의 소원이다.

재필이는 아들 형제를 두어라. 첫째 아들은 천지라 부르고 둘째 아들은 창조라 불러라. 그리고 하나님을 모셔라.

수정이가 공부를 열심히 해서 대학을 마치고 결혼해서 잘 살 때까지 엄마는 쓰러지지 않는다.

엄마는 엄마 역할을 다 마치고 열심히 하나님을 믿고 살다가 스테파노(재호)와 만나서 영원히 살겠다.

86년 12월 어느 날

바람 불고 눈 오는 날, 눈을 감고 옛날을 생각해보니 지금으로부터 23년 전, 재호 태몽 꿈을 꿨던 생각이 난다. 엄마가 연못가에 앉아 있으려니 하얀 용이 무릎에 안겨 들어 손으로 어루만져 주었다. 그때 하늘로 뿔을 올려 주어야 했었는데 1986년 5월 28일 엄마 생일 날에야 비로소 하늘로 올려 주었다고 생각한다.

재호만 생각하면 엄마 피가 활활 다 탄다. 꺼먼 숯덩어리로.

87년 1월 28일(음력 86년 12월 29일)

재호 생일이다. 이 날 재호가 없으니 가족에게는 표현도 못하고 엄마는 목이 메어 죽을 지경이다. 작년 생일 땐 대원이, 병아 여러 친구들이 왔었는데 올해는 이렇게 쓸쓸할까. 옛날을 돌아보면 허망하다. 한이 맺힌다. 이 슬픔 감당하기 힘들다.

87년 5월 12일

전남대학교에서 시국토론회를 갖는데 총학생회장이 "재호 어머니께서 오셨으니 몇 말씀 하세요" 하기에 간단히 그러마고 하였다.

"현 정권이 어치고(어떻게) 돌아가는지는 몰라도 수많은 열사를 보면 알 수 있습니다. 버스를 타고 내릴 때 많은 사람이 타고 내리면 재호가 아닌가 착각을 합니다. 재호는 비록 한 봉우리의 묘로만 남아 있어도 영원히 투쟁할 것입니다. 미국이 재호를 주였습니다. 역사는 하나님이 심판할 것입니다. 전두환은 물러가라, 전두환은 재호 앞에 무릎을 꿇을 것이다"

87년 5월 26일

일주년이 되었다. 재호가 작년 요맘 때 쯤 하늘나라로 갔었다. 민석이 식당에서 제물을 장만했다. 민석이 형님께 고맙기도 하고 미안하기도 하다. 10시 30분에 추모제를 지냈다. 홍변호사, 이변호사, 문병란 시인, 이분들이 추모사를 하였다. 재호 아버지도 몇 마디를 하셨는데 기가 막혀 못 잊겠다. 추모식에 와주신 것을 여러분들께 감사드린다. 약 4백 명이 오셨다.

광주 남동성당에서 남재희 신부님 주재로 추모 미사를 지냈다. 신도 3백여 명이 오셔서 기도를 해주었다. 나는 감사 말씀 몇 마디를 드렸다. 지난 기억이 난다.

재호가 마지막 구정 때 집에 왔기에 내가 "재호야 공부방으로 가서 이야기 좀 하자. 고시는 포기했지만 교수 같은 일은 해 볼 생각은 없느냐. 데모에 앞장서면 직장은 그만인가 보더라." 이렇게 말했다.

재호는 "어머님, 직장이 급한 것이 아니라 혼란한 시대, 캄캄한 세상을 후손들에게 물려 줄 수 없습니다." 라고 했다. 재호 니가 무슨 힘이 있다고 그러느냐고 했더니 "비록 맨 주먹일지라도 역사는 하나님이 심판하실 겁니다" 그렇게 말했다.

엄마는 "농촌에서는 재호가 하는 일을 비웃는다" 했더니 "어머님, 우리나라가 핵무기가 얼마나 위험한지 설명을 해주세요. 하루, 이틀, 열흘 알아듣도록 얘기해 주세요. 그 사람들 얼마나 불쌍해요." 한다.

87년 7월 8일

YWCA에 가서 분향소에 분향을 하고 엄마는 뜨거운 눈물을 흘렸다. 한열아! 하늘나라에서나마 다시 태어나서 민주화 나라를 세워 우리 재호랑 함께 부귀영화 누리고 살아야 한다. 한열이는 연세대, 재호는 서울대, 친 형제다. 하루도 떨어지지 말고 손잡고 다녀야 한다. 하나님 아버지 이 아이들을 받아 주소서. 성부와 성자와 성신의 이름으로 아멘.

87년 7월 9일 한열이 장례식

서울로부터 한열이는 광주진흥고, 도청 앞을 거쳐 망월동에 왔다. 오후 8시에 한열이가 도착했다. 한열이 부모는 시민 묘지로, 학생들은 광주의거 선배들 곁에 한열일 묻어야 한다고 주장했다.

"한열아, 한열아 이리 오너라. 너의 동지가 여기에 있다. 한열아 이리 오너라" 결국 학생들이 이겼다. 엄마 멍든 가슴이 또 찢어진다. 눈물이 쏟아진다.

88년 4월 28일

엄마는 숨막힌 가슴을 움켜 잡고 아침 8시 차로 서울 가는 고속버스를 타고 서울대에 도착했다. 셀 수 없이 많은 학생들을 바라보니 다 내 아들 같아 부르고 싶다.

'이재호 김세진 추모제'를 많은 어른, 선배, 후배, 동지들이 지내주었다. 미안하다. 점심값도 못주고...더 많은 설움이 받한다. 밤차로 광주에 왔다. 아무리 슬퍼도 내 아들이 원하는 세상, 미국놈을 몰아내고 평화통일 그리고 민주화의 세상이 될 때까지......

88년 5월 10일

서울대 오른쪽에 있는 총학생회관 앞 잔디밭에 이재호 김세진 추모비를 세워 10일 오후 3시 30분에 제막식을 했다. 이 세상에 태어나 부모 죽어 자식이 앉아 향불을 켜야 하는데, 자식 죽어 향불을 켠 내 사정을 하나님도 모르고, 땅도 모른다.

(이 글은 이재호 열사 어머님께서 직접 쓰신 일기 중에서 발췌하여 실었다. 부모님은 민가협 활동을 활발하게 하셨고 지금 광주 용두동 거진마을에서 농사일을 하며 사신다.)

모두의 부모, 모두의 자식들

임 기 란 (민가협 어머니)

1986년, 봄이 한참 무르익었을 때 나는 집수리를 하고 있었다. 페인트칠이 거의 끝나길 무렵 방송에서 신림사거리 서원빌딩 옥상에서 서울대학생 두 사람이 분신하면서 "반전반핵 양키고홈, 전방입소 훈련 반대"라고 외쳐가면서 쓰러졌다는 청천벽력 같은 뉴스를 전해 들었다. 같은 학교에 다니는 막내 신철이 생각에 "아이구 뉘 집 아들인가, 왜 그랬나" 하면서 남의 일 같지 않아 비명과 탄식을 질렀다. 우리집(봉천 사거리)에서 멀지 않은 곳이 아닌가. 나는 오래도록 눈물을 닦았다.

한 해 전인 1985년 10월 20일경 신철이는 많은 애들과 함께 당시 여당이던 가락동 민정당 연수원 지붕 꼭대기에 쫓겨 세찬 소방차 호수물과 백골부대의 가공스런 몰매타작으로 잡혀 젖은 겉옷이 저체온으로 마를 때까지 두 경찰서와 의정부 교도소에서 고생했던 적이 있었다. 그때는 초범이다 해서 한 달 만에 풀려났던 것이다.

세진이와 재호 두 학생의 반미 구호는 세상 사람들을 놀라게 했고 내가 나가는 YWCA 모임 여성들은 은인을 몰라본다 하여 학생들을 비난하였다.

한 달만에 세상을 떠난 재호를, 아는 이가 불효자라고 단정할 때는 속이 부글부글 끓었었다.

신철이는 그날 밤 늦게 돌아와 거무죽죽한 얼굴로 말 없이 제 방으로 들어가 버렸다. 지금도 말하지 않지만 둘도 없는 친구 재호 때문에 충격을 받고 헤매던 모습이 상상된다. 같은 83학번, 재호는 정치학과, 신철이는 경제학과지만 친구이자 동지이자 막역한 사이였다고 한다. 20년이 흐른 지금도 재호 기일이면 늘 광주로 가는 신철이. 재호는 명랑하고 재미있는 친구라고 말했었는데 참으로 장하지만 애석하기만 하다.

당시는 군부독재 정권 시절이라 한동안 봉천사거리, 신림사거리, 봉천중잉시장 앞에는 기습 시위와 농성들이 이어졌고 두 열사의 구호는 매일매일 외쳐졌으며 밀물처럼 전국 방방곡곡에 번져갔다. 감히 미국에 대한 욕은 상상도 못하던 때라 전두환 정권은 이들 "용공 좌경 빨갱이들"을 체포하여 양심수 만들기에 혈안이 되었던 때였다.

우리 자식은 이 에미들이 구한다

한 달 뒤 쯤, 도시락을 싸 학교로 간 신철이가 없어져 버렸다. 여기저기 알아봤으나 더러 그런 일이 있으나 다들 모른다고 한다. 할 수 없이 용하다는 점쟁이에게 물어봤더니 "애가 다 죽어간다. 고문으로 다 죽어간다"고 한다. 그때 시국은 치안본부(경찰청) 대공분실을 확대하여 공안 수사관들이 전성시대를 맞았고 민주인사 대학생들을 마구잡이로 잡아가서 기고만장, 갖은 악랄한 짓을 하던 때였다. 고문경관 이근안의 주가도 높아 전기고문 명수로 여기저기 출장까지 다니며 날리던 때였다. 근심과 절망으로 나날을 보내던 중, 하루는 전화가 오면 끊고 또 와서 받으면 끊기에 "여보세요, 제발 말씀하세요"라고 애원했더니 망설이다가 전화한 이가 당산동 시장 닭곰탕집으로 찾아오란다.

남편과 그 분을 만나러 갔더니 그제야 조심스레 이야기를 꺼낸다. 며칠 구류를 살고 나오는데 나간다고 알리니 평소 조용하던 옆방에서 책 페이지를 찢어내 숫자를 조합한 쪽지를 몰래 전해주더라고 했다. 대략 사정을 알아챈 그 분은 행여 무슨 일이 있을 새라 망설이다 조심스레 전화를 한 것이다. 그제서야 자식이 살아있다는 것을 안 우리는 서대문경찰서로 뛰어갔고 남영동 대공분실에서 면회가 된다는 사실을 알게 되었다. 당시 모습을 이소선(전태일 열사 어머니)여사가 봤는데 초주검이 된 학생을 두 세 놈이 질질 끌고 있고 댁시 운전사가 말하길 봉천동에서 잡아왔다고 하더란다.

치가 떨린다. 모두 불법 연행이다. 얼마가 지난 후 서울대 '민민투, 자민투' 사건이라고 보도가 나왔고 방송과 보도를 통해 국민을 속인다. 신철이는 서울대 투쟁책이며 당신 아들은 잘못된 똑똑이라고 비웃는다. 항의하는 가족들 앞에서 '전무님' '상무님' '과장님' 들은 각하(전두환 전 대통령)께 보고하러 간다고 으스댄다. 나중에 박종철이 죽임을 당하고 이자들은 죄다 잡혀 감옥살이를 했다. 오랜 세월이 지났어도 어처구니 없는 이들의 행위는 용서할 수가 없다.

서대문 구치로로 옮기고 나서는 공범이 다 잡힐 때까지 면회가 안된다 하여 두 달 가까이 신철이를 면회할 수 없었다. 나는 자식이 두 번이나 구속되고 나서야 어미의 직감으로 도저히 안되겠다, 우리 자식은 이 에미가 구해야겠다는 각오로 당시 많은 학부모들을 설득하여 투쟁의 선두에 나섰다. 구치소 안에 있는 양심수(주로 대학생)들 역시 가만히 있지 않고 운동시간

입방거부, 함께 구호 부르기를 하면서 투쟁했다. 그러면 또 보복으로 금치 조치, 먹방 가두기, 면회금지, 부상자가 수두룩할 정도로 방망이로 진압을 해댄다. 지옥이 따로 없고 바같에 있는 부모들은 "내 새끼 다 죽인다 이놈들아 차라리 나를 죽여라" 하며 밤샘 농성으로 울부짖었다. 회장인 나는 목숨 바쳐 내 자식 남의 자식 구별 없이 우리 엄마들이 죽기 각오하고 싸우자고 학부모들을 부추켰다.

의롭고 바른 사람이 대접받는 세상을 꿈꾸며

그때부터 민가협 회장을 여러 번 했고 노태우, 김영삼, 김대중, 노무현 등 세월 따라 대통령도 바뀌었지만 악법인 국가보안법과 양심수는 없어지지 않고 지금도 존재하고 있다. 오십 중반의 나이에서 지금 칠십 중반이 넘은 20년 세월, 나는 무엇을 얻고 무엇을 잃었는가.

그동안 많은 열사들도 겪었지만 그들 중 나는 세진이와 재호 두 젊은이를 가장 사랑한다. 하나뿐인 목숨을 바쳐 뜨거운 횃불로 세상을 밝히고 패권 야욕의 미국을 질타하는 두 젊은이의 고귀한 정신을 나는 사랑한다. 감히 선각자라고 나는 그들을 불러 본다. 지금도 북녘을 호시탐탐 노리고 남쪽에 군사기지를 공고히 하여 세계 제패의 터를 다지는 부시만 봐도 힘없이 아부공명하는 역대 정권들이 한심할 따름이다.

나와 같은 교회에 다니는 세진이 부모님은 길거리 투쟁 10여 년을 최루탄 속에서 열사의 뜻을 이어 오셨다. 부친은 남편과 젊었을 때 같은 직장에서 근무하였고 모친은 영원한 민가협 회원으로 우리 어머니들을 격려하고 친목을 다진다.

자식들이 사십줄에 들어섰건만 민가협 엄마들은 인권지기로 오늘도 내일도 자기 소임을 다한다. 인권운동가 박래군씨, 조백기씨를 평택 지소에서 면회하고 밤에 돌아오고 국방부 앞 평통사 집회에도 불편한 몸을 끌고 선생님과 함께 한다. 단순한 반미 집회가 아니라 내가 모르는 강대국 미국의 억지와 못난 나라 국방부 장관의 애매모호한 굴종이 한탄스러움을 일게 된다. 사람이 사람답

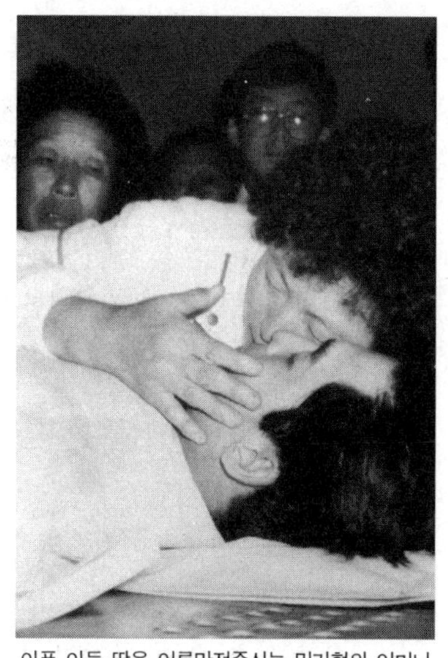

아픈 아들 딸을 어루만져주시는 민가협의 어머니들이 있으시 열사들은 외롭지 않다.

게 사는 일을 하루의 고달픈 연대투쟁을 통해 끝없이 배우게 된다.

3월 15일 오후 민가협은 제 21차 총회를 마치고 함께 한 민주 인사들께 감사의 인사를 드리며 올해도 열심히 투쟁하겠노라고 맹세하였다. 20년을 쫓아다녔다고 내게 상을 주었을 때는 감개가 무량하였다. 자식 잘되기만을 바라던 가정주부 엄마가 이제 세상 바라보는 시야가 넓어진, 약하고 소외된 사람을 도와주고 억울한 감옥살이하는 양심수를 도와주는 인권지기로서 자타가 인정하게 되었는고! 조국을 위해 먼저 간 자식들, 옥살이를 마다 않고 고난속에서 민주화운동을 하던 많은 젊은이들한테 영광을 돌리고 싶다.

그리고 마지막으로 이렇게 말하고 싶다.

"자, 386세대들이여! 이제 여러분의 시대가 왔습니다. 그 뜨겁고 맑던 여러분의 열정을 지금까지 간직하고 나라와 겨레를 사랑하십시오. 편법으로 출세하고 세속에 오염되어 썩은 관행을 이어가고 부패와 부조리를 식은죽

먹듯 하면 안됩니다.

표리부동하고 배신과 변절을 생의 모토로 삼아서는 안됩니다. 음모술수와 조작, 밀실 공모로 세력을 쥐지 마십시오. 우리가 죽고 후손을 위해 부끄럽지 않는 양심을 가지고 곳곳에서 일하십시오. 비수 꽂고, 투신하여, 분신하여 나라와 민족의 앞날을 걱정한 여러분의 동지와 선배님의 기개를 머리에 새겨주고 순수한 애국심을 어린 자손에게 간곡히 얘기해 주십시오. 의롭고 바른 사람이 대접받는 세상을 여러분이 만들어 주세요."

(임기란 님은 김세진 열사 부모님과 함께 20여 년간 민가협 활동에 앞장서왔다. 올해 77세의 고령에 몸도 불편하지만 집회가 있는 자리년 빠시시 않고 회원들을 챙기는 민기협의 대모와 같은 분이다)

빨간 모자의 훈련 조교 같던 세진이 형

이 영득

인철이(동물 84)가 나를 찾았다. 세진이형이 날 만나고 싶어한다고. 인철이를 따라 간 곳은 어떤 낯익은 주택 마당에 별채처럼 만든 독립된 자취방이었다. 세진이형은 그 곳에서 나를 기다리고 있었다. 우리는 너무도 반가워 포옹을 하였다. 순간 코를 찌르는 듯한 역한 냄새가 느껴졌고, 세진이형의 얼굴을 보니 얼굴이 문드러지듯 흘러내리는 것 같은 그런 모습이었다.

"형 어떻게 된거야. 아직 안 죽었어?"

"그럼.. 아직 안 죽었지."

그렇게 우리 둘은 자취방에 앉아 대화를 하고 있었는데, 밖에서 주인 아주머니가 뭐라고 하는 소리가 들렸다. 그 소리는 냄새가 심하게 나니, 어서 나가라는 소리였다. 우리는 할 수 없이 자취방을 나가서 나뭇잎이 찰랑대는 가로수길을 나란히 걸어갔다.

우리가 간 곳은 나무로 만든 시골의 조그만 역사(驛舍)같은 곳이었는데 꼭 일제시대에 만들어진 것처럼 매우 낡은 곳이었다. 바닥도 탁자도 모두 나무막대로 엉성하게 만들어 진 곳이었다. 벽에는 시계같은 장식물도 붙어 있었다. 그 곳에서 밖을 보니 밖에는 푸른 강과 철교가 놓여 있었다. 마치 한강이 보이는 당산역같은 그런 느낌이었다.

역사 안에는 발 디딜 틈 없이 사람이 많았는데 그 사람들의 후끈거리는 땀 냄새가 느껴질 정도였다. 역사 밖의 공터에도 흙바닥 위에 탁자들이 많이 놓여 있었는데 역시 사람들로 가득차 있었다. 그런데 알 수 없는 것은 사람들마다 하얀 천으로 싼 네모난 상자를 들고 있는 것이었다. 우리는 탁자 위에 놓여진 상자 일부를 옆으로 밀치고 자리를 확보한 다음 그 곳에 같이 앉아 있었다.

내 꿈에 세 번씩이나 나타난 세진이 형, 무얼 말하려던 걸까?

꿈은 여기까지이다. 세진이형이 병원에서 운명할 즈음 내 방에서 낮잠을 자다가 꾸었던 꿈이다. 식은 땀이 흘렀고, 나는 아무 생각 없이 밥 먹으라는 어머니 소리에 깨었으며 식탁에 앉아서 어머니에게 꿈 이야기를 하였다. 꿈 이야기를 다들은 어머님은 "너가 만일 그 기차를 탔다면 너도 죽었을 것이다"는 말씀을 하셨다. 비로소 꿈의 의미를 이해하자 소름이 끼쳤다. 정말 세진이형의 영혼이 찾아온 것일까? 정말 알 수 없는 일이었다. 그렇게 세진이형과 관련된 꿈은 그 날 이후 연달아 두 번을 더 꾸었으나, 처음 꿈처럼 생생한 것은 아니었다. 아마 무의식 중에라도 세진이형이 내게 전달하고자 하는 그 무엇의 의미를 붙잡고 싶은 심리상태에서 꾼 꿈일 것이다. 두번째 꿈은 매우 악몽이었는데 20동 건물이 나오고 조교들이 산사람을 해부하는 그런 꿈이었다. 건물 셔터가 내려지기 전 서둘러 계단을 빠져 나오는데 계단 중간에서 세진이형의 모습을 보았다. 경쟁상대로 자연대 학생회장 후보로 나왔던 선배와 함께 누군가에게 제사를 지내고 있는 모습이었다. 계단을 뛰어 내려오는 나를 물끄러미 뒤돌아 바라보고 있었다.

세번째 꿈은 어느 집 거실 소파위에서 나를 비롯하여 여러 사람에 둘러싸인 세진이형을 보았고 세진이형은 우리에게 종이 위에 택(가두시위할 때의 길거리 약도와 시위의 진행방식을 설명하는 이야기를 우리는 그렇게 택이라는 은어로 불렀다)을 가르쳐 주고 있었다. 순간 정신을 차린 나는 세진이형에게 첫번째 꿈과 똑 같은 말을 물어보았다.

"아니 형 죽었잖아. 어떻게 된 거야?"

"너 모르냐? 하늘나라에도 가투(가두시위)는 있어."

이 세번째 꿈 이후 세진이형이 꿈 속에 나오는 일은 더 이상 없어졌다. 그래.. 세진이형이 내게 전달해주려는 말이 무엇인지 알아내기는 그다지 어려운 일이 아니다.

그 꿈이 내 자신의 자의식이던 아니던, 세진이형 자신이 하지 못했던 몫까지 열심히 투쟁하라는 그런 메시지가 아닌가. 그러나 부끄럽게도 나는 세진이형만큼그렇게 격렬하게 살지 못했고, 그 당시 학사경고로 인한 중압감에 한 학기를 휴학해야 했으며 오히려 운동에 대한 심한 회의를 느껴야만 했다.

그렇게 도망치듯 빠져나온 긴 세월이 흘러 2년 전 처음으로 세진이형의 묘를 찾았다. 세진이형의 죽음과 관련된 모든 일상을 뒤에서 그냥 조용히 바라보고만 싶었기에, 묘를 찾아가는 당연한 일마저도 외면하고 살았던 내 소심함 때문이었다. 오랜만에 세진이형 어머니도 만났지만 어머니는 날 기억하지 못하시는 듯 했다.

내 이야기를 듣고 나를 형의 분신이라고 반가워하시는, 처음 뵌 아버님을 보기도 민망스러웠다. 형이 바라던 세상, 우리들이 원하던 세상은 아직 오지 않았는데 나는 이미 현실과 타협한 한 일상적 인간이 되어 있었고, 그와의 기억을 되살려야만 하는 지금 이 기록도 무척 쓰기 힘들고 부끄러운 일이다.

의식화교육을 시키려던 수상한 선배와 만나다

세진이형을 처음 만난 것은 입학하고 처음 가진 동물학과 학생회의 1학년 세미나가 끝난 뒤의 뒷풀이 장소였다. 1학년들이 참여하고, 3학년 선배 2명이 같이 참여하는 그런 세미나였다. 세미나의 주제는 요새도 뉴라이트 인시들에 의해서 다시 회자되는 "해방전후사의 인식"이었다. 그 책을 왜 읽어야 하는지도 감이 없는 상태에서 선배들이 추천한 서적이었고 단지 시키는 대로 참여했을 뿐이었다.

솔직히 이야기하자면 입학 서류를 낼 때부터 환영만찬을 베풀어주었던 선배들과의 뒷풀이가 즐거웠기 때문이 아닌가 생각이 든다. 뒷풀이 장소는 달구지라는 주막집이었는데, 그 곳에서 이미 전작을 하고 있던 미생물학과의 선배 2명이 같이 합석을 하게 되었다. 한 분은 82학번의 선배였고 또 한 분이 바로 세진이 형이었다.

세진이형의 첫 인상은 앞머리를 길게 키운 곱상한 얼굴이었지만 하얀 얼굴에 매우 날카로운 인상이었다.

세진이형은 우리에게 그 특유의 허스키한 목소리로 대뜸 "군부독재가 무어라고 생각하느냐"는 질문을 던졌고 우리는 앉은 순서대로 돌아가면서 대답을 하였다. 내 차례가 오자 나는 사실 엉뚱한 답변을 하였다.

"군부 독재도 때로 필요하다고 생각합니다. 민주주의는 혼란한 측면이 있거든요. 나라의 발전을 위해서는 어쩔 수 없는 일 아닌가요?"

세진이형은 단지 한심하다는 듯 쳐다볼 뿐 아무런 소리도 하지 않았다. 아마 싹수가 노란 놈이라고 생각했는지도 모른다. 사실 국민윤리 과목이나 정치경제를 제대로 공부했고, 교과서 그대로 그렇게 믿어왔는데 당연한 답변이 아닌가? 당시로서는 신문이나 TV에서 대학생들이 합숙하며 의식화교육을 시킨다는데 저 선배들이 그러려는 수작이 아닌지 의심이 될 뿐이었다.

이런 나의 사고가 바뀌게 된 것은 그 해 여름의 농활 때문이었다. 그 때 겪은 농촌의 현실은 더 이상 낭만이 깃든 어린 시절의 풍요한 시골의 이미지를 가진 곳이 아니었다. 어린 시절 어머님과 친하게 지내던 이웃집 아주머니의 시골 친정에 놀러 간 적이 있는데, 그 때 그 집 개구장이들과 함께 뛰놀던 개울가, 실컷 놀고 돌아오면 한 가득 가져다 주는 먹음직한 개떡이 얼마든지 있는 그런 곳을 상상했었다.

대신 땀 흘려 하루 종일 허리를 구부린 채 일하고, 일체의 새참을 거절한 채 직접 밥을 지어먹으며 고생을 해보니 노동의 고통이 어떠한 것인가 어렴풋이 짐작을 할 수 있었다. 그리고 저녁에는 집집마다 돌아다니며 마을 어른들과 이야기를 나누고 그들의 삶을 체험해보니 그들이 어린시절 내게 베풀었던 풍요는 자신의 살과 피를 잘라 대접한 것임을 처음으로 느낄 수 있었다.

당시 농활은 동,식,미생물학과의 계열 농활이었던 것으로 기억난다. 그러나 내 기억으로는 세진이형이 같이 있었던 것 같지는 않다. 주로 82학번 선배들이 많았고, 1학년은 나와 인철이를 비롯하여 식물학과의 한 여 학우, 그렇게 3명 뿐이었다.

83학번은 동물학과 선배 1~2명이 있었던 걸로 기억이 날 뿐이다.

사실 당시 생물 4계열은 82학번에 운동권 선배들이 매우 많은 편에 속했고 그들 대부분은 식물학과 선배였던 반면에 83학번 선배는 그리 많지 않았다. 우리 학번의 경우에도 마찬가지였는데 주로 동물학과에 분포(?)했으니 학번에 따라 학과별로 편중이 심한 편이었다. 기억나는 에피소드 중의 하나는 아침에 모여앉아 있는데 누군가 방귀를 뀌었고 옆사람이 차례 차례 4명이 방귀를 끼면서 내 순번이 오자 나도 모르게 방귀가 나왔는데 내 옆의 사람이 자신 없다고 벌떡 일어나 도망간 일이었다.

선배만 따라다니다 얼떨결에 '운동권' 으로

농활이 끝나고 방학을 맞아 집에 있었는데, 어느날 영학이형(식물, 82)으로부터 전화를 받았다. 소주를 사줄테니 좀 보자는 것이었다. 약속대로 민속촌이라는 주점에서 그를 만났다.

"영득이..이제 농활도 갔다오고, 사회가 어떤지 좀 알았을 것이다. 어떠냐? 농민이 고생하는 거 좀 알겠나?"

"예..매우 심각하더군요."

"너 이제부터 좀 제대로 된 공부를 해야 하지 않겠니?"

(아마도 의식화교육을 하려는 듯.. 모기소리로)

".....네..."

"밖에 널 안내해 줄 선배가 한 분 기다리고 계신다."

"네?"

"그 선배를 따라가 공부 열심히 하도록 해라."

우리가 술을 마신 곳은 온돌방의 앉아서 먹는 곳이었고, 밖의 탁자에 앉아 기다리던 선배는 다름아닌 세진이형이었다. 영학이형과 세진이형의 족

보는 전혀 달랐다.

나중에 안 사실이지만, 일종의 흥정이 있었던 모양이다. 간단한 통성명과 인사를 나눈 후, 일주일 후에 장승백이 근처에서 만나기로 하였고, 민족경제론과 관련된 서적 중의 한 논문을 읽어오기로 하였다.

일주일 후 그는 달동네의 한 자취방으로 날 안내하면서, 여기 고무줄놀이 하는 애들을 잘 봐라. 저기 강아지 한마리 보이지? 이런 말들을 계속하였다. 사실 세진이형은 농담이 어울리지 않는 사람이었다. 난 그저 "네"하고 대답했을 뿐 그게 무슨 말인지 전혀 알 수가 없었다. 자취방에는 과동기인 인철이가 와 있었고 화학과의 새 친구도 있었다. 잠시 후 함운경 선배(물리 82)가 합석을 하였고, 운경이형의 지도 하에 첫 세미나를 가졌다.

운경이형은 반어법으로 정부의 논리를 먼저 이야기하였고, 철없는 나는 그 말에 맞장구를 칠 수 밖에 없었으나 조목조목 논리의 헛점을 짚어주어 6~70년대 저곡가, 저임금의 개발경제의 모순을 이해할 수가 있었던 참 흥미로왔던 세미나였던 기억이 난다. 세미나가 끝난 후 운경이형이 세진이형에게 이렇게 물은 기억이 있다.

"여기 오는 법 잘 가르쳐 주었냐? 고무줄하는 애들 있는데서 오른쪽, 강아지가 있는 곳에서 왼쪽.."

"......!?!?......"

용감하면 잡히지도 않는다?

한달 여가 지난 후 우리는 춘천에 합숙훈련을 떠났다. 사실 2학년이었던 세진이형은 세미나에서 큰 역할을 한 것은 아니었지만 무엇을 물어도 무시하듯 대답을 하지않는 참 차가운 인상이었다. 어찌 보면 82학번 선배들은 농담도 잘하는 교관같아 보였고 83학번의 세진이형은 빨간 모자의 조교같은 인상이었고, 실제로도 그랬다. 아무튼 그 합숙에서 물건이라는 별명을 얻었다. 그것을 우리는 별명이라 부르지 않고 명예로운 이름이란 뜻으로 '명명' 이라고 하였으며 합숙은 명명식인 셈이었다. 세진이형의 명명은 '쪼리' 라고 하였다. 다른 선배의 이야기에 의하면, 원래는 '조루' 를 좀 강하게 발음한 "쪼루" 였는데 80선배와 명명이 같은 관계로 "쪼리"가 되었다고 한다. 구체적으로 왜 그런 명명이 붙여졌는지는 나는 모르겠다.

물건은 내가 지금도 사용하는 인터넷 대화명이다. 지금도 옛집(서클) 사람들을 만나면 그 때의 명명을 이야기하는 게 하나의 안주거리인데 남자들만 주로 있어서 그런지 성(性)적인 명명이 꽤 많았다. 서점의 연락판에는 'to 물건. 기다리다 그냥 간다. from 구멍' 이런 쪽지도 있었다. 명명은 당시 실명을 보호하려는 일종의 암호와 같은 것이었다.

그러나 매번 세미나만 할 수는 없는 일이었다. 이론도 중요하지만 실천은 더욱 중요한 일이다. 사실 내 머리를 올려준 선배는 같은 계열이었지만 세진이형 같은 집선배가 아니라 영학이형 같은 또 다른 계열 선배들이었다. 당시 84년의 2학기는 학도호국단이 폐지되고, 총학생회가 처음 출범되는 변화의 시기였다. 영학이형은 단지 가두시위라고만 했을 뿐 아무런 정보도 주지 않고, 그냥 선배만 믿고 놓치지 말고 뒤만 따라오면 된다고 하였다. 그러나 얼떨결에 스크럼을 짜는 학생들에 휩쓸려 따라간 곳은 당시 민한당사였다. 선배들은 그 순간 어디로 갔는지 보이지 않았는데 민한당사로 들어가는 중간에 영학이형이 대오 옆에서 지도를 하는 모습을 보았을 뿐이었고, 농성 중에 자연대가 모여 있는 곳에 가서야 비로소 선배들을 만날 수 있었다. 1학년은 나와 또 다른 친구 하나가 있었는데, 각자 자기 소개 시 어떻게 참여하게 되었는지를 물어, 사실대로 선배만 따라왔다고 이야기했더니 다들 폭소를 터뜨렸었다. 그 사건은 농성사건이었지만, 당시 민한당 국회의원들의 보호로 무사히 학교 버스를 타고 학생회관 라운지로 돌아 올 수 있었다. 하지만 하루를 외박한 덕분에 어머니로부터 심한 꾸중을 듣게 되었다.

그 사건이 있은 후 이후의 실천은 모두 세진이형의 지도 하에 이루어졌다. 거의 매주 금요일마다 가두시위가 있었는데 수업이 끝나면 20동 앞의 여인상 옆에는 어김없이 세진이형의 모습이 보였고, 인철이와 나는 그의 지시대로 택을 숙지한 후 시위장소로 이동을 하였다. 시위장소는 주로 구로공단의 가리봉동 오거리(가오리라고 불렀다), 난곡, 신림사거리 등 근처의 공단 밀집지역이었고 때로는 부천 등 먼 곳에서도 이루어졌나. 가두시위가 끝나면 각자 알아서 녹두집 등 약속장소에 모여 뒷풀이를 하였는데, 뒷풀이의 목적은 잡혀간 사람은 없는지 확인하는 작업이었고, 상호간에 그 날의 무용담을 나누는 그러한 일상이 되풀이 되었으며, 나는 어느새 소위 ‘운동권’ 학생이 되어있었다.

하루는 20동 여인상 옆에 세진이형이 보이지 않던 날도 있었다. 얼씨구나 오늘은 시위가 없나보다 하고 집에 갔는데 다음날 세진이형을 만나고 크게 혼났던 기억이 있다.

“너 금요일마다 가투 있는 거 알아 몰라? 내가 없으면 너 스스로 날 찾아와야지 내가 널 찾아다니리?”

사실 가투는 무척 힘들고 두려운 일이었다. 전경이 기다렸다는 듯이 최루탄을 쏘면 5분도 채 버티지 못하고 걸음아 나 살려라고 도망가는 게 대부분이었다. 물론 최루탄이 쏟아지고 해산이 될 때 투석, 화염병은 기본이었지만 대오를 보호하기에는 너무 미력했고, 도망가는 퇴로의 골목길 곳곳에는 소위 백골단이라는 청바지를 입은 체포조들이 우리를 기다리고 있었다. 그럼에도 세진이형은 참 대담하였으면서도 한번도 잡힌 적이 없었다. 물론 주위 친구들은 한 두 번씩 다들 잡혔으며 일주일씩 구류를 먹고 나오는 일이 흔했다.

하루는 학생의 날이었는데 연합시위를 하기위해 연세대로 가던 도중 버스정거장에서 예비검문으로 관악서에 붙잡혀 간 일이 있었다. 우리를 잡아 갈 아무런 명분도 없었지만 관악서에서 하루 종일 찬 바닥에 앉아 머리를 숙이고, 화장실에 갈 때도 몇 사람씩 줄을 세워 고개도 들지 못하고 왕래하였다. 하지만 예비검문이었으므로 별다른 조사 같은 것도 없이 단지 그렇게 붙들려 있다가 시간이 지난 오후에 그냥 풀려날 수가 있었다. 정말 순수하게 도서관 왔다가 잡혀간 학생도 아마 있었을 것이다. 후에 세진이형이 후배들에게 경찰서에 갔다 온 경험을 이야기하는데 곰곰 들어보니 그 때 일이었다. 아니, 그것도 잡혀간 경험인가? 난 내가 알 수가 없는, 세진이형의 1학년 시절 때부터 매번 경찰서나 구치소를 들락날락했는 줄 알았는데……그랬다. 세진이형은 분신하기 전까지 실제로 한번도 잡혀 본 경험이 없었다. 용감하면 오히려 잡히지도 않는 모양이다.

'투사' 양성소로 소문난 김세진 서클

우리집(서클)은 1학년 세미나를 두 팀으로 나누어 운영하고 있었는데 겨울방학 이후에는 두 팀을 하나로 합쳐서 운영을 하였다. 세미나의 지도는 운경이형과 다른 팀의 친구형(화학, 82)이 주로 담당했으며, 당시까지도 모르고 있었던 많은 팀 동료, 그리고 선배들을 알게 되었다. 세미나의 커리큘럼은 철학, 자본주의 경제학, 세계경제, 경제사총론 등이었는데 당시로서는 마르크스주의 원전을 구할 수는 없었지만 그러한 철학 사조의 영향을 받은 근간의 책들이 중심이었다. 심지어 읽을만한 책이 없었던 관계로 겨울방학 합숙을 하면서 일본어 공부까지 시켰는데, 함운경 선배는 자신도 이렇게 1주일 교육을 받은 게 전부라면서도 일어책을 마치 한국책 읽듯이 우리말 독음으로 줄줄 읽는 모습을 보여주기도 하였다.

세진이형은 우리들 후배가 느끼기에 같은 83학번 선배들 하고도 상당히 다른 모습이었다. 특유의 상대방을 무시하는, 마치 군대의 훈련 조교같은 모습을 한순간도 버리지 않았다. 하루는 소위 '역사적인 날'이라고 84학번들에게 81학번 선배 2명을 소개하는 날이 있있다.

하지만 잔뜩 긴장하고 만난 81선배들은 그렇게 두려운 사람들이 '전혀' 아니었다.

한 분은 오늘 술값을 자신이 낸다고 했는데, 이유는 오다가 만원짜리를 길에서 주웠다고 하였다. 그 것 가지고 되겠느냐고 묻자 모자라면 다시 나가서 또 주워오면 된다는 식으로 긴장을 풀어주었다. 긴장이 풀린 84학번 한 친구가 81 선배가 이야기하는 도중 질문을 하였는데 순간 세진이형의 얼굴이 눈에 들어왔다.

세진이 형 특유의, 입으로 "쏩…"하는 소리를 내면서 눈알을 굴리며 흘겨보는 눈매에 우리는 모두 입을 닫을 수 밖에 없었다.

어디 하늘같은 선배가 이야기하는데 버릇없이 끼느냐는 뜻이다. 세진이형의 모습을 아마 상상할 수 있을 것이다.

4계열의 집선배는 세진이형 하나였지만, 84학번이 나와 인철이 2명이나 되었고 2학년이 되면서 신입생인 85학번 세미나를 위하여, 마치 우리가 1학년 때 그랬던 것처럼 집세미나를 계열별로 나누어 하였다. 또한 84학번의 자체 세미나는 모두 같이 모여서 83선배와 같이하는 이중 체제를 구성하였다. 솔직히 나는 2학년이 되면 세진이형으로부터 독립하는 게 소원이었을 정도로 별로 개운치 못한 것은 사실이었다. 하지만 어찌하겠는가? 같은 계열의 운명에, 일상적인 실천을 같이해야 하는 운동권 부모와도 같은 존재이니… 그렇게 체제가 재편된 후 나는 선배의 명령에 의하여, 타 서클 친구와는 거의 경쟁적으로 후배를 모집하였고 계열 후배들을 거의 싹슬이하다시피 하였다. 그 중의 한 후배는 서클 가입을 권유하는 나에게 이런 이야기를 한 적도 있다.

"서클이라고요? 전 김세진 선배의 서클에 가입하려고 해요. 왜냐면 그 분의 서클이 투사를 양성하는 곳이라는 소문을 들었거든요."

가두시위 역시 계열별 또는 과별로 소집되어 나가는 경우가 많았다. 그런데 하루는 과별로 1학년들을 데리고 나가는 가두시위가 계획된 적이 있었다. 마침 서클 후배는 아니나, 과 후배 중에 고교 동문이 있어 그 친구와 함께 종로에 가두시위를 나가게 되었다. 사실 그 후배는 처음 나가는 시위였기에 선배로서 각별히 조심하여야 했던 시위였지만 결국 두 사람 다 잡히고 말았다. 이미 정보가 샜는지 시위 현장에는 사복을 입은 백골단이 사람 사이에 끼어져 있었고, 주동의 신호와 더불어 구호를 외치며 뛰쳐 나가려는 바로 그 순간 멱살을 잡히고 말았다. 나는 순간 위기를 모면하기 위하여, 사복경찰의 낭심을 걸어차고 도망치려고 하였으나, 등 뒤의 인파때문에 그러지 못하였고, 누군가 나의 발을 걸어 넘어뜨리더니 사방에서 백골단이 몰려와 나의 낭심을 지근지근 밟아 어쩔 수가 없었다.

결국 수갑을 차고 끌려가는 와중에 뒤를 돌아보니 세진이형이 나를 뒤따라 오는 모습이 보였다. 심지어 경찰차(버스가 아닌 봉고차였다)의 뒷 유리문을 겁도 없이 두들기기까지 하였다. 경찰서 안에서 단순 가담자로 분류된 사람은 모두 훈방 조치되었으나, 나와 후배는 꼼짝없이 조서를 작성하고 즉석재판에 넘겨지기를 기다리는 신세가 되었다.

다음날 하루를 꼬박 경찰서에서 찍소리도 못한 채 앉아 있다가 저녁에 훈시를 받고 풀려날 수가 있었다. 그 날이 마침 추석 하루 전이라 명절인 점을 감안해 특별 훈방이라는 것이었디. 이렇게 연락이 되었는시 아버님과 어머님도 와 계셨다. 후일에 세진이형이 당시 왜 나를 뒤따라왔는지 궁금해서 물어보았다.

"어? 너 수갑차고 있었냐? 나는 그것은 몰랐고 너 끌고 가는 짭새들 뒤통수를 갈긴 후에 같이 도망가려고 했었지."

폭력 학생들이 따로 없는 셈이다. 하지만 후배 보호는 이렇게 하는 게 정석이다. 사실 그는 '후배 사랑' 이라기 보다는 다음번 시위의 '전력손실' 을 걱정한다는 게 표면적인 이유였다. 나 역시 후배 앞에서는 가급적 세진이형이 그랬던 것처럼 조교스러운 모습을 보이려고 했으나, 성격이 모질지 못하여 표정관리가 잘 안되었다. 오히려 후배들 세미나하는데 세미나에 끼기는 커녕, 세진이형의 명령으로 밥을 짓는 신세가 된 적이 있었다. 쌀을 씻다 잘못하여 피까지 나왔는데 그 밥이 무척이나 맛있었나보다. 세진이형은 1학년 후배들에게 이렇게 훌륭한 밥을 지어준 선배의 사랑을 느끼면서 감사

의 마음으로 먹으라고 했고, 그 말이 아마 세진이형한테 처음이자 마지막으
로 듣는 칭찬이었던 것 같다.

처음 들어보았던 세진이 형의 부드러운 목소리가 마지막이 되고 말았다

세진이형의 여자 관계는 난 잘 알 수가 없다. 미남이었기 때문에 여자친
구가 많다는 말은 들었다. 어느 날인가 미생물학과의 84학번 여 학우를 동
반하고 후배들과의 술자리에 모습을 드러낸 적이 있었다. 그러면서 대뜸
하는 말이 "너 여자 친구 소개시켜줄까?" 하는 것이었다. 나는 내 귀를 의심
하였다. 순간 집선배가 아니라 고교선배같다는 착각이 들었다. 그러나 여
자는 지금 사귈 필요가 없다. 다 때가되면 선배가 챙겨준다. 무엇보다 운동
권은 동지적 관계에 기반한 관계여야 한다는 등 옆자리의 여 학우하고는 전
혀 관계없는 말만 들었다.

86년도 초반 세진이형은 공개운동을 할 것을 지목받은 상태였으며, 자연
대 학생회장에 출마하였고, 나는 그의 선거참모를 담당하였다. 하지만 서울
대의 요청으로 경찰이 학내에 거의 상주하고 있어 활동하기가 여간 부자연
스러운 상태가 아니었다. 따라서 말이 선거참모이지 실제로 할 수 있는 일
이 거의 없었다. 세진이형의 지시로 28동 잔디밭 앞에 4계열 후배들을 모아
서 선전전을 하기로 하였다. 그러나 후배들이 한 2~3명만 모였을 뿐 다들
어디로 갔는지 모임을 구성하기 힘들었다. 후배들은 너무 숫자가 적다고
그만두자고 했으나, 그럴 수는 없는 일이었다.

결국 2~3명의 대오로 학생회관 안팎을 빙빙 돌며 선전전을 시도하였다.

나중에 들은 이야기에 의하면, 구호를 선창하는 내 목소리가 후배들의 목소리보다 컸다고 한다. 일부 박수를 치는 학생도 간혹 보였고, 경쟁 상대였던 수학과 친구들이 우리 모습에 자극을 받아 서둘러 선전대를 만드는 모습도 보았다. 그 결과 후보 연설회가 열릴 예정이었던 26동 앞 녹두광장에는 전경이 동원되어 주둔하게 되었고, 유세도 한번 못했지만 세진이형은 자연대 학생회장에 당선되었다.

85년에는 '제3세계론' 같은 신사조를 공부하기도 하면서 운동권은 많은 이론적, 실천적 모색을 하던 시기였으며 그러한 커리큘럼을 따라 우리 집 역시 공부를 게을리하지 않았다. 2학년 겨울 세미나에서는 '러시아혁명사'와 같은 새로 나온 책을 읽었고 부족한 부분은 일어로 된 복사본 논문까지 읽으면서 세미나를 하였다. 그러나 86년도 초반의 서울방학이 지나자 학교는 새로운 사상투쟁의 회오리에 빠져들게 되었다. 이른바 반제민족해방투쟁(NL) 노선의 등장이었다. 이 새로운 사상은 곧 4학년이 될 83학번을 중심으로 논의가 되었고 우리는 선배의 눈치를 보기에 바빴다.

결국 봉건적 사제관계와도 같은 서클주의는 통렬한 비판을 받게되었고 집은 해체되고 말았다. 그리고 운동권 조직은 작은 역할분담 단위인 소위 Cell이라는 단위로 재편되게 되었는데, 나는 화학과의 팀 동료 1명과 함께 처음 만난 해양학과 친구 이렇게 셋이서 의예과 83학번인 왕준이형 밑에서 새로운 NL노선의 사상교육을 받게 되었다. 그리고 예전의 집 선배나 후배하고는 학내에서 간혹 마주치는 일 이외는 이렇다할 직접적 만남을 가지지 못하였고 누가 어디서 무엇을 하는지 그것조차 알 수 없는 일이 되었다.

그러던 어느날 신촌의 어느 술집에서 오랜만에 세진이형을 만날 수 있었다. NDR, PDR, NLPDR 등 복잡한 노선들에 대한 이야기가 주로 회자되었는데, 세진이형은 나에게 Cell을 지도하던 왕준이가 매우 똑똑한 친구이므로 그 친구 밑에서 열심히 하라는 당부의 이야기를 전해주었다. 솔직히 그렇게 부드러운 세진이형의 목소리를 그때 처음 들었던 것 같다. 마치 그 목소리는 딸을 시집보내는 부모같은 목소리라고나 할까 아무튼 느낌이 그랬다. 그런데 그 만남이 마지막이 될 줄은 꿈에도 몰랐다.

그 후 나는 다시 새로운 Cell의 일원이 되어야 했는데, 수학과 83학번 선배 2명의 지시를 받고 나를 포함한 2~3명의 84들이 5·3 인천사태를 준비하는 조직이었다.

맡은 바 임무가 다르므로 학내시위 등에는 개입을 할 수도, 할 필요도 없었다. 다만 두 선배를 통해서 학내시위 동향 등의 정보를 들을 수 밖에 없었다. 그들이 전해준 소식에 의하면 당시 2학년 학생들의 전방교육 반대 시위가 기획되어 있었는데 극비의 정보지만 연건동 의학도서관에서 운동권 역사상 최초의 대중적 반미 농성시위가 벌어질 것이며 그 시위의 파장은 매우 클 것이라는 희망찬 이야기를 듣게 되었다. 구호는 "반전반핵 양키고홈"이라는 여덟자의 운율에 맞춘 구호가 될 거라는 이야기도 들었다.

열사의 죽음이 헛되지 않을 "그 날은 반드시 오리라"

나는 설마 세진이형이 주동을 하리라는 생각은 미처 갖지 못하였다. 그날도 난 하루 종일 주안역에서 동인천역, 석바위 등지를 버스를 타고 돌아다니며 시위용품의 구입, 운반, 시위대의 퇴로 정보 등을 기록하고 Cell의 모임이 있던 삼각지의 자취방으로 돌아왔다. 돌아오자마자 난 두 선배가 울면서 전하는 세진이형의 분신 소식을 듣게 되었다. 정보가 새서 연건동

의학도서관 농성은 물거품이 되었고, 신림사거리에서 가두시위가 전개되면서 주동을 떴던 김세진, 이재호 두 선배가 분신을 하였다는 충격적인 이야기였다.

최초의 대중적 반미투쟁. 의미가 반감될 수 밖에 없었던 가두시위로 농성과 상응하는 효과를 거두기 위하여, 세진이형은 극단의 선택을 감행했을 것이다. 누구보다 철저하게 살았던 세진이형이라면 충분히 그럴 수도 있었을 것이다. 그날 난 밤새도록 삼각지로터리를 돌며 의미없이 계속 걷고 또 걸었다. 비가 부슬부슬 내렸던 것 같은데, 내 마음 속에 내리는 비였는지 실제 비를 맞았는지는 잘 기억이 나지 않는다. 인천사태의 조직도 도저히 제대로 굴러갈 수는 없었고, 실제로 계획했던 모든 일이 그냥 무의미하게 지나갔다. 사방에서 시위를 준비했는지 당일 우리가 할 일도 많지 않았다.

당시 휴학계를 낸 상태였기 때문에 난 운동권에서의 그 혼란스러움을 잠시나마 벗어날 수 있었다. 복학 이후 난 건대사태로 구멍난 자연대 학생회장 권한대행을 하기도 했지만 운동권 조직하고는 일정한 거리가 있었다. 87년에는 노선을 떠나 독자적으로 식물학과 83선배와 함께 공개 본부 서클인 과학철학연구회를 만들어 86학번 이하 후배들을 조직하는 등 85학번 후배들에게 눈에 가시같은 존재가 되기도 하였다. 세진이형의 뒤를 따라간 사람들은 오히려 나보다도 운동권과는 거리가 있었던 친구들이었다.

집동기였던 조성만은 1학년 겨울합숙 때 처음 만났었는데 합숙이 끝나자 바로 군대에 간 친구였다. 어느날 내게 연락이 와서 낙성대입구에서 당시 동기들과 같이 운동가요를 합창하며 즐겁게 술을 마신 적이 었었다. 바로 일주일 후 그는 명동성당에서 광주학살 진상규명과 미군철수를 주장하며 할복을 하였고, 일주일 전 모임은 우리들에게 마지막으로 인사하는 자리였음을 그제서야 알게 되었다. 선배의 이야기에 의하면 복학 후 세진이 형에 관한 이야기를 물었다고 했는데 그의 행위에 전혀 영향이 없지는 않았을 것으로 생각한다.

과동기였던 김기태는 이렇듯 목숨까지 버리는 치열한 운동에 자극받아 뒤늦게 4학년 때부터 운동을 하였는데, 87년 대선 당시 구로구청 농성사건으로 구속되기도 하였고, 난 그의 옥바라지를 하였다. 그러나 기태는 야학을 하던 도중 연탄가스를 맡아 열사들의 뒤를 따르고 말았다.

김세진, 조성만, 김기태. 난 졸업할 때까지 모두 3인의 지인을 잃었고 곳곳에 그들과의 추억이 깃든 학교 자체도 보기 싫을 정도로 힘들었다. 마지막으로 조직운동을 계속하던 과 친구에게 부탁하여 시위의 주동급으로 구속되어 학생운동권에서의 삶을 정리하고자 하였으나 그것마저 무위로 돌아가게 되었다. 그 후 연건동의 보건대학원으로 진학한 후 지금껏 학문의 길만 걸어 왔다.

그러나 열사의 죽음은 결코 헛되지 않아 87년의 6.10 민주혁명과 그렇게도 바라마지 않던 노동자 대중의 7,8,9월 대투쟁을 거쳐 학생운동은 민중운동으로 전환이 되었고 마침내 그 운동의 연장선으로 최초의 노동자, 농민의 정당인 민주노동당이 정치권에 발을 디디게 되는 등 역사의 수레바퀴는 지금도 굴러가고 있다.

김세진 추모가의 첫 구절 "그 날은 반드시 올 것" 이라 믿는다.

(이영득은 동물학과 84학번이고 지금은 바이오허브(주) TradiMed 사업부 실장으로 있으면서 민주노동당 경기도당 대의원으로 활동하고 있다)

저 청한 하늘로 날아간 세진이를 그리며

여 영 학

우리의 옛사랑이 피 흘린 곳에

낯선 건물들 수상하게 들어섰고

플라타너스 가로수들은 여전히 제자리에 서서

아직도 남아 있는 몇 개의 마른잎 흔들며

우리의 고개를 떨구게 했다.

부끄럽지 않은가

부끄럽지 않은가

바람의 속삭임 귓전으로 흘리며

우리는 짐짓 중년기의 건강을 이야기했고

또 한 발짝 깊숙이 늪으로 발을 옮겼다.

('희미한 옛사랑의 그림자 / 김광규' 중에서)

세진이가 한 송이 붉은 꽃잎으로 피어오르던 그 날로부터 스무 해가 지난 오늘, '부끄럽지 않은가/ 부끄럽지 않은가', 귓전을 스치는 바람의 속삭임에도 나는 짐짓 서류더미를 뒤적이다가, 문득 1983년의 어느 봄밤을 떠올렸다.

그즈음 관악산 밑자락의 교정에도 모진 겨울을 견딘 나무에 파릇파릇 물이 오르고 산수유 어린 가지 끝에는 연노랑 꽃이 막 봉우리를 밀어내고 있었던가. 숨죽이며 봄기운을 뭉게뭉게 피워 올리던 잔디밭 곳곳에는 사복차림의 경찰들이 시커먼 가방을 어깨에 둘러맨 채로 두리번거리고 있었다. 우리는 바람이 여전히 차갑던 캠퍼스를 거닐다가 두툼한 겨울 잠바 깃을 올려 세우며 사뭇 침울하고 두려운 눈길로 서로를 쳐다보았겠지, 아마도.

그 날 자연대 생물계열 신입생 환영행사가 열렸다. 봉천동 어느 허름한 음식점이었다. 아, 거기가 바로 '왕도장' 이었던가 보다. 세진이가 입학하던 그 해 5월 어느 날, 닭장차 몇 대를 거느린 자연대 학장님께서 친히 경찰용 핸드마이크를 손에 들고 요란하게 사이렌을 울려가며 중국집에 들어서서는, 당신의 제자들을 향해 '너희들은 포위됐다' 고 소리쳤던, 그래서 그 한 편의 우스꽝스럽고도 씁쓸한 일화 때문에 두고두고 유명해져 버린 '왕도장'.

그 곳에 수 십 명의 신입생들이 어느덧 얼어붙은 학교 분위기를 눈치 챈 듯한 표정으로, 짬뽕 국물과 소주잔과 빈 짜장면 그릇이 어지럽게 놓인 기다란 나무밥상을 사이에 두고 묵묵히 마주앉아 있었다. 유쾌하게 청춘을 찬미하고 낭만을 노래하고 싶었지만, 음울한 시대의 그늘에 짓눌려 우리는 내내 무거운 마음을 가눌 수가 없었다. 비장한 얼굴을 하고 목소리를 낮췄다. 3년 전 광주에서 무슨 일이 벌어졌는지, 우리의 가난한 이웃들이 어떻게 살아가고 있는지, 강의실과 교재에 깃든 허위와 가식이 얼마나 교활한 것인지를 조곤조곤 속삭였다. 차츰 취기가 오르면서 숟가락 장단에 맞춰 아침이슬과 농민가를 목청껏 불러댔다. 삼천만이 잠들 때까지.

세진이 얼굴을 처음으로 가까이에서 본 것은, 행사를 파하고 삼삼오오 무리지어 찻집으로 들어선 자리에서였다. 가지런한 장발에다 이목구비가 또렷한, 귀공자 티가 나던 세진이의 얼굴은 쉽게 눈에 띄었다. 새내기들이라면 대개는 어리둥절해하고 조금은 주눅이 들어있기 마련이었지만, 세진이의 얼굴에서는 자신감과 발랄함이 배어나왔다. 아직 천진한 탓이었을까. 아니면 청년 예수의 기개를 닮아서였을까. 느닷없이 세진이는 '다 같이 기도하자' 며 옆 사람들의 손을 잡았다. 열 명 남짓 되는 사람들이 얼떨결에 고개를 숙이고 그의 기도에 귀를 기울였다.

"주여! 이 어두운 시대, 우리 젊은이들이 이웃들의 고통을 함께 하게 하소서".

"왜 날 울리나 눈부신 햇살 새하얀 저 구름"

한 학기가 지나자 세진이는 벌써 학생운동의 대오에 깊숙이 들어와 있었다. 시위행렬마다 뛰어들었고 서클 활동에도 빠지지 않았다.

그 해 늦여름 어느 날인가, 세진이를 포함한 1학년 다섯 명과 내가 한 조가 되어 가두시위에 나갔을 때였다. 시내의 약속된 장소에서 우리는 초조하게 호루루기 신호를 기다리고 있었다. 아지랑이처럼 피어오르는 아스팔트의 열기는 뜨거웠고, 도시의 텁텁하고 평온한

공기는 낯설었다. 사람들의 긴장된 숨소리 사이에서 갑자기 고함소리가 터져나오더니 사이렌이 울렸다. 두꺼운 뿔테 안경을 쓴 학생 하나가 한 손에는 메가폰을 들고 신문지를 말아 쥔 손을 치켜들며 차도에 뛰어들었다.

뒤이어 여기저기에서 누런 갱지를 등사기로 밀어서 만든 유인물이 낙엽처럼 공중으로 흩어져 날아올랐다. 서울지역의 몇 개 대학 학생들 수 천 명이 한꺼번에 와아 쏟아져나와, 삽시간에 지하철 공사가 한창이던 을지로를 가득 메웠다.

"군부독재 타도하자!"

우렁찬 군중의 함성이 여름 낮 고요하던 서울 하늘에 메아리쳤다. 발길을 멈춘 행인들이 곳곳에서 박수를 치거나 야유를 보냈다. 빌딩과 자동차들이 일제히 창을 열고 놀란 토끼 눈으로 시위의 물결을 내다보느라 분주했다. 한참 뒤 골목골목에 숨어 우리를 노려보고 있던 사냥개들이 뛰쳐나왔다. 정복의 전투경찰과 거구의 사복들이 대열의 옆구리를 공격하기 시작했다. 닥치는 대로 주먹을 휘두르고 발길질을 해대며 학생들을 끌고 갔다. 고함과 비명 사이로 공사장의 먼지가 안개처럼 뽀얗게 일었다. 함께 어깨를 겯고 행진했던 후배 둘과 나도 경찰 버스 안으로 내던져졌다. 그 어느 순간엔가 세진이는 날렵하게 몸을 피했다.

그 시절 세진이가 눈빛을 번득이며 열변을 쏟아내던 교정 뒤안의 황무지와 음침한 반지하 자취방, 자욱한 최루탄 연기 속에 주먹을 움켜쥐고 포효하던 거리의 바리케이드, 선배들이 피 흘리며 끌려가던 날 저녁 희미한 백열등 아래 어깨를 웅크리고 앉아 울먹이던 막걸리집의 풍경이, 지금도 낡은 무성영화의 흐릿한 한 장면처럼 스친다. 그 속에 84년 5월, 봄볕 화사하게 부서지는 학생식당 옆 잔디밭에 둘러앉은 우리는 기타 반주에 맞추어, 세진이가 유난히 좋아하던 노래를 부르고 있다.

"낮이 밝을수록 어두워가는 암흑 속에 별밭청한 하늘 푸르른 저 산맥 넘어 멀리 떠나가는 새 왜 날 울리나 눈부신 햇살 새하얀 저 구름 죽어 나 되는 날의 아득함 아아 묶인 이 가슴" 해마다 5월이면 판교 공원묘지, 군데군데 철쭉이 무리지어 피었고 그 사이로 난 가파른 산길을 오르며, 저 멀리 산맥을 넘어 눈부신 햇살과 새하얀 구름 속으로 날아가는 작은 새를 한참 동안 바라보고는 했다.

그리고는 세진이가 남긴 노래를 오래도록 흥얼거렸다.

(여영학은 식물학과 82학번으로 지금은 법무법인 한결의 변호사로 일하면서 환경운동연합 환경법률센터 소장을 맡고 있다)

젊음 그대로 내 맘 속에 남아있는 세진이

안성용

벌써 20년이라니 세월이 너무 빠르다. 우리들 중 누군가도 아마 우리가 20년이 지난 지금 이렇게 살고 있을 거라고 상상하지 못했을 것이다. 그때 우리는 20년 후면 근본적으로 바뀐 사회에서 살고 있거나 아니면 앞서간 이들처럼 모두들 훗날을 보지 못하고 전선에서 스러질 것으로 생각했다. 그런데 모질게 살아남아 이제 과거를 추억한다.

나는 세진이의 학교 1년 선배이다. 예전에는 '집' 이라는 것이 있었는데 거기서 같이 지냈다. 공적으로 있던 일들에 관해서는 말할 사람이 많을 것이므로 나는 그와 나 사이에서 있었던 일 두 가지만 말 하겠다.

하나.

소위 '포 시스템' 이 해체되고 학생회 시스템으로 바뀐 후(나는 그때 밖에 있었다) 학교 내에 '깃발' 의 영향이 강할 때이다. 사람들이 매번 그런단다.

"L 동지가 말하기를…"

엄청난 스트레스를 받는다고 했다. 그의 물음이다.

"왜 우리 선배들은 학생운동을 도와주는 조직이 없어요?"

나의 답변이다.

"사람들이 SM에는 관심이 없어. 미안해. 스스로 해야 해"

나는 이후 인사대 친구들이(미안하다, 당시 표현이다) 주로 본다는 책들과 자료를 구해주는 데에 그쳤다.

둘.

그해 4월 중순이다. 날짜는 정확히 생각나지 않는데 아마 일이 벌어지기 전 한 일주일 정도 전쯤이 아닌가 싶다. SM내의 갈등과 어려움을 안주로 술을 제법 마셨다. 그는 조직 내의 문제로 대단히 고민이 많다고 했다.

"문제를 해결하기 위해서는 통혁이나 NLF 같은 조직이 필요한 데 제발 연결해 달라"

그의 말에 대한 나의 답변이다.

"없다. 나도 선배들에게 여러 경로로 확인해 봤는데 없다."

(아마 당시에 학교 밖에 있던 우리 또래들은 당시의 나처럼 모두 비슷한 고민을 했을 것이다. 혁신 전위조직은 없었다. 꼭 그것 때문은 아니지만 이후 많은 이들이 각종 조직을 만들려 애썼고 활동했다.)

당일 우리는 매우 우울했다. 하지만 나도 그도 우리가 앞으로 열심히 하자고 했다. 그가 헤어지기 전 이런 말을 했다.

"형 정리해야 할 것 같아요. 당분간 못 볼 거예요"

나는 묻지 않았다. 왜냐면 그 말은 우리들끼리 쓰던 일종의 암호였으니까. 다만 그가 그랬다.

"이번에는 꽤 세게 할 거예요"

나는 당시 분위기로 그럴 것이라고 이해했다. 나는 그에게 힘들더라도 힘내고 몸 관리 잘하라고 하고 몇 푼의 주머니 돈을 건네주고 헤어졌다.

그 얼마 후 라디오와 신문을 통해 사건을 접한 나는 매우 깊은 충격을 받았다. 우리는 항상 살아서 싸우는 방식에 관해서 늘 이야기했기 때문이다. 이후 묘소를 처음 찾은 날 나와 동료, 선배들은 누구랄 것 없이 모두 침통했다.

벌써 20년이란 세월이 흘렀다. 나는 세진이를 자주 생각한다. 목소리도 선명히 기억한다. 고유한 몸짓이나 얼굴 표정도. 가끔 예전의 꿈을 꿀 때도 있다. 이젠 나도 내가 아는 이들도 자연적으로 본격적으로 늙어 간다. 세진이는 하지만 젊음 그대로 내 마음 속에 그대로 남아 있다.

(안성용은 화학과 82학번이며 지금은 (주)아름다운교육 대표이사로 있다)

가죽점퍼를 즐겨 입던 스마트한 신사,
내 친구 재호

김 자 봉

벌써 20년이 훨씬 지난 일이다. 우리가 고등학교 같은 반에서 뒹굴고 경쟁하고 잘난 체하고 까불고 했던 것이. 우리는 재호를 그냥 재호라 안 부르고 "째호"라고 부르고, 재호는 나를 "짜뽕"이라고 불렀다. 우리가 "째호"라고 부른 것은 수업시간에 심훈의 상록수를 좋아하시던 선생님이 재호를 "째호"라고 강한 악센트로 부르고 늘 상 "야 째호 정답이 뭐야?"라고 한 것이 계기였는데, 나를 "짜뽕"이라고 부른 것은 우리가 "째호"라고 부른 것에 대한 일종의 반격이었다. 다른 친구 녀석들한테도 그들 이름을 강한 악센트로 부르는 등 일 대 다수의 공격과 반공격은 계속 이어졌다. 물론 시간이 흐르면서 다소 점잖게 이름을 불러 주는 정-반-합의 발전을 이루기는 했지만.

갸름한 얼굴에 약간 마르고 늘 웃는 낯의 재호는 건강하고 밝은 성격의 소유자였다. 그리고 교탁을 교단 한 가운데 올리고 자신은 한국의 가장 훌륭한 정치인이 될 것이라며 일장 연설하기를 좋아했다. 그 연설의 핵심은 언제나 '민족을 구하는 정치인, 미래를 여는 정치인 그리고 비록 짧을지라도 굶을 수 있다면 죽음을 두려워하지 않는 정치인이 되겠노라' 는 것이었다. 우리가 고1이던 1980년 5월의 경험이 그러한 사고를 갖게 했으리라 여겨진다.

재호는 공부를 성실하고 착실하게 잘 하던 친구였다. 우리는 고3이라서 토요일이면 저녁 도시락을 싸와서 밤늦게까지 교실에 남곤 했었다. 그리고 가끔은 이 밤늦은 시간은 장난치기 좋은 기회가 되곤 하였다. 대략 밤 10시쯤 되면 친구들 한 둘은 책상위에 드러누워 잠을 자곤 하는데, 재호는 잠자는 친구의 콧 털을 뽑는 선수였다. 나도 여러 번 당했는데 그거 무지 아프다. 우리도 결코 용서하지 않았는데 반격을 당하면 재호는 이렇게 웃는다. "푸하하".

그리고 기회를 틈타 다시 공격한다. 이제는 콧 털이 아닌 종아리 털 뽑기로. 무시무시한 재공격이었다.

너무 잘생겨서 연애에 실패한 '장밋빛 스카프'

같은 해 1983년에 대학에 진학해 재호와 같이 처음으로 부른 노래는 상록수였다.

3월 입학식을 며칠 앞두고 교문 근처에서 만난 얼굴이 잘 생긴 일 년 선배 민주 형의 신림동 자취방에서 민주 형의 룸메이트가 쳐주는 기타 반주와 함께 불렀다. 그렇게 시작한 대학 생활은 정신없이 흘렀고 미팅도 제대로 해보지 못하는 사이에 어느새 대학생활 3년이 후딱 흘러 1985년 가을에 이르렀다.

돌이켜 보니 대학생활에서 망가질 대로 망가진(?) 우리들은 이제 일 년 남은 대학생활을 어떻게 멋지게 보낼지 궁리하기 시작했다. 2.0저공비행 경쟁을 하면서 학기만 지나면 신림동 녹두집에서 막걸리를 즐기던 우리였다. 막걸리를 마시며 재호가 즐겨 부르던 노래는 김수희의 '가로등'(정확한 노래 제목은 '못잊겠어요'다. 그러나 우리는 끝까지 '가로등'이라고 불렀다). 그러나 결코 김수희가 부르던 방식의 가로등은 아니었다. 김수희의 가로등은 비오는 골목길에서 마주잡은 두 손을 비추어주는 가로등이지만, 재호의 가로등은 언제나 졸고 있는 가로등이었다. 예를 들면, 원래 노랫말은 "가로등도 졸고 있는, 비오는 골목길에, 두 손을 마주 잡고~~~"인데, 재호가 부를 때는 "가로등도 졸고 있는, 가로 등도 졸고 있는, 가로 등도 졸고 있는~~~"이다. 부르는 도중에 반전을 기대하던 우리는 결코 반전을 허용하지 않는 재호에게 히를 찔리고는 나자빠지곤 했다.

그러나 가로등을 좋아하던 재호의 18번은 1985년 가을에는 바뀌어 있었다. '가로등'에서 '장밋빛 스카프'로. 이것은 의미심장한 변화였고, 가로등이 졸고만 있을 수는 없음을 선언한 사건으로 보였다. 이 변화가 무엇을 의미하는지는 노랫말을 보면 분명해진다. 원래 가로등의 노랫말처럼 그렇게 되겠다는 의지를 보였던 것이다. 자신도 비가 오는 골목길에서 누군가와 두 손을 마주잡고 싶다는 의지를.

내가 알고 있는 재호의 연애스토리는 성공담이라기보다는 실패담이다. 그 잘 생긴 재호가 연애에 실패한 원인은 잘 생겼기 때문이라고 여겨지기는 하지만, 적어도 스카프에 담긴 당시 심정은 어쨌든 소주병에 숟가락 꽂고 부르는 노래가 끝날 때까지 진지한 자세로 들어주어야 했다. 소주 한 잔 들어 분위기를 맞추면서. 재호는 스카프는 장밋빛이어야 한다는 노래 하나로 긴 시간을 버텼다. 스카프가 노랜 색일 수도 있다는 가정은 결코 하지 않았다. 하긴 그런 고집이 재호의 트레이드마크이고 인간적인 면모의 핵심이기는 하였지만.

활달하면서도 깊이 사고하고 인내할 줄 알았던 친구

그 가을에 나는 미림여고 올라가는 길가 책방에서 아르바이트를 하고 있었다. 호객행위를 한답시고 내가 연 책방이라고 뻥을 치기는 하였지만(나중에 나는 이 과도한 뻥때문에 얼마 못 가 그곳에서 잘렸다). 그런데 바로 그 책방이 한 동안 재호와 원이와 나, 우리 셋의 추억의 아지트가 되었다. 책방 안쪽에 조그마한 방이 하나 있었는데, 거기는 때론 우리의 숙식을 해결하는 장소가 되었다. 틈만 나면 찾아와 라면을 끓여먹은 재호는 한 번도 제대로 된 값을 치루지 않았다. 책방 주인이라는 잘못된 뻥의 원죄를 짊어진 나는 제대로 항변도 못하고, "야 너는 그렇게 라면 먹으면 배가 안 아프냐?" 라는 말 한 마디가 고작이었다.

재호가 값을 치루지 않고 책을 그냥 들고 간 경우는 기억이 나지 않는데, 반대로 값을 치루고 책을 가지고 나간 경우도 기억에 없다. 다만, 며칠간 책을 가져갔다가 다시 반납하는 친구로서의 의리(?)를 정확히 지킬 뿐이었다.

재호는 단벌 신사였다. 감색 바지에 검은 색 가죽점퍼, 이 코디는 내가 기억하는 한 재호의

대학 생활 내내 바뀐 적이 거의 없다. 어찌나 많이 입고 다녔는지 재호의 다른 코디는 아예 기억에도 없을 정도다. 아마도 우리의 상상을 훨씬 뛰어넘는 코디 감각, 내가 대학 생활을 마친 한참 후에야 알게 된 늘 흰 색만을 고집하는 앙드레 김의 코디 감각을 이미 대학생활 때 터득한 때문이 아닐까 여겨진다. 다만 색이 달랐을 뿐.

물론 우리가 대학 다니던 때에는 그런 고집스런 코디철학이 크게 대중적인 인기를 얻기는 하였다. 그런 그에게 하루는 학교 교문을 들어가면서 물어 보았다. 왜 가죽점퍼만 입느냐고. 재호의 답은 매우 실용적이었다.

"때가 안타잖아". (사실 재호의 가죽점퍼는 좀 값이 나가 보이는 것이었다.) 그런데 그 가죽점퍼는 때가 안타는 정도를 넘어서 재호의 깔끔하고 이지적인 감성을 더욱 드러내는데 기여를 했는데, 그게 부리워서 나도 한 겨울철은 어쨌든 가죽 비슷한 옷을 구해 입고 다녔다.

재호는 신사의 기질을 지닌 친구였다. 고3 때 한 번은 늦은 저녁 학교 후문을 통해 귀가하는 길 저 쪽 골목에서 여러 명이 한 학생을 때리고 있었는데, 여기에 정의로운 항의를 하였고 그 때문에 고생을 산 적이 있었다. 재호는 그런 기질을 대학생활 동안에도 내내 간직하고 있었다. 조용한 성격이면서도 큰 생각을 갖고, 활달하면서도 깊이 사고하고 인내할 줄 알았던 재호는 대학생활 동안 무척 큰 정신적이고 인간적인 성취를 이루었던 것 같다.

소주 한 잔 나누며 미소도 함께 나누고 싶다, 친구야

해가 바뀌어 1986년 그 때가 4월이었을까? 그 날은 비가 무척이나 내렸다. 유난히 지척거리면서 내린 것처럼 기억이 된다. 갑자기 연락이 와서 우리는 6동과 7동 건물의 3층 계단 사이에서 선 채로 긴 이야기 나눌 여유 조차 없이 긴박하게 만나고 있었다. 재호, 원, 그리고 나. 호주머니에서 꺼낸 꾸깃꾸깃한 몇 푼의 돈을 건네면서 우리는 서로의 눈을 바라보고 있었다. 재호의 가죽점퍼는 비에 젖어 한없이 눈물을 흘리고 있었다.

소주병에 수저를 꽂고 장밋빛 스카프를 열창하던 재호가 누군가의 두 손을 잡기 전에 비는 그치고 5월은 지나갔다. 그 이후 세상은 5월의 장미를 노래할 용기 없이 정신적 홍역을 치르기 시작했고 더러는 끝없는 방황을, 더러는 모든 것을 기억 저편에 놓아두고 한 없이 걸어야만 했다. 우리가 노래하고자 했던 "상록수(常綠樹)"가 무성한 어느 날 소주 한잔 나누며 미소 짓기를 희망했던 기다림을 떠 올리면서.

(김자봉은 철학과 83학번으로 뉴욕주립대 대학원 경제학과를 졸업하고 한국금융연구원 연구위원으로 일하고 있다. 이 글은 개나리꽃이 담 벽에 화사하게 피어있던 3월의 마지막 날, 명동성당 앞에서 친구를 그리워하며 썼다)

사람들에 대한 연민으로 가득했던 친구

고 원

체게바라 평전 가운데는 이런 구절이 눈에 띈다.

"진정한 혁명가는 사랑이라는 위대한 감성에 의해 인도된다. 우리는 이 특징이 결여된 진정한 혁명가를 상상할 수는 없다."

이재호! 그는 늘 사람을 사랑하고 싶어 했다. 그는 항상 사람들에 대한 연민으로 가득 차 있었다. 하지만 나는 체게바라 평전이 사랑과 혁명가를 연관시키는 방식처럼 재호의 그런 성격이 해방 투사로서의 존재성과 어떻게 연관되었었는지는 잘 모르겠다. 나는 그를 해방운동 시절 이전부터 깊이 알고 지내왔기 때문에 단순하게 기억한다. 그냥 일상 속에서 살가운 정을 도탑게 나누던 그런 친구로서만 기억한다.

그는 마음이 여리고 감수성이 풍부했던 사람이다. 또 여느 보통 사람과 다르지 않게 출세를 꿈꾸기도 했던 세속적인 사람이었다. 그는 한 때 정치가로서의 출세라는 것을 꿈꾼 정치학도였고, 집안에서 그에 대한 기대 또한 매우 남다른 것이었다.

하지만 그에게 남과 다른 점이 하나 있었다면, 자신의 욕망을 통해 다른 사람들의 문제에도 잘 접근했다는 것이다. 내가 행복해지고 싶은 만큼 남들도 행복해지고 싶고, 내가 인생의 괴로움을 느끼는 만큼 남들도 괴롭다는 것을 잘 이해하고 실천했던 사람이다. 나는 고등학교 시절부터 늘 그런 그의 모습을 접하며 지냈다. 그래서 나는 재호에 대해 어떤 역사적 의미를 가지고 접근하기보다는 내가 일찍이 그와 친구로 지내며 겪었던 추억거리들을 덤덤하게 말해보고자 한다.

광천동 자취 시절의 낭만

재호와 나는 전남 광주에 있는 송원고등학교라는 곳에서 처음 만났다. 그와 나는 모두 본가가 고등학교까지 통학하기에는 꽤 먼 광주 근교 시골이었기 때문에 학교 근방 광천동에 사글세방을 얻어 자취를 했다. 우리 둘 외에 가깝게 어울려 지낸 친구들 중에도 자취를 하는 애들이 꽤 있었다. 지금은 잘 나가는 IT사업을 하는 친구, 경찰 간부를 하다가 스님이 된 친구, 중등학교 교편을 잡고 있는 친구, 산업자원부 과장으로 있는 친구 등이 그들이었다.

우리는 대체로 모범생들이었지만 어설픈 객기로 서로의 자취방들을 돌아다니며 소주와 막걸리에 환타를 타 마시면서 제법 없는 폼을 재며 놀기도 하였다. 그러다가 어떨 때는 근처에서 자취하는 여고생들을 꼬여 같이 놀아보자는 제안이 나오기도 했는데, 막상 실행에 옮길 때에는 아무도 나서는 사람이 없었다. 한참을 네가 하니, 내가 하니 옥신각신하다가 결국 총대를 메고 나서는 친구는 바로 재호였다.

그래서 재호가 여고생들 자취방 앞에 가서 희롱을 걸게 되었는데, 웬 건장한 고등학생들 서너 명이 다가왔다.

"느그들 뭐여?"

행색과 목소리가 심상치 않았다. '앗! 노는 애들이닷!' 우리가 희롱을 건 자취방 여고생들이 자기네 애인이란다. 결국 우리는 그 녀석들한테 뺨만 몇 대 얻어맞고 그 자리를 물러나야 했다.

재호는 욕심이 좀 많은 친구였다. 우리는 당시 고등학교 3학년 때 학교에서 늦게까지 자습을 하거나 이불을 갖다 놓고 밤을 새기도 했다. 그런데 재호는 성적이 자기와 엇비슷한 친구들이 11시까지 공부하면 자기는 새벽 1시까지 공부하고, 남들이 이틀 밤을 새면 나흘간 밤을 새는 식으로 남보다 앞서나가야만 직성이 풀리는 친구였다. 그는 자신의 목표를 향해 남들보다 꾸준하고 성실하게 노력하는, 집념이 강한 사람이었다고나 할까. 그래서인지 대입학력고사가 눈앞에 다가오자 다른 사람들은 강박감에 시달리며 컨디션 난조에 빠지거나 하는데, 재호는 막판 피치를 올리면서 학력고사에서 상당히 좋은 결과를 얻기도 하였다.

우리는 학교에서 라이벌 관계이면서도 종종 재호의 시골집에 가서 밤새워 즐겁게 어울려 놀곤 했다. 재호 어머니께서 새벽에 주무시다 말고 일어나셔서 챙겨주시던 떡국이며 밤참은 지금 생각해도 참 맛있었다. 재호 어머니께서는 인정이 참 많으시고 다감한 분으로서 우리들이 놀러오는 것을 진심으로 기쁘게 생각하시고 정성을 다해 우리를 대접해 주셨다. 그런 어머니 때문에 우리는 마음 편히 뒹굴뒹굴 하면서 마치 내 집처럼 지냈었다.

우리는 재호 집에서 여러 가지 놀이를 하면서 지냈는데, 주로 바둑과 화투놀이를 많이 했었다. 그런데 놀이를 하면 학교성적이 엇비슷한 우리들은 서로에게 지지 않으려고 은근히 승부욕을 발산하기도 했다. 그렇게 승부욕에 불탔으니 진 쪽은 한 판 더 하자고 조르고 결국 밤을 꼬박 지새지 않을 도리가 없었다. 밤을 꼬박 새면 그 다음날은 해가 중천에 뜰 때까지 잠을 잤고, 재호 어머니께서 '점심 먹어라'고 하시면서 점심상을 들여오시면 그 때에야 부스스 일어나곤 했다.

재호의 짝사랑 순애보

재호와 나는 똑같이 서울대학교 사회과학대학에 입학했다. 둘 다 모두 학생운동 서클에 가입해서 열심히 활동했다. 그러던 그 해 어느 날 그는 사랑에 빠지고 말았다.

우리가 1학년 초부터 이화여대생들과 조인트 모임을 했는데, 그 중에 몸집이 작고 세련된 여학생이 한 명 있었다. 재호는 그 여학생을 줄기차게 쫓아다녔는데, 그 여학생은 정작 재호의 프러포즈를 받아들이지 않았다.

재호의 자취방에 가면 항상 음악과 깡소주가 있었다. 그의 싸구려 카세트에서 김수희의 '애모'가 구슬프게 흘러나오면 그는 노래를 따라 부르면서 소주 한두 잔을 쫙 들이켰다. 그러면서 그녀가 생각난다고 말했다. 그 뿐이었다. 고주망태가 되도록 마시는 일은 없었다. 그는 애상에 빠져도 자기절제를 남들보다 잘하는 친구였다.

재호의 구애는 3년 동안 내내 계속되었다. 한번은 눈이 펑펑 오는 어느 겨울밤이었다. 시간은 이미 새벽 1시를 가리키고 있었다. 신림동에 있는 내 자취방에서 책을 읽고 있는데, 계단을 저벅거리며 올라오는 소리가 들렸다. 재호가 흰 눈을 뒤집어 쓴 채 들어왔다. 잠실에 있는 그 여학생 집에 갔다 오는 길이라고 했다. 여학생 집에서는 아직 안 왔다고 해서 밖에서 기다리는데 그녀가 밤 열시가 넘어 들어오더란다. 그래서 얘기 좀 하자고 했더니 대답도 안하고 집으로 들어가 버렸단다. 그래서 그 아파트 담벼락에 대고 오줌을 갈기면서 "내가 이 세상을 다 녹이리라"고 외쳤단다. 나는 아마도 그것이 그가 겪은 최초의 좌절이었을 거라고 생각한다. 그 후로 재호는 세상을 보는 눈이 많이 달라진 듯 했다. 특히 남들을 배려하는 마음이 눈에 띄게 늘어 보였다.

금호동 고갯길에서 흘린 눈물

1986년 우리는 대학 4학년이 되었다. 대학가는 격동하고 있었다. 전두환 정권의 학생운동에 대한 탄압은 날이 갈수록 강화되고 있었다. 자고 나면 누구, 누구가 검거되었다고 하더라는 소문들이 들려왔다. 그에 못지않게 학생운동 세력 또한 격렬하게 대응했다. 그러나 워낙 탄압이 강력한데다가 당시 학생운동이 자민투와 민민투로 양분되어 있어서 학생대중들의 호응을 강력하게 불러일으킬 수 없었다. 전두환정권과 학생운동진영은 치열한 대치를 계속해 나갔다. 그 중에서도 좀 더 불리한 쪽은 학생운동세력이었다. 학생운동조직은 날마다 무너져 가고 있었다. 시간이 필요했다. 방어선을 구축해야만 조직을 정비하고 대중들의 호응과 동참을 이끌어 낼 수 있었다.

이런 절박한 상황을 재호는 누구보다 잘 이해하고 있었다. 자신의 몸을 던져서라도 탄압을 막아내야 한다는 결연한 의지를 당시 재호를 만나본 사람은 쉽게 읽을 수 있었다. 재호는 자민투 산하의 '반전반핵평화옹호투쟁위원회' 위원장을 맡아 시위를 주도했다. 그러면서 자연스럽게 수배상태가 되었다. 그와 나는 한 동안 연락이 되지 않았다. 그러던 어느 날 나에게 연락이 왔다. 우리는 옥수동 전철역에서 만났다. 위장용 안경을 쓰고 그가 역에서 나왔다. 조금은 초췌해 보였지만 담담한 모습이었다. 우리는 근처 대폿집에서 식사 겸해 소주를 한 두세 병쯤 마셨다. 아마 조만간 정리될 것 같다고 말했다. 나는 그 의미가 시위주동하고 감옥 가는 것으로 생각했다. 그때는 재호도 그런 의미로 이야기했을 것이다. 집안 부모님들 걱정이 많이 되는 듯 했다. 내게는 작별주를 나누러 왔다고 했다. 늘 그렇듯이 학생운동하다가 시위주동하고 감옥 갈 날이 다가오면 친한 이들을 찾아 이별주를 마시는 관습이 있었다.

나는 그 때 그가 분신할 것이라는 느낌은 전혀 받지 못하였다. 그 날 우리는 그냥 학생운동을 하고, 또 살아가면서 겪게 되는 여러 가지 일과 생각들에 관해 평소처럼 이야기를 나누었다. 밤 12시경 우리는 2차를 위해 금호동 쪽으로 발길을 옮겼다. 금호동은 약간 나이든 여자들의 분내가 풍기는 싸구려 술집들이 줄줄이 서있는 곳이었다. 뭔가 울적한 마음에 우리는 그 중 한 술집에 들어가서 맥주를 대 여섯병쯤 마셨다. 익숙지 않은 분위기인지라 영 어색했다. 재호는 술집 사람과 인생사는 이야기를 하고 싶어 했으나 여의치는 않았다. 그는 지식인으로서 자신이 지금 겪고 있는 고뇌가 이 사람들의 삶과 무슨 상관이 있는지 자신에게 물음을 던지고 있었을 것이다.

새벽 1시경 그 술집을 나와 우리는 금호동 고갯길을 걸어갔다. 인도 중간에 사람이 쓰러져 있었다. 술 취한 노숙자였다. 꽃샘추위로 무척 날씨가 차가웠다. 재호가 다가가 그 사람을 일으켰다.

"아저씨, 이런 데서 자면 죽습니다."

그 사람은 다시 드러누웠다. "그냥 가세요."라고 말했다. 나는 "너 그러잖아도 수배상태인데 그냥 가자."고 했다. 재호는 안된다고 했다. 이대로 두면 죽을 수도 있는데 그냥 갈 수 없다고 했다. 여인숙에라도 데려다 주자고 했다. 우리는 그 사람을 부축하여 여인숙으로 데려갔다. 여인숙에서는 받아줄 수 없다고 했다. 돈은 우리가 내겠다고 했다. 그러나 여인숙 주인은 한사코 거절하였다. 재호는 아무리 장사도 좋지만 얼어 죽어가는 사람을 이렇게 내쫓을 수 있냐고 소리쳤다. 그러면서 노숙자를 향해 "아저씨, 왜 이렇게 사세요? 정신 좀 차리고 사세요."라고 소리치면서 눈물을 뿌렸다.

재호는 내게 그 사람을 데리고 기다리고 있으라 했다. 조금 있으니 재호가 리어커를 한 대 끌고 왔다. 저 쪽에 가면 공사장이 있으니 리어커로 싣고 가서 바람을 피할 수 있게 건물 안 쪽으로 넣어주자는 것이었다. 우리는 재호의 말대로 그렇게 했다. 우리는 공사장 비닐을 가져다 덮어주고 나왔다. 그 날 밤 재호는 내 방에서 자고 날이 밝자 떠나갔다. 그저 "다음에 보자"는 말 이외에 달리 특별한 이야기는 없이 헤어졌다. 그 며칠 후 분신이 있기 전전날 학교에서 그를 우연히 만났다. 뭔가 얼굴에 수심이 있었다. 무슨 일 있냐고 물었지만 "괜찮다"고만 했다. 내가 가진 약간의 돈을 털어 주고 우리는 또 그렇게 헤어졌다. 그리고 또 다시 며칠 후 한강성심병원 중환자실에서 새까맣게 그을린 그를 만나야 했다.

보고 싶다, 친구야

나는 요즘도 가끔씩 꿈 속에서 재호를 만난다. 현실처럼 생생하게 다가오는 그의 모습은 언제나 맑고 단정하다. 나는 그를 만나면 지금 세상이 우리가 꿈꾸었던 그런 모습과는 다르게 간다고 열변을 토한다. 하지만 재호는 담담한 표정으로 가벼운 웃음을 지으며 내게 꼭 필요한 말들만 한다. 그는 항상 평범하게 살아가는 일상의 느낌들만을 이야기한다. 그가 나에게 어떤 화두를 던지고 있는 것일까? 세파에 묻히지 말고, 세파를 넘으며 살라고 말하는 것일까? 그는 나의 답답한 가슴을 쓸어주고, 가녀린 등을 토닥거려준다. 화상(火傷) 때문에 후유증은 없냐는 내 걱정스런 물음에 그는 가볍게 고개만 끄덕거린다.

내 친구, 재호야! 오늘따라 더욱 네가 보고 싶구나.

(고원은 국제경제학과 83학번으로 이재호 열사와 함께 사춘기를 넘어 스무 살 청춘의 추억을 나누어 가진 친구다. 지금은 상지대학교 연구교수로 일한다)

살아서는 친해질 여유가 없었으나
지난 13년간 가장 가까워진 친구

이 건 범

재호와 나는 '아카데미'라는 서클 동기였다. 아카데미는 대학로에 지금도 본부가 있는 홍사단의 학생 조직이었으며, 재호와 나는 서울대학교 아카데미 19기였다. 물론 아카데미에 입회할 때, 나는 이 서클의 이름을 몰랐었고, 그것이 홍사단과 관계가 있다는 사실은 93년에서야 알게 되었다. 왜냐하면 유신정권과 전두환정권의 탄압 탓에 아카데미는 지하 서클로 활동할 수밖에 없었고, 그 선후배 관계나 서클 이름을 알려 하는 것이 내부적으로 금기였기 때문이다.

같은 서클 동기였지만, 사실상 내가 재호를 처음 알게 된 것은 대학교 3학년 초여름의 을지로 어느 선술집에서였다. 내가 2학년 초여름에 서클에 들어간 사정도 있겠지만, 그보다는 서로 공부하는 팀이 달랐기 때문이다. 같은 서클이더라도 여러 학습팀을 짜서 비밀리에 운영하던 게 당시의 관행이었고, 아카데미 83학번들은 그 정도가 더 심했다.

을지로 그 지하 선술집에서의 기억을 어찌 다 갖고 있으랴. 기껏 기억나는 것이라곤 젓가락 장단을 함께 맞춰 가며 재호가 부르던 노래들 뿐이다. 단아하면서도 재기 넘치는 목소리로 불렀던 남진의 '님과 함께' 나 모두 함께 열창했던 '님을 위한 행진곡' 정도가 전부다. 그 후로 여름 합숙을 함께 했던 것 같고, 3학년 2학기 때 함께 정치 세미나를 진행했던 것으로 기억한다. 85년 2학기는 많은 변화가 학내에서 꿈틀대던 시기라 내 기억은 매우 혼란스럽고, 거의 텅 비어 있는 느낌이다. 무엇이 남아 있지 않다. 내가 선택한 길을 가고 있다는 자긍심에도 불구하고 4학년이 된다는 중압감과 책임감이 때때로 나를 엄습하던 시점이었다. 서울대 학생운동 내의 노선 갈등이 조금씩 표면화하던 때라 더더욱 혼란스러웠다.

총 열 번 남짓했던 재호와의 짧은 만남

막막한 고민이 내 일상에 낮게 흐르던 3학년 겨울방학 어느 날, 신길동의 두어 평 짜리 내 자취방에서 밤늦게까지 토론을 하고 다음날 아침 일어나 재호와 함께 컵라면을 먹고 담배를 피던 정경이 떠오른다. 내가 재호를 본 건 그게 마지막이었다. 나는 86년 2월 4일 서울대에서 열렸던 '파쇼헌법 철폐와 직선제 개헌 쟁취를 위한 삼민투 전체 집회'에서 200여 명의 학우들과 함께 구속되었기 때문이다. 결국 내가 재호를 만났던 건 기껏해야 3학년 중반부터 내가 구속되기까지 총 열 번 정도였을 것 같다. 앞서 말한 두 가지의 정경 외에는 별로 떠오르는 게 없는 서클 동기라는 사실이 참 우스꽝스럽지만, 어쩌랴.

재호의 분신 소식은 면회를 갔다 오던 동기 정인호와 영등포구치소 1사 14방의 철문 창살을 사이에 두고 나눈 짧은 대화를 통해 내 귀에 들어 왔다.

어지러웠다. 평범한 신입생이었던 나를 학생운동의 대열로 이끈 건 광주항쟁과 전태일 열사의 분신이었다. 무언가를 하지 않고선 제대로 사람 구실하기 힘들다는 갈증이 쉴 새 없이 나를 몰아 갔고, 대학생활 내내 이 갈증 때문에 나는 새로운 인생을 걸었다. 그러나 교내 시위나 가두 시위에서 그렇게 겁없이 싸우던 나의 내면 속엔 근본적인 두려움이 남아 있었다. 누구나 그렇겠지만 광주와 전태일 열사는 죽음이라는 근본적 두려움을 뛰어 넘는 일이었기에, 그런 일이 다시는 일어나지 않도록 사회를 바꿔야 한다는 것이 행동의 동기였지만, 막상 내 앞에 그런 상황이 온다면 나는 어쩔 것인가라는 질문에 당당히 맞서기는 힘들었다. 4학년으로 올라 가면서 힘들어했던 내 마음 속의 정체모를 두려움의 뿌리도 이와 유사한 것이었으리라. 그런데 내가 아는 친구 제호기 분신을 한 깃이다. 바로 몇 날 전에 컵라면을 함께 먹었던 그 친구가.

믿기지가 않았다. 속속들이 구체적인 소식들이 들려 왔고, 급기야는 나도 면회 과정에서 직접 바깥 사람에게서 이야기를 들었다. 우리는 모두 단식농성에 들어 갔다.

독방 화장실 창문 너머로 목이 터지게 구호를 외치며 나는 울었다. 이 글을 쓰는 지금 내 눈에 또 눈물이 맺힌다. 생각을 정리할 수 없었다. 나는 어떻게 살아야 하나….

5월 20일 경 집행유예로 풀려 나왔지만, 내 마음은 즐겁지 않았다. 밝은 세상으로 돌아 가는 느낌이 아니라 고민과 한숨으로 얼룩진, 그래서 번민을 피할 수 없는 고통의 세계로 원대복귀하는 기분이랄까…. 나는 재호가 아직 가쁜 숨을 쉬고 있는 병원을 찾지 못했다. 경찰이 봉쇄하고 있었다고는 하지만, 만나려 한다면 어찌 불가능했으랴. 죽어 가는 재호를 볼 용기가 없었고, 내 삶에 새롭게 던져진 큰 숙제를 어떻게 해석해야 할 것인가에 대해 좌불안석이었다. 결국 재호는 죽었다. 나는 그의 마지막을 보지 못했다.

매년 내 생일처럼 챙기게 되는 5월의 광주

광주의 선산에 묻혀 있던 재호를 89년엔가 서클 사람들과 함께 찾아 갔다. 우린 참 많이도 울었다. 그리고 90년에 국가보안법으로 구속되어 2년 4개월의 감옥 생활을 하고 나온 93년부터 나는 매년 5월말이면 광주 망월동에 누워 있는 재호를 만나러 간다. 아무리 중요한 일이 있어도 이 행사만은 거르지 않는다. 나는 재호와 그리 친해질 만한 만남도 없었고, 또 재호의 분신이 내게 가져다 준 정서적 거부감 때문에 소위 "PD"라는 정치적 노선을 추구했었다. 운동 내부로 본다면 재호가 서 있던 반대편이었던 셈이다. 그러던 내가 지난 13년 간 꾸준히 재호와 친해지려 했던 데에는 이유가 있다. 아니 이유가 생겼다.

93년 3월에 감옥을 나와 서울대의 김세진, 이재호 열사 추모비 앞에서 서클 사람들 몇이 둘러 앉아 이야기를 나눈 적이 있다. 서클 내에서 누군가는 이재호 열사 추모 사업을 꾸려 가는 게 필요하다는 말이 나왔고, 감옥을 갓 나와 크게 할 일이 없던 내가 그 일을 맡게 되었다. 첫 순서로 사람들을 모으기 위해 지하 서클 상태에서 86년 초에 해산했던 아카데미의 선후배 동문들을 파악하고 동문회를 만드는 일에 착수했다.

두 달 넘게 전화질만 하면서 결국 이백여 명의 선후배 동정을 파악하고 동문회를 조직했다. 그러나 세대 간의 격차와 의미 부여의 차이, 여전히 남아 있는 정치 노선 상의 앙금들 때문에 동문회는 이재호 열사 추모 사업에 별 힘이 되지 않았다. 그렇게 13년이 흐르는 동안 나도 사회에 발을 내딛고 회사를 경영하는 몸이 되었다.

처음에는 동문회를 만들어 추모 사업의 주체를 확보하자는 선에서 출발했지만, 다들 사회 생활에 바쁜 사람들이다 보니 매년 4월 말의 교내 추모제나 5월 말 광주의 이재호 열사 추모식에 참여하는 일도 만만치 않았던 것 같다. 가까운 선후배와 동기들의 마음이 그렇지 않다는 사실을 알지만, 그것이 야속하고 무책임하게 느껴졌다.

하여 처음에는 나만이라도 꼭 가야지 식의 오기가 발동했고, 시간이 지나면서는 마치 내 생일이나 아들 놈 생일처럼 나의 연례 행사로 굳어져 갔다. 굳이 큰 의미 부여를 하지 않더라도 생일이면 미역국 먹는 것처럼 나는 매년 5월 말이면 광주로 내려 간다.

광주로 내려 가는 길은 결코 즐겁지 않다. 나날이 늙어 가시는 재호의 부모님, 멋모르고 망월동 구묘역 여기저기를 뛰어 다니는 우리 아들, 날씨는 더운데 눈물은 흐르고….

우리는 이렇게 살아 있는데, 재호 너는 왜 그리도 빨리 갔니 하는 속절없는 질문을 허공에 던지며, 내가 살아 있음에 대해 느끼고 감사해하고, 부끄러워한다. 언젠가 문득 그런 생각이 들었다. 서로 이야기를 나눌 수 없을 뿐이지, 재호 만큼 자주 만나는 친구가 없구나 하는. 그렇게 가까웠던 친구들도 일년에 한 번 보기가 쉽지 않았던 게 지난 13년의 생활이었다. 광주에 다녀 오는 그 하루를 꼬박 재호와 대화하는 거라면, 이렇게 많은 시간을 내서 만나는 친구가 어디 흔하랴.

사실 처음에는 의무감이었지만, 지난 13년 간 죽은 재호와 대면하던 시간은 20년 전의 나 자신과 마주하는 시간이었다. 내 주변의 모든 친구들이 세월의 흐름에 따라 이래저래 변해가며 세상에 적응하고 있지만, 오직 재호만이 20년 전 모습과 생각 그대로 나에게 이야기를 건다. 그 이야기에 답하기 위해 나는 다음 해 광주에 내려 가기 전까지 내 나름의 이야깃거리를 만들면서 산다. 그건 재호로 인해 좌불안석이었던 20년 전의 나와 대면하기 위한 노력이다. 이게 내가 재호를 기억하는 방법이고, 살아서는 친해질 여유가 없었던 재호와 이제서야 친해진 이유다.

친구는 끝까지 친구다.

(이건범은 사회학과 83학번이며 세상이 변해도 유일하게 변하지 않는 순수한 친구를 추억하는 즐거움으로 매년 광주를 찾는다. 지금은 (주)이리수미디어 대표이사로 있다)

재호의 따뜻했던 그 마음이 그립다

조유식

1986년 4월 초는 꽃샘추위가 한창 기승을 부려 한밤에는 기온이 영하를 넘나들 정도로 추운 날씨었다.

그 어느 날 이른 아침 신촌로터리에서 서강대로 올라가는 길가 빵집에서 재호를 만났다. 재호는 이미 수배된 상태였는데 진흙탕에서라도 뒹굴고 온듯 지저분하고 피곤한 모습으로 약속장소에 나타났다.

깜짝 놀라 사연을 물어보니 전날밤 늦게 길을 가다 술에 취해 길바닥에서 자고 있는 걸인을 못 본 체 할 수 없어 들쳐업고 다니다 그렇게 되었다는 것이었다.

여관에다 재우려고 여기저기 문을 두드려 봐도 재워주겠다는 데가 없어 한참동안이나 옥수동 골목길을 오르내리다가 넘어지고 엎어지는 바람에 자기도 거지꼴이 되었고, 결국에는 어느 가정집 지하주차장의 문이 열려 있어 거기에다 재우고 나서야 거처로 돌아갔다

는 것이다.

그날 그렇게 재호의 마지막 모습을 본지 20년이 흘렀다.

세월이 흐를수록 재호의 그 따뜻한 마음이 그립다. 나와 아무런 상관도 없는 사람을 돕기 위해 고생을 마다 않던 그 마음과 용기가 참으로 귀하고 존경스럽다.

(조유식은 정치학과 83학번이며 지금 인터넷 서점 알라딘의 대표이시다)

아름다운 청년

김세진·이재호

제 3 부

그 후 20년,
다시 부르는 평화의 노래

이재호 열사 영전에

문 병 란 (시인)

산 자도 죽은 자도 사랑했던 광주

그 이름 부를 량이면

벌써 우리들의 혀가 말린다

이재호 열사,

그대 이름 부를 량이면

어른들은 모두 다 부끄러워진다

그대를 누가 죽게 했는가?

민중이 덫이 된 이 나라의 정치제도,

권력에 의한 권력을 위한 권력의 정치,

살인자가 된 가식의 민주주의가

그대의 꽃다운 청춘,

그대의 빛나는 이상을 앗아갔구나

광주를 연인처럼 사랑했던 젊은이

피투성이 금남로와 망월동을 안고

밤마다 몸부림치며 잠 못이루었던

이 나라의 아름다운 순정의 사나이

그대는 앞서간 임들의 뒤를 따라

끝내 찬란히 산화하고 말았구나

이재호 열사, 그대 앞에 서면

우리는 모두 부끄러운 어른들

아버지라는 이름으로 자식을 죽였고

대통령이란 이름으로 장관이란 이름으로

더구나 대학교수 총장이란 이름으로

우리들은 모두 공범이 되어

그대 순결한 청춘을 살해하였구나

수많은 책의 페이지를 메꾸었던 거짓 진리

혓바닥과 펜으로 그대를 죽였고

썩은 권위로, 질서를 빙자한 폭력으로,

평화를 가장한 선린우호의 침략으로,

젊은이들의 가슴에 모진 비수를 박는

살인적 휴머니즘으로 피를 빼는 흡혈의 도덕으로

작은 한반도를 도막내는 제국의 각축장

이 나라는 도마 위에 올려 놓은 살코기가 되었구나

장한에 둘러싸인 가냘픈 미인이 되었구나

그대, 이재호 열사,

빈사에 놓인 조국, 피투성이 광주를 구해야 된다

캄캄한 한반도의 한밤중을 절규하던 목소리,

공부 잘 하면 무엇하는가?

후배 목이나 옭아매는 검사 판사 되면 무엇하는가?

그대 자랑스런 317점의 고득점

이 나라에서 가장 자랑스러운 서울대학생

그러나, 그러나, 공부 잘하여 출세하면 무엇하는가?

민주주의 방해하는 법무장관,

통일 방해하는 통일원 장관,

농민 목을 조이는 농림부 장관,

민의를 짓밟은 국회의원,

서울대학 졸업하여 출세하고 돈 벌면 무엇하는가?

그대, 이재호 열사,

그 많은 영광, 그 많은 꿈, 그 많은 자랑스러운

아크로폴리스의 낭만을 한 줌 재로 남기고

그대의 프라이드를 광주에 되돌려 주었구나

그대의 정열을 금남로에 피뿌려 주었구나

우리 모두의 부끄러움,

서울대학의 반민중적 반동을

지식인들의 반지식인적 배신을

산자들의 무기력 산자들의 기득권적 매국을

그대 한 몸 불태워 우리 대신 속죄하였구나

우리 대신 민족의 원죄 대속하였구나

1980년대 학생운동을 이끌었던 대학 총학생회는 오늘날 활동의 방향과 내용이 많이 바뀌었다.

이재호 열사,

누가 헛된 가식의 찬미 뇌까리는가?

아직 우리에겐 천국이 없고

아직 우리에겐 편히 누울 무덤이 없다

원수의 군화가 짓밟고 있는 땅

어디다 꽃다발을 바치며

어디다 묘비명을 세우랴

죽어, 거듭 죽어

천 번을 죽을지라도

광주와 더불어 영원히 살리라

그 어느 낙원보다 천당보다 아름다운

고난의 광주를 사랑했던 그대,

온 몸 횃불 되어 불 밝히고

마침내 광주에 돌아와

한 줌 흙이 되었구나

자랑스런 망월동의 형제가 되었구나

절뚝이며 절뚝이며 돌아와

한 줌 불씨로

묻혀있는 내일의 빛나는 씨앗으로

그대는 빛나는 광주의 마음이 되었구나

영원히 살아 있는 우리들의 사람이 되었구나

죽어서도 영원히 우리들의 노래가 된

사랑스러운 우리들의 아들이여 연인이여

오 무등의 횃불 이재호 열사여.

(이 글은 1987년 5월 26일 이재호 열사 1주기를 맞아 문병란 시인이 직접 쓰고 낭독한 추모시다)

벗이여 해방이 온다

이 성 지

그 날은 오리라, 자유의 넋으로 살아.

벗이여 고이 가소서, 그대 뒤를 따르리니.

그 날은 오리라, 해방으로 물결 춤추는

벗이여 고이 가소서, 투쟁으로 함께 하리니.

그대 타는 불길로, 그대 노여움으로

반역의 어두움 뒤집어 새날 새날을 여는구나.

그 날은 오리라, 가자 이제 생명을 걸고.

벗이여 새날이 온다, 벗이여 해방이 온다.

벌써 20년인가? 10년이면 강산도 변한다고 하던데? 그 새 강산은 두 번이나 옷을 갈아입었나 보다. 그러나 세월의 두께를 인정하기가 참 힘들다. 모두들 그렇겠지만 기억은 아직 뇌리에 선하고, 그 노래 소리들은 귀에 울리고 있기에.

81학번인 나는 졸업 후에 문화운동에 뛰어 들었다. 학교 동아리 '메아리'에서 하던 일의 연장이기도 했고, 그 땐 그렇지만 내겐 당연한 선택이었었다. 전공이 원자핵공학이었지만. 졸업 후 첫 해에는 감리교청년연합회 문화선교위원회의 노래 팀을 이끌었다. 그리고 김세진, 이재호 두 친구가 우리 곁을 떠나던 86년, 난 민중문화운동협의회 노래분과 '새벽'을 후배들과 다시 조직하면서 창작, 연행활동에 몰두하고 있었다.

아직도 또렷한 기억. 86년 전방입소 반대투쟁이었다. 두 친구가 우리 곁을 떠난 4월28일이 월요일이었던 것으로 기억한다. 전날이었던 일요일에 TV 뉴스에선 서울의대 점거 농성 기도가 진압되었다는 말로 들끓었고. 그래서 난 서울대의 전방입소 반대투쟁은 그리 끝날 것이라고 별스럽지 않게 생각했다.

그 날 4월 28일. 토론 세미나에 정치적 시위나 행사, 그리고 조직적인 창작 연행 활동에 눈코 뜰 새 없이 보내던 내게 오랜만의 하루 휴가가 주어졌다. 과천에 살고 있던 나는 못 보았던 책들을 좀 집중해서 읽고 싶어 과천의 도서관에 갔었다. 저녁 늦은 무렵, 커피나 한잔하고 쉬러 나오는데, 잘 알던 서울대 후배들이 모여서 수군거리고 있었다. 서울대생이 시위 도중 자기 몸을 불살랐단다. 가슴이 덜컹 내려앉았다. 바로 그 날이었다.

가슴이 터질 듯한 슬픔으로 다가온 두 후배의 죽음

광주사태 다음 해인 81년도에 입학한 나로서는 동료들의 죽음이 그리 낯선 이야기가 아니었다. 대학 1학년 때 김태훈 선배의 도서관에서의 투신을 목격했었고, 그리고 황정하 선배가 시위를 위해 밧줄을 타고 내려오다가 콘

크리트 바닥에 몸이 부서지면서 떠나는 모습도 지켜보았었다. 그리고 녹화사업으로 군에서 죽어간 학생들의 소식들. 하지만 불을 살라 자기 몸을 태우고 절규하면서 떠나간 후배들의 모습은 상상만으로도 내겐 정말 괴롭고 슬픈 일이었다. 전태일 열사도 있었지 않은가? 하지만 내겐 좀 먼 이야기였다. 개인적으로 솔직하게 이야기해서 한번도 마주친 적이 없는 두 후배들이다. 그러나 같은 캠퍼스 아래에서 얼굴 부딪히며 울며 웃고 함께 하던 여느 83학번 후배들과 다름없을 것이라 여겨지면서 가슴이 터질 것 같이 슬픔이 밀려옴을 주체할 수 없었다.

스스로 사회변혁을 위해서 노력하고 있다고 자부하고 있지 않은가? 부끄럽지 않은가? 난 이런 후배들에 비추어 이 비극적이고 폭압의 시대를 과연 떳떳하게 항거하며 살아가고 있는가? 스스로 많은 반문을 해보고 뒤돌아보고. 하지만 부끄러웠다. 세진이는 얼마 안 있어 사망했다고 하고, 재호는 온몸의 화상과 싸움 중이라는 소식이 언론을 통해 전해져 왔다. 재호만이라도 살아남길 간절히 바랬다. 정말 그랬다. 내가 할 수 있는 것이 아무 것도 없다는 것이 안타까웠다.

그들의 죽음앞에 노래를 바치고 싶었다

할 수 있는 일이 있었다. 노래를 쓰기로 했다. 누가 시키지도 않은 일이었다. 슬픔을 떨칠 길이 없었다. 부끄러움을 가눌 길이 없었다. 아무 것도 할 수 없고, 변혁되지 않고 있는 세상에 대한 무기력함이 견디기 힘들었다. 정말 처음으로 공연에 필요해서, 무슨 행사에 필요해서가 아닌, 그저 내가 쓰고 싶다는 생각에, 아니 솔직하게는 써야만 한다는 내 스스로 짊어진 의무감에 오선지에 매달렸다. 가슴 위로 밀려 넘칠 것 같이 차 있으면서도 내게서 떠나지 않는 슬픔을 표현하여야 한다고 생각했다. 그렇게 거의 한 달의 시간을 이 노래를 위해 쏟아 붓고 바쳤다. 그럴 만한 가치가 있는 일이고 그래야 한다고 생각했다. 누군가 불러주지 않아도 상관없었다. 그저 그들의 죽음 앞에 이 노래를 헌상하고 싶은 마음뿐이었다.

당시 노래운동을 하던 친구들이 다 그랬지만, 누구에게 음악을 배운 적이 있는 것도 아니었다. 스물 넷의 젊은 치기와 열정으로 매달렸다. 슬픔.. 슬픔.. 이것이 화두였다. 못 견디고 뼈에 사무치는 슬픔! 27일 저녁, 어딘가에서 다음 날의 시위의 결의를 다지고 있을 재호, 세진이가 되어 보았다.

"무슨 일이 있더라도 내일의 투쟁은 사수해야 한다. 내 목숨을 바쳐서라도!"

시너를 자기 몸에 뿌리고 가야 쇼핑 근처의 당구장 옥상으로 향하는 두 사람이 되어 보았다. 당구장 옥상으로 향하면서 밀려오는 어머님, 아버님의 얼굴, 가깝던 많은 사람과의 이별을 각오하고 영영 돌아올 수 없을 지도 모르는 먼 길로 가고 있는 두 사람의 마음속으로 들어가고 있었다. 회한이 밀려 왔다. 그리고 마지막 그 자리를 사수하고 대열을 지키기 위해서 경찰들에게 물러나라 절규하면서 시너가 뿌려진 자신의 몸에 불을 붙이던 세진이와 재호를 생각했다. 그 절박감과 분노와 격정을 떠올렸다. 눈물이, 눈물이 쏟아졌다.

눈물을 함께 나누고 싶었다. 그 격정과 회한의 눈물과 슬픔의 전도사가 되어 드리고 싶었다. 떠난 후배들에게. 그 복받쳐 오르던 슬픔만을 생각했다. 그들의 분노와 격정만을 생각했다. 그리고 한 땀, 한 땀 정성스레 수놓고 엮어 나갔다. 그렇게 노래는 탄생되었다.

세진이 재호의 맑고 깨끗한 영혼을 사랑한다

87년 봄 어느 날, 서울대 노래 동아리 '메아리' 재학생과 졸업생이 함께
한 행사에 민가협 어머님들이 오셨다. 그 중에는 김세진 어머님이 계셨었
다. 많은 사람들 와중에 인사드릴 기회는 없었다. 2차까지 이어진 술자리
말미에 후배 하나가 와서 이야기를 전해 주었다. 세진이 어머님이 이 안에
누군가 노래 만든 사람이 있을 텐데, 인사를 못하고 간다고. 꼭 고맙다고 전
해달라고 하시더라고. 이야기를 전해 듣는데, 눈물이 차 올랐다. 그게 고마
울 이야기인가? 부끄럽기만 했다. 그리고 슬펐다.

지금도 난 이 노래를 들으면서 눈물을 흘리곤 한다. 20년 전의 격정과 슬
픔이 다시 날 사로잡기 때문이다. 참 많은 사람들의 사랑을 받았던 노래다.
그 만큼 세진이 재호의 영혼이 맑고 깨끗했기에 그 영혼의 격렬함과 통한의
맑음이 이 노래를 통해서 전해질 수 있었기에 가능했던 일이 아니었을까?
조금이라도 그 열정과 맑음을 노래를 통해서 전할 수 있었다면, '벗이여 해
방이 온다' 라는 노래는 자기 몫을 어느 정도는 한 것이 아닌가 생각한다. 가
끔 과연 이 노래는 내가 만든 노래가 맞는가 하고 생각해 볼 때가 있다. 내
가 가진 음악적 능력과 젊은 용기가 던져주던 어설픈 혈기로 만들었다고 하
기엔 분에 넘치는 노래 같아서.

이제 20년. 올 추모식에선 눈물 펑펑 쏟으며, 정말 두 분의 영정 앞에서
이 노랠 절규하며 바치고 싶다. 20년 간 품어온 마음의 빚을 그렇게 눈물 쏟
으면서 조금 갚을 수 있었으면 좋겠다. 두 분 영정 앞에서 그 분들의 뜻에

비추어 그저 그렇게 현실에 발 담그고 살고 있는 날 좀 뒤돌아보면서, 속죄라도 구하는 마음으로 그렇게 이 노래를 뜨겁게 다시 바칠 수 있었으면 좋겠다.

(음악가 이성지는 본명이 이창학으로 서울대 노래패 '메아리' 출신이다. 그가 김세진 이재호 열사를 기리며 지은 노래 '벗이여 해방이 온다' 는 80년대 가장 많이 불린 민중 가요 중 하나다. 2005년, 그동안 발표했던 노래를 모두 모아 'reminiscence of 80' s(만월당)라는 음반을 내면서 "지금도 내 마음의 빛으로 남아있는 고 김세진 이재호 두 분의 영혼 위에 이 음반을 바친다"고 적었다)

이 긴 여정은 너희 둘과 늘 함께였다

임 동 식

"쾅쾅쾅…쾅쾅쾅"

"아저씨, 문 좀 열어주세요. 밖에 주차해놓은 차가 접촉사고가 났어요."

벨소리가 울린 후 다급하게 문을 두드리는 소리가 난다. 그리고 그 소리 사이사이로 어울리지 않게 너무나 큰 낯선 여자의 목소리가 섞여 들려온다. 벌떡 일어난다.

밖은 아직 어슴프레하다. 벽시계를 보니 새벽 5시다. 계속되는 여자의 지나치게 큰 목소리와 문 두드리는 소리….

'아, 기어이 왔구나.'

놀라움 속에서도 지나치게 침착한 내 자신이 조금은 의아했다. 운동하는 사람들 사이에 새벽손님이라고 말하는 공안당국의 검거작전이다. 동시에 울리는 전화벨 소리.

전화를 받았다. 지역의 다른 동지에게서 상황의 급박함을 알리는 전화 다. 우리집도 문제가 생겼음을 알리고 전화를 끊었다. 안방에서 자고 있는 안사람에게 상황을 알려야했다.

그런데 다시 전화벨소리. 내말을 잘못 알아듣고 다시 전화를 한 것이다. 나에게만 닥친 일이 아니라는 것을 재차 확인하고 전화를 끊는 순간 문이 열렸다. 한꺼번에 밀어닥치는 일단의 사람들. 얼핏 보아도 10여 명이 넘는다.

그 와중에도 이렇게 많은 사람들이 왔다는 것이 좀 우습다는 생각이 들었다. 내가 뭘 어떻게 한다고. 한사람이 앞에 나서며 체포영장을 들이댄다. 이러이러한 이유로 체포한다고.

"당신들 누구야!"

"내 집에서 당장 나가!"

나의 항변은 아무런 반응을 일으키지 못한다.

"임동식씨, 당신을 동창회 사건으로 체포합니다."

하며 제압한다.

안방에서 잠을 자던 안사람은 벌써 거실로 나왔다. 건넌방에서 자던 처제도 거실로 나왔다. 체포영장은 이 두 사람에게도 모두 발부되었다. 압수수색 영장을 제시하며 책임자인 듯한 사람이 지시를 내린다.

"압수 수색햇"

첫 새벽의 단잠을 깨우는 낯선 사람들

가슴이 철렁 내려앉았다. 안방에는 이제 4살 된 딸아이가 아무것도 모르고 자고 있다. 순간 망설였다. 이 충격적인 장면을 아이에게 보여주고 말 것인가. 이상하게도 겁이 참 많은 녀석이다. 말을 알아듣기 전부터 TV 납량특집의 묘한 음향만 나와도 후다닥 엄마 뒤로 숨는 아이였다. 낯설거나 폭력적인 장면에서는 엄마나 아빠의 품으로 파고들며 손에 힘을 꼭 주는 녀석이다. 낯선 사람들이 우르르 들어가 함부로 뒤지고 아이가 잠을 깨었을 때의 사태가 감당이 안되었다. 자신의 모든 것을 의탁하는 엄마, 아빠 그리고 이모가 수갑이 채워진 채로 낯선 사람들에게 끌려가는 것을 목격하는 것을 상상하자 참으로 암담하였다.

잠깐이지만 판단을 하였다. 책임자급으로 보이는 자에게 "압수 수색에 협조할 테니 아이가 깨지 않도록 해달라."고 하였다. 그자는 그 정도의 아량은 베풀어 주었다.

다른 사람들에게 지시를 내린다. 최대한 조용히 일을 처리하라고.

1시간이 넘게 집을 뒤진다. 방 한가운데는 아이가 쌕쌕거리며 잠을 잔다. 참 어색한 장면이라고 생각되었다.

이집에 검거할 사람이 세 명, 1인당 4명씩 배치되어 우리 집에 12명이 왔다. 전날 저녁부터 귀가하는지 안하는지를 감시하다가 모두 들어오는 것을 확인하고 밤새도록 감시하다가 그들의 작전개시 시간에 울산 지역의 열 곳이 넘는 집을 급습한 것이다. 자기들끼리 전화를 주고받는다. 어디어디 잘 처리되었다. 지금 무엇을 하고 있다.

그 소리로 대충 상황을 알만했다. 드디어 집에서 나가자고 한다. 아이는 데리고 갈 수 없다고 한다. '야박한 인간들.'

안사람의 후배가 운영하는 어린이집에 조금 이른 시간이지만 아이를 맡기고 가자고 하니 그러자고 한다. 지들도 인간인데 자고 있는 네 살 박이 아이 혼자만 덩그마니 버려두고 갈 수는 없었을 것이다.

아이가 일어났을 때 엄마 아빠가 없다는 것을 알고 당황할 것이 못내 걱정되었다.

만나지 못하는 기간이 길어질 수도 있는 답답한 상황이었지만 한 시간 후의 아이 일이 더 크게 다가왔다.

'왜 이렇게 일상적인 일이 걱정이 되지? 일상적인 일을 돌볼 상황이 아닌 것 같은데.'

안사람도 침착하였다. 아이를 깨지 않게 조심스럽게 안더니 그 자들과 집 떠날 채비를 한다. 나도 그들과 집을 나섰다.

그들이 준비한 승용차 뒷좌석 가운데에 앉았다. 양옆에는 건장한 남자 둘이 징그러울 만큼 몸을 밀착하며 앉는다. 아무도 없는 텅 빈 집을 뒤로 하고 어디론가 출발한다. 서로 아무 말이 없다. 그들도 나도 할말이 없다.

꼭 10년만이다. 88년 여름에 울산에 와서 98년 여름에 어디론가 끌려가고 있으니 10년 만에 울산을 떠나는 것이다. 올 때는 스스로 왔지만 갈 때는 내 의지가 아닌 타의에 의해서다.

양 쪽 어깨에 느껴지는 건장한 남자들의 묵직함은 이동 중에 영화의 주인공인 것처럼 행동하지 말 것을 설득력있게 말하고 있었다. 지난 세월이 주마등처럼 스쳐간다.

86년 그 날 새벽, 감금당한 열정

12년 전인 86년 어느 날에도 새벽에 놀라서 잠을 깨었다.

86년은 내가 대학 4학년이 되던 해이다. 그 전 해 말부터 조짐이 보이더니 86년 들어서는 전두환의 폭압이 아주 극심하였다. 85년 2·12총선 이후 봇물처럼 터져 나오는 민주화 요구와 개헌요구에 온갖 꼼수를 부리더니만 아예 작정하고 탄압기조로 돌아선 것이 86년이었다. 당연히 대학가가 첫 번째 타겟이었다.

2월 초 서울대 학내 집회에 경찰력이 밀고 들어와 도피하는 학생들을 관악산 중턱까지 쫓아가서 검거하는 무도함을 보인 것이 시발이었다. 개강을 하고, 전두환과 학생들의 한판 대결이 벌어지기 시작하였다. 물론 나도 그 대결에 참여하였다. 민민투, 자민투 투쟁조직들이 꾸려지고 학생회도 꾸려지고. 아주 급박한 학기초였다.

드디어 전방입소 거부투쟁이 벌어졌다.

학기 초부터 바쁜 투쟁 일정은 나를 집에 여러 날 들어가지 못하게 하였다. 꿈에도 잊을 수 없는 그날 4월 28일 전날이었다. 언제부터인지 데모꾼으로 몰린 나는 학내의 큰 행사가 있는 날이면 경찰이 새벽에 집으로 와 학교를 못가게 하였다. 마무가내로 붙잡는 것이다. 서 너 번 이런 일을 당하자 학교에 큰 행사가 있기 전날은 아예 집에 들어가지 않았다. 나도 선수가 다 되었는지 그들이 방문할 것을 예측하게 된 것이다.

4월 28일은 전방입소 거부 투쟁이 최정점에 달하는 날이다. 그날부터 입소하기로 되어 있으니 가장 크게 시위가 벌어질 것이 예측되었다. 이런 날을 앞두고는 당연히 집에 들어가서 자면 안 된다. 거의 100% 학교에 올 수 없다.

그런데 4월 27일 그 며칠 전부터 집에 들어갈 틈이 없었던 나는 밤 늦게 집으로 향하였다. 더운 봄 날씨에 땀으로 범벅이 된 몸을 좀 씻고 옷을 갈아입을 필요가 있었다. 저녁에 들어가서 목적을 달성하고 다시 나오면 그만이었다. 내일 경찰이 왔다가 허탕칠 것을 생각하니 웃음까지 나왔다.

'자식들 내가 한수 위다.'

'너희들이 몇날 며칠을 집 앞에서 기다릴 수는 없을 것이다.'

내 예상은 적중했다. 당시 누님 집에서 학교를 다녔는데 밤에 들어가니 누님이 걱정부터 한다. 물론 경찰은 코빼기도 안 보인다. 일단 몸을 씻고 옷을 갈아입었다.

그런데 배가 너무 고팠다. 한동안 제대로 먹지를 못했으니 밥 먹으라는 누님의 말이 그렇게 반가울 수가 없었다.

아마 과식을 한 모양이다. 잠이 살살 온다. 어차피 경찰은 내일 새벽에나 올 것이다. 잠시 집에서 쉬었다 가는 것도 나쁘지는 않은 일이었다. 노작지근해지는 몸을 잠시 뉘였다. 초인종 소리와 문 두드리는 소리에 벌떡 일어났다.

'이런 낭패가 있나.'

그새 깊은 잠이 들어 다음날 새벽이 되어버린 것이다. 집은 아파트라 현관으로 나가는 것 외에는 방법이 없다. 가슴이 철렁 내려간다.

'어떻게 하지?

'오늘은 아주 중요한 날인데...'

우리 집에 늘 오던 그 정보과 형사가 능글맞은 웃음과 함께 들어온다.

난 옷을 입은 채로 잠이 들었었다. 누나도 곤하게 자는 나를 깨우지 않았다. 하기야 전날 저녁에도 아무 말 안하고 나가야 했다. 경찰이 올 것을 피해 다음날 데모하기 위해 나간다는 것을 어느 가족이 용인하겠는가? 동네 가게에 간다고 나가서 들어가지 않는 식의 방법을 써야 하는 상황이었다. 그러니 곤하게 자는 나를 깨울 이유가 없는 것이다.

무의미한 학교에 더 머무를 수가 없었다

학교에 가야 한다며 경찰을 뿌리치고 나가는데 이 사람이 완강히 붙잡는 것이다.

실랑이를 하였더니 누님과 매형이 경찰을 거들고 나선다. 오늘 학교에 가면 큰 데모에 휩쓸릴 가능성이 있으니 학교에 못 가게 하는 것이 동생을 위해 좋은 일이라는 경찰의 말에 설득된 누님 내외는 내편이 아니었다. 기회를 봐서 달아날 요량을 하고 일단 주저앉았다.

이 정보과 형사는 베테랑이었다. 좀처럼 틈을 주지 않는다. 그렇게 여러 시간이 지났다. 점점 초조해지기 시작하였다. 지금 생각하면 참 대견스럽다. 데모하러 가야하는데 가지 못하는 상황이 그렇게 초조해질 수 있다는 것이 지금 생각해도 참 묘할 뿐이다. 아마 그날 무슨 큰 일이 일어날 것을 예감이라도 했던 것일까....

한참 시간이 지난 후 학교 쪽 상황을 어디에선가 파악하던 정보과 형사의 얼굴이 긴장으로 굳어진다.

"이거 큰일났네. 학생들이 분신을 했다는데 상황이 심상치 않은데"

하는 것이다.

난 반사적으로 튀어 일어나 문 쪽으로 내달았다. 그 형사는 몸을 던지며 내 다리를 잡고 늘어졌다. 거실에서 한바탕 소란이 일었다. 누님 내외도 더 적극적으로 나를 제압한다.

흥분이 가라앉고 한쪽에서 씩씩거리고 있는데 누님 내외에게 그 정보과 형사가 나 역시 은근히 가기 싫었을 거라는 말을 하는 것이다. 더러운 인간. 그 얼굴에 침을 뱉어주고 싶었다. 지금 생각해보면 조국과 민중에 대한 순결한 마음을 이해할 수 없는 그런 자들은 충분히 할 수 있는 말이다. 그렇게 그날이 지나버리고 말았다.

밤 늦게 상황이 종료되자 무사히 일을 마친 그 형사는 들어올 때의 능글맞은 웃음을 지으며 퇴근을 하였다.

20대 초반의 대학생이 잠깐의 긴장 이완으로 데모에 참가 못한 것이 뭐 대수랴마는 그날의 실수는 두고두고 나를 괴롭혔다. 비슷한 상황으로 학교에 가지 못한 다른 날도 분명히 있었는데 유독 그날만 기억이 난다.

세진이 재호 두 녀석이 그렇게 험한 모양으로 가는데 그 자리에 함께 있지 못했음에 대한 자괴감이었다. 세진이 재호 사건 이후 그 해는 우울과 긴장, 결단의 연속이었다. 수많은 학우들이 무시무시한 죄목으로 끌려들어갔고, 답답하고 암울한 현실은 다른 학우들을 죽음으로 내몰았다. 살아남은 몇 안 되는 사람들은 이제 결단을 해야 했다.

이 무의미한 학교에 더 남아 무엇하랴... 친구가 죽어나가는 마당에 더 이상의 망설임은 그야말로 사치였다. 감옥에 가는 길을 택하기로 하였다. 조금은 마음이 편안해졌다. 몇 달간 학교에 적을 두고 연명하였지만 10월 말 기어이 건대사태 (요즘은 건대항쟁이라고 한다고 함)때 구속되었다. 그렇게 학교를 정리하였다.

88년 초 감옥에서 나왔다. 세상이 부분적으로 바뀌어 있었다. 경찰이 막지 않는 데모를 한다는 것이 못내 신기하고 낯설었다. 그리고 그런 변화를 이끌어낸 민중의 힘에, 우리 학생들의 힘에 괜히 눈시울이 뜨거워지곤 하였다. 게을러지기 전에 노동현장으로 후다닥 내려갔다. 출소한지 4개월 만에 울산으로 향하였다. 청량리 역에서 야간 열차를 타고 현금 30만원과 보따리 몇 개를 챙겨 내려갈 때는 자못 비장하였다. 지금 생각하니 젊다는 것이 좋기는 좋았다.

정말 무모한 도전이었으니까 말이다. 너무나 학생 티가 나는 얼굴을 볕에 그을리고 생계를 해결하기 위해 세칭 노가다를 하였다. 그렇게 울산 생활은 시작되었다.

현대자동차 노조와 함께 보냈던 90년 4월 28일

난 4월 28일 그 날짜를 잊지 못한다. 녀석들의 무덤이라도 가봐야 하는데 사는 것이 녹록치 않다보니 쉽지가 않다. 마음 한구석에 죄스러운 생각이 고개를 쳐들기도 한다. 내가 투쟁의 길에서 물러서지 않고 열심히 사는 것이 그 녀석들이 원하는 것이라 생각하고 억지로 합리화를 시도한다.

그런데 90년 4월 28일에는 두 녀석의 의거를 나름대로는 의미있게 기념하였다. 그날도 어떤 소리에 놀라 새벽에 벌떡 일어났다. 새벽에 낮은 상공을 나는 헬기의 굉음이었다. 이 헬기소리로 노태우 정권의 현대중공업 노조 진압작전이 개시되었음을 직감하였다. 현대 중공업 노조의 장기 투쟁에 대한 공권력 투입이 시작된 것이다. 몇 년 전 건국대 옥상에서 들었던 헬기

소리가 연상되었다. 헬기는 정말 위력적이다. 현대 자동차에 위장 취업해 있었지만 내가 살던 자취방은 현대중공에 가까운 곳이었다.

'이놈들이 헬기까지 동원하다니.'

'바다쪽으로는 경찰정이나 군함이 들어와 있을지도 모르지.'

서둘러 옷을 입고 버스 정류장으로 뛰어갔다. 차량이 다니지를 않는다. 여차저차 해서 지나가는 트럭 짐칸을 얻어 탔다. 나뿐이 아니라 다른 노동자들도 짐칸에 빼곡히 앉았다. 현대중공업과는 반대방향인 현대 자동차 회사로 향했다. 회사가 한참 떨어진 곳에서 차는 더 이상 전진할 수 없었다. 그 넓은 도로를 새파란 작업복을 입은 노동자들이 모두 점령하여 사람으로 만들어진 도로를 형성하고 있었다. 끝이 보이지를 않았다. 온 몸에 전율이 짜르르 흘렀다. 트럭에서 내려 전속력으로 회사 앞으로 달려갔다.

새벽에 경찰차가 현대중공업 쪽으로 대규모로 들어가자 야간작업을 하던 현대자동차 노동자들이 파업에 돌입하며 투석전을 전개해 경찰병력을 끊고 수시간 동안 싸움을 하였는데 아침이 되자 주간조 출근 인원이 합류해 그렇게 어마어마한 대오를 만들었던 것이다.

그날은 하루종일 현대 자동차 앞에서 경찰과 투석전을 벌였다. 주먹만한 볼트가 휙휙 날아다녔다. 저녁에는 현대중공업 쪽으로 넘어가 경찰과 숨바꼭질 투석전을 하였다. 늦은 밤. 뭔가 도모해보고자 의기투합했던 노동자들과 소주를 하게 되었다. 난 그들에게 4월 28일이 나에게 어떤 의미가 있는지를 말하였다. 세진이 재호에게 조금은 덜 미안했다. 그날은 정말 적은 수의 사람이지만 세진이와 재호를 기념할 수 있었다.

지금도 현대자동차 노조는 4월 28일 그날을 잊지 않는다.

정권과 자본의 눈에 노동자는 부품일 뿐

그렇게 격동의 울산 생활로 20대 중반부터 30대 중반까지를 보냈다. 좁은 도시에서 추적을 당하지 않으려고 주민등록 없는 생활을 10년 가까이 하였다. 지금의 안사람도 만나고 지구상에 없던 새로운 생명도 태어나 나에게 재롱을 부리기 시작하였다. 사건이 나던 98년 여름은 참담하기도 하였지만 이 참담함을 넘어서려는 사람들의 의지와 신념이 넘쳐나는 격정적인 시절이었다.

IMF는 내가 활동하는 울산에 쓰나미를 만들어 보냈다. 국내 최대의 기업이라는 현대자동차에 대규모 정리해고자를 만들어냈다. 주요 노조활동가는 물론 묵묵히 일만하던 사람들도 대거 포함되어 있었다. 왜 우리보고 책임을 지라고 하는가? 나가면 어떻게 하란 말인가? 가만히 앉아서 당할 수는 없었다.

정권과 자본의 눈으로는 노동자들은 가정을 가지고 있는 사람으로 보이지 않는 모양이다. 오로지 숫자로 취급될 뿐이다. 돈이 얼마 들어가는 부품이다. 이 부품이 돈을 만드는데 타산이 맞지 않으면 언제든지 퇴출이다. 자본주의가 비정한 것은 알고 있었지만 이럴 정도일 줄은 생각도 못하였다.

지방자치단체 선거가 있었고, 정리해고 반대의 기치를 내걸고 울산 동구청장에 뜻을 같이하는 사람이 당선되기도 하였으며 북구청장을 비롯하여 시의원·구의원도 다수 당선되었다. 그러나 그것으로는 이 쓰나미를 막아낼 수 없었다. 어차피 힘은 밑에서, 쪽수에서 나오는 것이다.

투쟁의 차비를 해나갔다. 끝은 어디일지 모른다. 정리해고 방침을 철회시킬 것인가 어쩔 것인가의 투쟁 목표도 불분명했다. 무조건 싸워야 한다. 우리를 인간 취급하지 않는 자들에게 그 댓가를 치르게 해야 한다.

밤늦게까지 회의를 하고 집에 들어왔다. 통 크게, 제대로 한번 박아보자는 속된 말이 난무하는 회의였다. 특별한(?) 용도로 사용할 소주병을 트럭으로 실어 나를 계획에 이르러서는 회의 참가자들의 비장한 얼굴에도 웃음이 떠올랐다. 그리고 그 다음날 나와 수많은 동지들은 참담하게도 투쟁의 현장으로부터 격리당하였다. 울산 동구청장에 당선된 김창현씨도 포함되었다.

부산 보안수사대에서 조사를 받고, 재판을 받고, 옥살이를 하고.....결론은 무죄였지만 1년 6개월을 감옥에서 보내고 말았다. 안사람이 10개월 만에 출소하였으니 아이에게 그나마 다행이다. 지금도 딸 녀석이 그날 아침을 기어하고 있다. 엄마가 어린이집 선생님에게 자기를 넘겨주는 데 눈을 떴단다. 그때 엄마 옆에 낯선 아저씨들이 있었단다.

그리고 아이는 몇 달동안 엄마를 보지 못하였다. 몇 달후 면회실에서 보는 딸아이는 두려움에 떨고 있었다. 이 녀석에게 이 때 지은 빚은 아마 평생 갈 것이다. 세진이 재호에게 진 빚이 평생 가듯이 말이다.

또 다른 빚이 있다. 지역에서 같이 활동했던 동지들이다. 아침에 끌려가서 어딘지도 모르는 곳에서 조사가 시작되었다. 오후가 되자 건물 밖에서 내 이름을 부르는 소리가 들린다. 지원 투쟁에 동지들이 발 빠르게 대응한 것이다.

눈물이 핑 돌았다. 그렇게 시작된 석방·구출 투쟁은 여러 가지 신화를 만들어내었다. 하지만 그 과정은 얼마나 힘들었을 것인가. 책으로 쓰자면 전집을 여러 권 내고도 남을 것이다.

석방투쟁의 백미는 동구청장 보궐 선거에서였다. 구속된 김창현 구청장의 직위상실로 치러진 보궐 선거에서 김창현씨의 부인인 이영순씨를 당선시킨 것이다. 반국가단체 구성원의 아내를 구청장에 당선시킨 것이다. 조작 사건에 대한 대중적 심판이기는 했지만 세상의 변화를 보여주는 놀라운 사건이었다. 세상의 변화를 이만큼 추동하는 데 결정적 역할을 한 것이 지역의 동지들이었다. 난 또다시 빚을 지고 말았다. 그 뜨거운 마음에 반드시 보답해야 하는 빚 말이다.

2000년 부산교도소에서 출소하였다. 88년 출소 이후의 두 번째 출소다.

마지막 출소가 되어야 할 텐데….

아직도 우리에게 이정표가 되고 있는 세진이와 재호

서울에서 민주노동당 이영순 의원 보좌관 생활을 시작한 2005년, 처음으로 세진이 재호를 기념하는 4.28 행사에 갔다. 오랜만에 가보는 서울대다. 그때 거기 사회대 앞에 조촐한 기념비가 있었다. 이 조촐한 기념비는 우리 운동의 대전환을 이룬 두 동지만큼이나 소박하고 담담했다.

이 기념비는 효순이 미선이의 원혼을 달래기 위한 광화문 촛불을 어떤 마음으로 바라 보았을까. 반미가 상식이고 친미가 지탄받는 이 놀라운 발전을 자기와 연관지어서 생각할까?

아직도 자신이 이 사회의 한쪽에서 더 큰 물결을 만들어내기 위해 투쟁하는 사람들의 이정표가 되고 있음을 알고 있을까?

과거의 인물들이 현재형으로 살아왔다. 얼굴만 기억나고 이름이 가물가물한 친구와 후배들, 서로 이름을 말하자 과거는 현재가 되었다. 그 긴장된 세월을 함께 보냈다는 것만으로, 세진이 재호 기념식에 왔다는 이유 하나로 20년의 세월은 불과 며칠이 되고 말았다.

이제 우리는 각자의 생활이 있고, 일년에 한번 날 잡아 모이는 것조차 쉽지가 않다.

소주잔을 기울이며 세상을 바꿔볼 것을 고민하며 부둥켜 안고 울던 일은 과거의 일이 되었다.

세상은 원래 그런 것인가? 대학 4년의 인연은 그 정도에 불과한가? 우리가 대학 4년의 인연인가? 우리는 뭔가 다른 인연 아닌가? 우리를 이어주는 끈이라야 1년에 한번 세진이 재호에게 오는 것이다. 이것이 과거의 끈인지 현재의 끈인지 어느 누구도 선뜻 확인하지 못한다. 확인하는 것이 두려운 것이다.

너무나 일상화 되어버린 나의 모습에서, 친구의 모습에서 우리의 가치관이 부정당할 것 같은 두려움에서일 것이다. 더구나 침을 뱉어주고 싶을 정도로 너절한 인생으로 전락한 자들이 있는 바에야 말이다.

세진이 재호가 꿈꾸는 세상은 이제 어렴풋하게 보이기 시작했을 뿐이다. 그날은 아직 오지 않았다.

전쟁의 참화를 자기들과는 상관없는 일로 치부하고 소중한 사람의 인생이 파괴되는 짓을 눈 하나 깜짝하지 않고 해낼 수 있는 그 미국은 여전히 그 자리에 있다. IMF로 나라를 통째로 뺏어가기 시작하여 FTA라는 요술로 마무

리를 지으려는 미국은 여전히 현재형이다.

40대 중반이 되어버린 세진이와 재호는, 평택에 또아리를 틀고 동북아를 겨냥하는 미사일 옆에서 징그러운 웃음을 지으며, 한국 은행에 투자한 자기들의 돈이 새끼를 쳐가며 한국인의 식탁에 칼로스 쌀로 지은 밥이 올라가는 것을 흐뭇한 미소로 바라보는 미국을 상대로 아마 새로운 투쟁을 시작할 것이다.

세진이 재호는 아직도 저기에 서있다. 과거에 그랬던 것처럼 그저 소박하고 담담하게 있다. 작은 모습이지만 이 모습에 주목해야할 사람은 주목하라고. 그리고 언젠가는 모든 사람이 주목할 것이라는 믿음을 가지고 말이다.

(임동식은 공법학과 83학번으로 건대항쟁으로 구속됐다 출소한 후 노동운동에 투신했다. 민주노동당 이영순 의원 보좌관으로 일했고 지금도 울산에서 활동 중이다)

'열정'과 '깨달음'을 심어준
그 해 4월의 봄

강 상 규

1986년 4월 28일, 세진이형의 처절한 몸짓은 나에겐 정말 남다른 뜻이 있다!

세상에 대한 나의 '실천적' 첫 몸짓을 만들어준 '사건의 장본인' 이었기 때문이다. 벌써 스무 해가 지났어도 그날은 머릿속에 또렷이 남아 있다. 아침 9시가 조금 넘은 즈음에 신림역 학교쪽 출구를 빠져 나오는데 사람들이 웅성거려서 보라매 공원 쪽을 돌아보았다. 전경들이 진을 치고 있고, 어느 건물 옥상을 모든 사람들이 바라보고 있었다.

학교엘 들어서며 그 웅성거림이 무엇 때문인지 알았다.

김세진, 이재호 열사 분신… 아크로에서 오후 1시경이었나… 긴급집회를 갖는다는 것이었다. 과방에 갔다가 고등학교 선배이기도 한 과 선배를 만나 '끓어오르는 분노'를 쏟아내며 오늘 같은 날은 무조건 집회에 같이 가자고 반협박조로 종용했다. 그날 하루 종일 전경들과 숨바꼭질 싸움을 하다가 오후 4시가 넘으며 정리 집회를 갖고 흩어져 과별로 모임을 가졌다. 여기서 같은 학번 몇몇 친구들과 함께 한강성심병원엘 가겠다고 하여 병원엘 갔다.

처음 겪어본 '죽음'

나에게 이런 '사람의 죽음'은 처음 겪는 일이었다. 병원 근처에서 장사하시는 아주머니들은 학생들이 갑자기 많아졌다며 무슨 일이냐고 되물었다. 옛날 시장골목을 왔다 갔다 하다가 밤늦게 같은 과 친구들과 함께 집으로 돌아가며 여러 가지 생각을 했다. 주검조차 제대로 수습하지 못하도록 병원을 경찰로 틀어막고 있는 저들, 국가권력을 쥔 사람들과 그들의 명령에 따라 국가기구의 부분이 되어 움직이는 경찰들은 우리와 같은 사람들이 아니란 말인가?

세상을 바꾼다는 것과 이와 관련한 죽음의 문제!

이 생각은 곧바로 5월로 이어지며, 흔히들 "넘어넘어"라고 부르는 책을 읽으며 또 한번 몸을 부르르 떨었다. 이러는 즈음 아버지가 공무원이시더라도 '난 돌을 던져야 한다'는 '역사적 사명의식'을 가지게 되었고, 당장 내가 할 수 있는 모든 처절한 몸부림을 저들에게 보여주어야 한다고 생각했다. 결국 흔히들 하는 얘기처럼 '운동권'이 된 것이다. 세진이형은 이 날, 80년대 한 가운데에서 마구 굽이치며 모든 것들을 집어삼킬 듯한 역사의 소용돌이 속으로 날 뛰어들게 만든 거다.

세진이형은 딱 한번 보았다! 자연대 신입생 환영회 자리에 세진이형이 잠깐 모습을 보였는데… 그 모습은 우리가 그 때 집회나 추모식에서 쓰는 그 사진 속의 모습이다. 약간 긴 듯한 머리칼, 늘 보던 선배들의 분위기와는 다른 세련된 모습은 머릿속에 있던 '운동권의 모습'과는 사뭇 다른 느낌을 주었다. 그런 그를 추모집회의 사진으로 다시금 보게 된 거였다. 그리고 날 진짜 '세상과 역사의 주인'이 되게끔 만들어 버렸다! 얘기 한마디 한 적도 없었지만, 그는 나에게 아주 구체적인 삶의 변화를 일으킨 셈이다. 이렇게 내 삶은 대학 신입생 때 세진이형으로 인해 큰 탈바꿈을 하게 되었다.

그 뒤 20년, 서로 다른 두 갈래의 길

그 뒤 스무 해 동안 우리는 어떻게 살아왔나? 우리 386 세대라 불리는 사람들의 모습은 그 뒤 스무 해가 지나고 크게 두 갈래의 모습으로 나타난다. 요사이는 이런 두 갈래의 모습이 아주 뚜렷하게 나타날 뿐만 아니라 그 안에서 여러 근본적인 차이를 가진 갖가지 삶의 갈래들이 또 보인다.

학생운동의 고갱이는 한마디로 '올바름에 대한 순수한 열정'이었다. 이 열정은 우리네 구체적인 삶 속에서 그 스스로의 힘을 더욱 넓고 깊게 만들어 가며 흐르는 시간에도 우리 삶에서 '알맹이'를 잃지 않게끔 한다. 특히 서울대가 가진 특수한 사회적인 위치, 즉 우리 사회의 기득권으로 언제건 들어갈 수 있는 가능성은 서울대가 아닌 다른 대학이나 운동영역의 사람들과는 사뭇 다른 특성을 가지게끔 한다. 대체로 일류 대학이라고 불리는 대학 출신 운동권 인사들의 경우를 보면 이를 뚜렷하게 확인할 수 있다.

이런 '잠재적 기득권'은 우리가 대학을 졸업하고 세상을 살아가면서 많은 세상의 벽에 부딪히며 꺾이고 헤매다가 대학 때엔 스스로 생각조차 못했던 모습을 선택하게 하는데 아주 결정적인 요소가 된다.

어떤 사회건 조직이건 수직적인 운영 체계와 구조를 가질 수밖에 없다. 이는 결국 어떤 형태이건 권리와 책임에 있어 차별적인 여러 계층 구조를 만들어 낼 수밖에 없음을 뜻한다. 이 경우 가장 중요한 것은 다름 아닌 같은 사회나 조직 안에 있는 많은 사람들과의 관계와 그 관계 속에 만들어진 그 사회 안에서의 '기득권 세력' 으로서의 모습이다. 우리네 평범한 사람들의 상식과 합리적 이성에 비추

어 생각해 본다면, 과연 그 모습들이 그 시점에 이르기까지 줄곧 말하고 행동해 온 '원칙' 에 맞느냐 맞지 않느냐에 따라 '올바른' 모습인지 아닌지 판가름 날 것임이 틀림없다.

그런데 지금 현 정권 안에는 대학시절 익숙한 얼굴과 이름의 인사들이 많이 있다. 그뿐만이 아니라 그 주위와 다른 진보세력들 안에 여러 갈래와 겹으로 나름의 연결고리를 기지고 얽혀 있는 많은 우리네 386 '운동권 인사' 들을 찾아볼 수 있다. 솔직히 현 정권이 들어서면서 이런 연결고리에 의한 관계들을 발전시켜 가기가 힘들어졌다. 까닭은 아주 단순하다. 현 정권과 그 핵심세력에 대한 '관점의 차이' 때문이다. 관점은 같아도 대응하는 방식에 있어서는 여러 갈래가 있지만, 근본적으로 가장 난감하고 대처하기 힘든 차이가 바로 '관점의 차이' 이다. 이 차이는 같은 '운동권' 이었던 사람들이 현 정권의 깊숙한 곳에 들어가 활동하고 있다는 점을 생각해 볼 때, 다시 같은 길을 찾기 힘들 수도 있다는 생각마저 들게 한다.

도대체 왜 이렇듯 차이가 생긴 걸까?

이것에 답하기 위해서는 우리 스스로 무엇을 위해 그 때 그렇게 처절하게 몸부림치며 살았는지를 다시금 고민해 보아야 한다. 그런데 이런 얘기조차 너무나 급작스럽게 바뀌어버린 세상 앞에서, 아니 세상 속에서 우리 스스로 주저앉고 만다.

무력감으로 가득 찬 '소시민'

이렇게 주저앉아 버리면…우리는 기득권 세력이 된 사람들과는 전혀 다른 모습을 보이게 된다.

"무엇을 할 것이며 어떻게 살 것인가?"

늘 우린 이런 물음을 스스로에게 던지며 살아 왔다. 모르겠다… 그렇지 않은 사람들도 있을 수도 있지만 대학 시절 그 열정을 생각해 본다면 누구든 이런 고민을 하지 않을 수 없을 거라 생각한다. 완전하진 않지만, 그 때 깨달았던 세상에 대한 인식과 생각들이 지금도 우리네 삶을 뿌리에서부터 온통 감싸고 있기 때문에 더욱 그러하다. 이 물음들은 구체적인 사회와 생활 속에 던져지면서 '더욱 깊어진 고민의 늪'을 만들어 내며 세상의 변화 속에 하나둘씩 그 '색깔'을 잃어버렸다.

'올바름에 대한 실천적 추구'는 활화산보다 더 피 끓는 열정을 바탕으로 한다. 열정은 냉정한 세상의 흐름 속에 잘 가다듬어져 '구체적인 생활 속에서의 실천'으로 '그 새로운 발전의 길'을 찾아야 한다. 이 열정이 구체적인 생활 속에서 자리를 잡지 못하면, 서서히 세상에 길들여지며 '순한 양'이 되어버린다. 어떻게 살아가야 하는지, 또 어떤 세상이 올바르고 좋은 세상인지를 머리로는 알고 있으면서도 몸과 맘은 그 '주저앉은 자리'에서 한 뼘도 벗어나질 못한다. 스스로 알아내기 힘들어 누구든 붙잡고 묻고 싶을 때가 한두 번이 아니다. 정말 답답하다.

왜 그럴까? 우리가 운동하면서 가졌던 '그 열정'을 잃어버렸기 때문이다. '그 열정'을 잃어버리게 된 건, '그 열정'을 담아낼 '생활에서의 구체적이고 소박한 실천'의 뜻을 제대로 이해하지 못했기 때문이다.

나부터도 스스로에 대해 돌이켜 보며 가장 먼저 반성하는 것이 바로 이것이다. 어떤 실천이든 생각함에 있어, 늘 무언가 나의 '잠재적 기득권'에 맞는 '멋진 모습'을 먼저 머릿속에 떠올린다. 대학 때 데모하러 거리로 나갈 때면 난 늘 세상의 '탈바꿈'을 먼 앞날의 모습으로 생각하지 않았다. 아주 가까운 날에 일어날 우리 사회의 모습으로 생각하곤 했다. 선배들은 어떻게 생각하고 살았는지... 그 땐 잘 몰랐지만 지금은 짐작할 수 있다. 그들도 나와 크게 다르지 않았던 게다. 이런 습성의 밑바닥엔 '관념적 급진성'이 아주 크게 자리를 잡고 있다. 생각해 보면, 어떤 운동 갈래에 있었건 같은 '의식의 뿌리'에서 나와 여러 갈래를 이루고 있었던 게다. 스스로 세상 속에서 겪어보지 못한 것들을 겪으며 이런 '관념성'과 '급진성'은 아주 쉽게 무너져버리고 만다. 세상의 흐름을 '너무나 거대하다'고 느끼며 '그 열정'을 잃어버림은 물론 '조그만 실천의 실마리' 조차도 찾지 못하고, 아니 찾을 생각조차 못하게 된다.

'운동'은 '삶'이다!

먼저 얘기한 기득권의 갈래 역시 같은 과정을 통해 일어난 것으로 보인다. 사회의 요소요소에서 활약하고 있는 선배들과 얘기하며 가장 답답한 것은 바로 이런 '무력감'이다. 그저 지난 것들을 돌이켜 보는 것 이외엔 달리 뾰족하게 '발전적인 얘기'를 들을 수가 없다. 나 역시 '세상의 힘'에 압도당하여 정말 혼란스럽고 답답하기까지 하다.

"좌파 신자유주의 정권"이라 스스로를 부르는 집권세력을 보며 정말 실소를 금할 길이 없어, 스스로에게 내뱉는 말이 있다. 도대체 사람은 왜 이리도 쉽게 바뀌는 걸까? 아니다, 쉽게 바뀐 것이 아니라 그 사람의 의식과 생각이 원래 그런 것이지, 맞아.

그렇다면 도대체 왜 우리는 이렇듯 무기력할까? 무기력한 게 아니야, 우리가 '세상의 탈바꿈'에 대해 잘못 생각한 것이었어. 우리가 학생 때 운동하면서 과연 세상을 얼마나 제대로 알고 겪어보았던가, 맞아! 그 땐 그저 열정 하나로 온 몸을 던졌지. 그럼 지금은?

"지혜가 필요해!"

"세상에 대한 깨달음이 필요해!"

세상의 작은 일이라도 여러 사람이 해야 하는 것이라면. 적어도 여러 해를 기약해야 하는 것이 세상 일의 이치임을 이제 안다. 정말 작은 일 하나조차도 쉽지가 않다! 그리고 긴 시간을 기약해야 한다. 이 긴 시간을 어떻게 기약하며 우리는 '그 열정'을 잃지 않고 살아갈 수 있을까? 생활 속에서 우리의 생각을 작게라도 실천하며 우리 스스로의 생각이 옳았음을 확인할 수 있는 '지난하면서도 뜨뜻한 과정의 삶'을 늘 지켜가야만 한다.

세진이형이 내게 던져준 '큰 뜻'은 바로 이거다. 세진이형은 '그 죽음'으로써 할 수 있는 가장 긴 시간을 기약한 것이다. 바로 나와 같은 철부지의 삶에 영원히 사라지지 않을 그 '열정'과 이를 지켜나갈 '깨달음'을 심어놓은 것이다.

열사들의 외침은
오늘도 천막 농성으로 이어지고 있다

최만정

진달래. 4월이면 어김없이 산천을 뒤덮는 연분홍 신분홍 꽃. 같은 꽃잎이 분명한데 관악산에서 피기 시작한 진달래는 매년 보아왔던 전주 기린봉의 것과 다른 느낌으로 다가왔다. 분홍빛 치마 정도가 떠오르던 화사한 진달래가 삭막한 산야에 피어오르는 저항의 함성으로 각인되기 시작했다. 소풍 사진의 단순한 배경이었던 꽃이 쓰러져간 영령의 핏빛 넋으로 보여졌다.

사물에 대한 고정관념이 깨지고 새로운 느낌과 상징이 태풍처럼 급습하곤 했다. 혼란과 충격은 잠시였고 이내 익숙해진 스스로에게 놀라기도 했다. 그러한 급격한 변화가 별다른 내적 저항없이 받아들여진 까닭은 아마도 주변의 환경 때문이었을 것이다. 이재호형은 나의 변화를 촉발시켰다.

광주학살. 너무나 어릴 적에 겪었던 어머니의 죽음은 눈물로 씻어져 가슴 속 빈자리로만 남아있었다. 역사책 속의 수많은 죽음들은 단지 암기해야 할 사건으로 생각되었을 뿐이었다. 하지만 몇 년 전에 학살되었다는 광주의 죽음들은 나를 붙잡고 놓아주지 않았다. 삼권분립 정도로만 알고 있었던 민주주의가 피를 먹고 자란다는 섬뜩한 말이 받아들여졌던 건 순전히 죽은 자들의 사진 때문이었다. 이재호 선배는 출신 지역도 그랬지만 특히 광주학살에 대해 많은 얘기를 했다.

최루탄 지랄탄을 피해가며 꽃병을 던지는 일은 곧 숙달되었지만 내내 위험스러웠다. 거리시위 참여로 서울지리를 많이 알게 되었지만 호각이 울리는 시간까지는 항상 고민스러웠다. 세미나 책들은 점점 어려워지고 나중의 일본글과 타자본 책 내용은 골치를 썩게 만들었다. 실천은 더욱 강조되었고 민중과 함께라는 말은 점점 무겁게 다가왔다.

열사들이 편히 잠들 그날을 위해 아직도 싸운다

개인적인 결단을 내릴 즈음 이재호 열사가 분신하였고 유치장에서 사망 소식을 들었다. 가리키는 달은 쳐다보지 않고 손가락만 쳐다본다고 했던

가. 일년이 넘도록 나는 그의 외침보다 그의 죽음자체에 대해 많이 생각했다. 밀폐된 공간 때문이었을까 죽음의 문제는 그 공간을 나올 때까지 핵심 화두였다. 별다른 깨침은 없었지만 어느 순간부터 삶과 죽음을 동시에 생각하게 되었다. 매일 잠드는 순간이 죽음으로, 깨어나는 순간이 삶으로 여겨졌다. 매일 삶과 죽음을 반복하는 것이 인생이라고 느껴졌을 때 그의 죽음에 대한 부채감이 덜어지고 개인적인 고민들도 어느 정도 해소되었다. 그리고 하얀 벽면에 검붉게 '志操' 라고 썼다.

20년 후. 세상은 많이 변했지만 그의 외침은 여전히 유효하다. 자가용 승용차, 핸드폰, 인터넷으로 상징되는 변화는 상전벽해를 실감케 하지만 미국의 한국에 대한 지배는 기본적으로 유지되고 있다. 아무 실익도 없는 이라크파병은 그가 제기했던 '용병'의 역할이다. 2차대전 주범국으로 강제 분단된 독일이 통일된 지 15년이 훨씬 넘었지만 식민지였던 한반도는 분단 이후 여전히 냉전의 망령이 감싸고 있다.

북미국지전이라도 발생되면 우리 국민은 여전히 부시의 사령관 명령에 따라야 할 판이며 지금 추진되고 있는 한미FTA는 지배구조의 완결판이 될 듯하다. 형식적 민주주의는 진척되었지만 사회 양극화는 더욱 심화되고 비정규직 노동자는 날로 늘어나 노동자의 절반이 넘어섰다. 권력은 이미 시장으로 넘어갔다는 최고 권력자의 말마따나 자본독재가 군사독재를 대체하고 있다.

아직도 거리시위에 나서고 천막농성을 이어가는 까닭 중의 하나는 이재호 열사가 아직도 편히 잠들지 못하고 있다는 생각 때문이다.

(최만정은 정치학과 84학번으로 1988년 한국피코 노조 법규부장 이후 노동조합운동에 복무, 현재 민주노총 충남본부 사무처장을 맡고 있다)

우리가 추구했던 꿈과 소망은 지금 어디에

이병주

우리들의 자화상 - 1986년 vs. 2006년

20년의 세월, 시간이 많이도 흘렀습니다. 1986년 그 때 우리는 23살이었는데 이제는 43살이 되었습니다. 의외로 40살이 넘었어도 사회에서는 우리를 젊은 사람으로 취급합니다. 그러나 나이만으로는 이미 40대 중년입니다. 20년 전 우리들은 모두 독신에 젊고 팔팔한 20대 청년이었습니다. 그런데 지금은 가족들을 위해서 돈을 벌고, 개인적으로도 이런 저런 인생의 쓴 맛을 경험한 40대의 생활인이 되었습니다. 이제 앞으로 또다시 20년이 지나면, 우리는 60대가 될 것이고, 그 때에는 벌써 인생을 정돈할 시기로 넘어갈 것입니다.

20년 전 우리들 중 많은 사람들은 전업적 학생운동가나 노동운동가였습니다. 그 때 우리는 부둥켜안고 눈물을 흘리면서 "동지들 모여서 함께 나가자"고 노래하였습니다. 반독재 민주화와 사회적 이상의 실현이 우리의 소망이었고, 인생의 목적이었습니다.

　20년이 지난 지금 우리들의 대부분은 운동가의 자리를 떠나서 평범한 생활인으로 살아가고 있습니다. 물론 아직도 사회운동에 적극적으로 참여하는 사람들이 있고, 일부에는 극적으로 반대진영의 보수주의 운동가로 변신한 사람들도 있습니다.

　그러나 우리들 중 대부분의 사람들은 1990년의 언저리에서 운동을 떠났고, 그 이후 이런저런 직장에서 보통의 직업인으로 살아가고 있습니다. 몇 년 전에 자연대 출신 벤처기업인 모임이 있다고 해서 가본 적이 있는데, 모인 사람들 중 한 70%가 운동권 모임에서 보던 동일한 친구, 선후배들이었습니다. '세상일이 참 재미있게 돌아가는구나' 하는 생각이 들었습니다.

　우리에게는 80년대를 함께 경험한 세대적 공감과 문화적 동질성이 있고, 정치문제와 사회문제에서는 대체로 진보적이거나 자유주의적인 의견을 가지고 있습니다.

그렇지만 시간이 갈수록 각 사람들의 사고에서 진보적 색채가 탈색되고 보수적 의견에 대한 공감대가 넓어지고 있어서, 우리들이 만나서 대화를 나눌 때에는 상당히 복잡한 중간색이나 기묘한 혼합색이 나타나는 경우가 많습니다.

20대에 우리들은 운동이 우리 인생의 목적이요 소망이라고 고백하였지만, 지금도 정치적 사회적 운동이 자기 인생의 목적이요 소망이라고 고백하는 사람은 별로 없습니다. 지금도 우리는 4월과 5월에 모일 때 "동지들 모여서 함께 나가자"라는 노래를 부릅니다. 그러나 지금 우리에게는 '어디로 함께 나갈지,' 그리고 '함께 나갈 생각이 있는지'에 대한 공감대가 없습니다. 그래서 조금은 공허하고 쓸쓸한 느낌을 가집니다.

원고 청탁을 받으면서, 1986년 이후 20년에 대한 솔직한 회고를 부탁받았습니다. 처음에는 제가 현재 적극적으로 사회운동에 참여하고 있지 않은 상황이라서, 마땅히 쓸 내용이 없다고 사양하였습니다. 그러나 부채의식이나 의견의 방향에 대한 제약 없이 자유롭게 글을 써 달라는 말을 듣고 생각을 바꾸었습니다.

현재까지 사회운동을 계속하고 있는 사람들보다는, 오히려 과거에는 운동을 하였지만 지금은 운동을 그만둔 사람들의 인생이 이 시대 우리들의 진정한 자화상을 보여주고 있다는 생각이 들었습니다.

20년 전 우리들이 추구했던 꿈과 소망, 인간의 고통에 대한 공감과 사랑, 정의와 진실에 대한 갈망은 모두 어디로 갔는지, 고상한 소망을 잃어버린 후 우리들의 인생은 어떻게 메말라 갔는지, 20년이 지난 지금 우리는 어디에서 다시 인생의 소망을 찾고 이웃에 대한 공감을 회복할 수 있는지, 과연 그러한 소망을 다시 찾는 것이 가능할지, 이제는 운동을 그만둔 사람들이 이런 정신적 고민에 대한 이야기를 함께 나눌 때가 된 것 같습니다.

소망을 가지고 운동을 했던 20대의 시간에 대한 후회는 없습니다. 지금 운동을 하지 않는 것은 운동에 대한 소망을 잃었기 때문이지 개인적인 비겁함 때문이 아니라고 생각합니다. 그 때도 운동을 했고 지금도 운동을 하는 사람들은 '인생경로의 일관성' 이라는 측면에서는 행복할 것 같습니다. 그러나 '소망이 있어서 운동을 했다가 소망을 잃고 운동을 떠난 사람' 들에게는 소망의 상실과 인생경로의 비일관성으로 인한 허무와 고민이 있습니다. 이러한 허무와 고민의 무게에 비하면, 매일매일 바뀌는 사회정치적 이슈의 무게는 오히려 가벼운 느낌조차 있습니다.

이제, 20년 전에 어떤 소망에 인생의 목적을 두고 운동을 했는지, 그리고 10년 전에는 왜 그 소망을 잃고 운동의 자리를 떠나게 되었는지, 그 이후 소망과 목표를 잃은 인생의 고민과 방황은 어떠하였고 앞으로는 어떻게 인생의 새 희망을 찾아나가려는지, 부채의식이나 의견의 방향에 대한 제약 없이 자유롭게 써보라는 원고 청탁자의 요청대로 차분히 생각해 보고자 합니다.

혁명의 소망으로 시작된 대학 생활

23년 전 대학교에 들어왔던 1983년으로 돌아가 봅니다. 아직도 어제 일처럼 모든 일들이 생생합니다. 1983년 진리를 추구하는 과학자가 되겠다는 꿈과 소망을 가지고 물리학과에 입학하였습니다. 사회정치적 현실이 우리의 인생을 이렇게 완전히 바꾸어 놓을 줄은 전혀 몰랐습니다.

1983년 당시 대학교 캠퍼스에는 사복 전경들이 매일 아침 수 천 명씩 출근해서 모든 벤치를 차지하고서 학생들의 행동을 감시하고 있었습니다. 대학교 직원과 수위 아저씨, 교수님들은 모두 경찰과 유사 직종이 되어 교정에서 학생들이 모이면 1차적으로 와서 만류하고 손과 발을 잡고 뜯어내는 역할을 맡았고, 그 뒤에는 경찰들이 나서서 학생들을 붙잡고 연행해 가는 일이, 마치 연극의 정해진 배역과 순서처럼 매일매일 반복되고 있었습니다. 내가 생각했던 대학생활은 이런 것이 아니었는데, 학교에서는 이상한 일들이 벌어지고 있었고, 없었던 정치의식이 마구 생기기 시작했습니다.

입학한지 약 2달 후인 1983년 5월에는 이른바 왕도장(중국집) 사건이 있었는데, 자연대 체육대회가 끝난 후의 회식자리를 경찰들이 포위하고 학생증을 검사한 후에 학생들을 귀가시켰습니다. 다음날 학교에 나왔을 때, 교수님들이 회식에 참석했던 1학년 학생들을 불러서는 마치 경찰이 피의자를 취조하는 것처럼 그 자리에 있었던 2-3학년 상급생의 이름이나 사진을 지목할 것을 요구하는 일을 경험하게 되었습니다.

진리를 추구하는 과학자로서의 인생을 꿈꾸던 나의 소망은 바로 그 때에 무너졌습니다. 아무리 정부 권력의 힘이 강하다고 하더라도, 경찰의 업무까지 마지못해 대행하여야 하는 비겁한 과학자가 되고 싶지는 않았습니다. 신문과 방송이 정부가 시키는 대로 사실을 숨기고 왜곡하는 상황에서, 내가 피해를 보는 것이 두려워서 불의한 정부를 규탄하는 단순한 시위에조차 얼굴을 돌리고 싶지도 않았습니다.

그래서 속으로는 무서워서 벌벌 떨면서, 아니 겉으로도 벌벌 떨면서 시위에 참가하기 시작하였습니다.

우리들이 모두 알고 있는 흔한 386의 스토리가 그 뒤로 이어집니다. 서클에 들어가서, 도대체 왜 이 나라에서 이런 이상한 일이 벌어지게 되었는지를 공부하였습니다.

불과 3년 전인 1980년 광주에서 전두환 정권에 의해서 수 백, 수 천의 시민들이 무고하게 희생되었다는 사실을 알게 되었습니다. 이 나라가 자유민주주의 사회라는 것은 헌법 책에나 나오는 이야기라는 것도 알게 되었습니다. 이 나라에서 대통령은 힘으로 되는 것이지 민주주의적 선거절차를 통해서 되는 것이 아니라는 것, 집회나 시위는 금지된 것이고, 대학이나 직장에서 자유나 민주를 외치는 것은 곧바로 감옥행이나 대학에서의 제적ㆍ직장에서의 해고를 의미한다는 것도 알게 되었습니다. 결국 이런 문제를 근본적으로 해결하기 위해서는 단순한 시위가 아닌 사회개혁이 필요하다는 견해에 공감하였고, 사회개혁의 이념으로 Marxism을 공부하였습니다.

그렇게 시작해서 자연과학 공부를 포기하고, 1983년부터 1991년, 20살부터 28살까지 약 8년 동안 학생운동과 사회운동을 하게 되었습니다. 데모를 하고 서클 공부를 하면서 내 인생의 소망과 목적은 자연스럽게 과학에서 사회혁명으로 바뀌었습니다. 1986년에서 1987년까지는 약 10개월간 교도소 생활을 하기도 하였습니다. 그 과정에서 세진이의 일도 있었고, 서클 선배인 조정식 선배가 노동운동을 하다가 산업재해로 사망하는 일도 겪었습니다.

울기도 많이 울었습니다. 운동을 하면서 인간 관계로 마음의 상처를 받은 일도 많았고, 나 자신의 유약하고 비겁함에 비참한 기분을 느낀 적도 많았습니다. 그러나 운동을 하는 동안 슬프고 괴로운 일보다는 즐겁고 행복한 기억이 더 많았습니다. 우리에게는 인생의 전부를 바칠만한 인생의 소망과 목적이 있다고 생각했기 때문입니다.

인생의 소망과 관련하여, 유토피아적인 이상사회를 만들자는 Marxism은 무척 매력적인 종합적 신념체계였습니다. 과학자로서의 삶은 과학적인 진리를 추구한다는 '진(眞)'의 덕목만을 충족해 줍니다. 그러나 사회적 실천 으로서의 Marxism은 진(眞)·선(善)·미(美) 세 가지 덕목의 요구를 모두 충족시켜 주는 것으로 느껴졌습니다.

Marxism적 세계관은 경제학적으로 뒷받침되는 과학적 사회주의를 주창 한다는 점에서 진리를 추구하고(眞), 사람들의 고통에 대한 공감으로 그 고 통의 해결을 추구한다는 점에서 선한 사랑을 추구하는 행위로 보였으며 (善), 개인의 이기적인 이해관계를 극복하고 권력과 맞서 싸운다는 긴장감 속에 투쟁의 미학을 가지고 있었습니다(美). 조금 무서운 것만 극복하고 나 니까, 진·선·미 중 진(眞) 하나 밖에 없는 자연과학보다는 진·선·미 세 개를 다 가지고 있는 Marxism을 선택하는 데 주저할 필요가 없었습니다.

약 4년간 학생운동을 하고, 노동운동을 하려고 인천으로 갔습니다. 잠깐 공장에 취직하였다가 1986년 말 동료들과 함께 붙잡혀 10개월쯤 교도소 생 활을 하였습니다. 그 후 지방으로 내려가서 4년간 신문사 지국, 야학 교사, 노동단체 간사 일을 하면서 지역운동과 노동운동을 하였습니다.

그러나 소망은 상실되고

87년 6월에는 모든 사람이 거리에 나와서 대통령 직접선거를 통한 정부 의 구성이라는 절차적 민주화의 요구를 관철시켰습니다. 비록 군인 출신 인 노태우 정부가 들어섰지만, 야당이 국회의 다수를 차지하였고, 언론과 집회·시위의 자유, 노동조합 결성의 자유 등 절차적 민주주의는 크게 진보 하였습니다. 권리를 얻기 위한 싸움과 권리를 주지 않기 위한 싸움은 모든 곳에서 계속 되었지만, 5공 시절과 같이 전면적이고 일방적인 억압은 불가능한 상황이 되었습니다.

　조금 시간이 지나니까 약간의 문제가 발생하기 시작하였습니다. 5공화국 때 전두환 정권의 전면적인 억압 하에는 운동을 하다가 학교에서 제적되고 전업 운동가로 활동하는 것을 사람들이 자연스럽게 생각했었습니다. 그러나 6공화국에 들어서자 대학에서 복학을 시켜 주는 데도 제가 학교에 돌아가지 않고 계속 전업적으로 운동을 하는 것을 '의아하게' 생각하는 사람들이 많아졌습니다. 사회적 이상을 전파하는 사람의 존재방식 자체에 대한 의문이 있는 상태에서는, 그 사람의 말이 잘 귀에 들어가지 않습니다.

　또 1988년 이후 노동조합 운동이 발전하게 되자 2000년 내지 2001년에는 이미 노동조합 간부들이 2 3년의 노동조합 운영경험을 가지세 되었습니다. 그러자 학생운동 출신의 인텔리들이 종전의 방식대로 노동단체나 상담소를 통해서 노동조합운동에 관여하는 것을 껄끄러워 하는 사람들이 늘었습니다. 그러다보니 마치 내가 공연히 남의 일에 끼어드는 참견꾼 같은 느낌이 들기 시작하였습니다. 이런 방법으로 계속 운동하는 것이 맞는지 의문이 들었습니다.

　한참 열심히 운동을 하고 있던 1990년 이후 동구권의 사회주의 체제들이 도미노처럼 무력하게 무너지는 일련의 상황이 전개되었습니다. 당시 저는 지방에서 노동단체 간부로 있으면서 5월 시위운동의 선전업무를 담당하고 있었는데, 상당히 막막한 느낌을 가지게 되었습니다. 막상 사회주의 운동을 시작해볼까 생각하고 있는 중에 현실 사회주의 체제들이 마구 무너지니까 도대체 운동의 목적이 무엇인지 나 스스로 혼란스러워지고, 사람들에게 전할 사회적 이상의 내용을 잃어버리게 된 것입니다.

1991년 5월에는 명지대 강경대 학생의 시위 중 사망으로 촉발된 대규모 시위운동이 있었습니다. 너무 많은 사람들이 분신을 하거나 자살을 해서 매우 부담스러운 운동이었습니다. 2001년 5월 시위운동 이후에 운동의 공간이 위축되자, 노동단체 간부로서 업무 자체가 급격히 축소되었습니다.

그런 상황에서, '차라리 객관적인 신분을 가지고서 노동조합운동을 도와주거나 결합하거나 운동으로서의 정치활동을 하자,' 이런 생각이 들었습니다. 그래서 운동의 현장을 떠나게 되었고, 변호사가 되기 위해 사법시험을 준비하게 되었습니다.

이후 고시공부를 하면서, 내가 했던 운동과 관련하여 여러 가지 생각을 하게 되었습니다. 자본주의의 민법이나 형법, 그리고 재판제도는 인간을 기본적으로 이기적인 존재로 간주하고, 엄격한 법규정과 사법적 절차로 인간 이기적인 행동을 통제하려고 합니다. 그에 반하여 사회주의는 인간이 이기적인 행동양식을 버리고 공동선을 추구할 수 있는 이타적 존재라고 간주하고, 상대적으로 정교한 법과 절차에 따른 통제를 경시하고 있습니다. 즉 자본주의 제도는 인간의 본성에 관하여 '성악설'을 취하고 있는 반면, 사회주의 제도는 '성선설'을 취하고 있는 것입니다. 결국 동구 사회주의가 무너진 것은 결국 인민도 성선설적인 존재가 아니고 심판자인 당도 성선설적인 존재가 아니었기 때문이었습니다.

'Out of sight, Out of mind'라는 영어 속담이 있습니다. 운동의 자리에서 활동할 때에는 고민이 심각해도 막상 운동의 이론 자체가 틀리다는 생각까지는 나가지 않았었습니다. 그러나 막상 몸이 운동을 떠나 있으니까 생각이 아무 제약 없이 자유롭게 전개되었고, 나의 마음속에서는 서서히 Marxism이나 사회주의에 대한 신념과 소망이 밀려나가는 것을 느꼈습니다.

신념을 잃어버린 자리에 찾아든 무기력증 그리고 삶의 방황

사법시험 공부를 시작한 표면적인 동기는 '변호사가 되어서 다시 운동을 하기 위한 것' 이었습니다. 그런데 막상 사법시험이 되니까 다시 운동하러 갈 엄두가 나지 않았습니다. 이제는 전에 했던 것처럼 다른 사람들을 위해서 인생을 사는 것은 물론 그 과정에서 상처받고 견디어낼 자신이 없었습니다. 아니 무엇보다도 내가 그 자리로 돌아가야 할 이유를 찾기가 어려웠습니다. 전에 Marxism이라는 사회적 이상에 대한 소망을 내 마음 속에 가지고 있었는데, 이제는 내 인생을 걸만한 이상도 없고 소망도 잃었기 때문입니다. 막상 Marxism이라는 이상주의적 신념체계를 잃어버리자 나 자신이 그리 정치적인 사람이 아니라는 것을 새삼 깨달을 수 있었습니다.

나는 인생의 목적을 잃고 길을 잃어버린 사람으로 느껴졌습니다. 혁명운동가로서의 삶이 주는 강렬한 쾌감을 맛보았던 사람에게는, 그 어떤 것도 그에 필적할 만큼 매력적인 인생의 목적으로 다가오지 않습니다. 아무리 머리를 쓰고 고민해도 Marxism을 대체할 만한 인생의 목적이 쉽게 나올 것 같지가 않았습니다. 나는 일단 인생의 새 목적을 발견할 수 있게 될 때까지 몇 년 동안 기다려 보기로 하였습니다.

이리저리 고민하다가 현재 근무하는 법률회사에 취직하였습니다. 외형적으로는 모든 일이 순탄하게 굴러가는 것처럼 보였습니다. 그러나 인생의 목적을 잃은 나는 갈수록 삶과 내 주변의 일들에 대해서 무책임하게 되었습니다. 이웃에 대한 사랑이나 공감을 잃은 채 세상적인 욕심이 많아지고, 점점 무기력한 상태로 빠져드는 나를 느낄 수 있었습니다.

인생의 소망이 없어졌습니다. 아침부터 밤까지 거의 모든 시간을 직장에서의 일로 보냈습니다. 그러나 내가 왜 이 일을 하고 살아야 하는지 그 이유가 분명하지 않았고, 보람이 없는 돈벌이에 불과한 것으로 생각되었습니다. TV나 신문에서 누군가가 '나는 이런 소망이 있고 내가 하는 일에 보람을 느낀다'고 얘기하는 것을 보면, 그 내용과는 무관하게 '그 사람이 신념을 가지고 있다는 것' 자체가 부러웠습니다. 이제 내 인생에 다시는 뚜렷한 목적과 소망이 생길 것 같지 않았습니다. 나의 인생은 운동을 그만 둔 시점에 끝났고, 나머지 인생은 그냥 맹목적으로 살아가는 허깨비 같은 것으로 느껴졌습니다. '내 인생이 왜 이렇게 꼬였지?'라는 탄식이 자주 나왔습니다.

마음 속에 사랑이 없어졌습니다. 나는 '사랑'이란 말에 시니컬하게 반응하게 되었습니다. 운동할 때에는 많은 사람들을 사귀고 좋아하였습니다. 진정한 친구로서 그 인생을 함께 책임질 것을 다짐하고 많은 사람들의 마음을 샀었습니다. 그러고 나서는 막상 운동을 그만둘 때 나 혼자 야반도주를 해서 그 친구들을 떠났습니다. 허무한 일이었습니다. 내가 쌓은 산을 내 발로 차서 무너뜨린 내가, 다시 어떤 사람들에게 정을 주고 책임감 있게 행동할 자신도 없고 다시는 그런 일을 벌이고 싶지도 않았습니다.

운동하던 8년 여 동안 무리하게 많은 사람들과 사귀면서 내가 감당할 수준 이상으로 애를 썼던 후유증은 상당히 컸습니다. 운동을 하지 않았던 사람들은 오히려 자연스럽게 착한 마음을 내서 이웃들을 돕고 구제하고 공감하는데, 운동을 세게 하다 그만둔 나는 오히려 이웃들에 대한 마음이 얼음처럼 차가와졌습니다. 술자리에서 돈을 쓰는 것은 아까와 하지 않으면서, 이웃을 위해서 도움의 손길을 내미는 일에는 매우 시니컬하고 인색한 사람이 되었습니다.

갈수록 세속적인 욕심이 늘어났습니다. 몇 년동안 소망과 목적 없이 살아 가면서 '운동을 했었다는 정체성'은 다 없어졌습니다. 다른 사람과 똑같이 점점 성공을 추구하고 돈에 욕심을 내게 되는 나 자신을 발견하게 되었습니다. 대체로 순하던 성격이 운동할 때에는 상당히 고상해졌었는데, 운동을 떠난 지 몇 년이 지나면서 무기력증에 불만과 짜증이 늘었고 사람들에게 화를 내는 일도 늘었습니다.

사무실 생활 중 2000년 여름부터 약 2년간 미국 하버드 법대에서 유학생활을 하였습니다. 하버드에서 입학허가를 내 준 이유 중에는 한국에서 장기간 운동했다는 점도 유리하게 작용하였습니다. 미국에서의 유학생활은 겉모양의 화려함과는 달리 심신이 매우 고단한 것이었습니다. 결국 2001년 6월에 석사학위를 받기는 하였지만, 이것은 나의 이력서에 그럴듯해 보이는 한 줄의 이력을 더하는 것 이상의 의미는 없었습니다. 미국에 갈 때에는 인생을 획기적으로 바꿀 계기가 생길 것을 기대했었는데, 결국에는 '한번 일상화된 인생에는 이를 돌이킬만한 것이 없구나' 하는 실망감과 무력감만 남았습니다.

급기야는 졸업을 얼마 앞둔 시점에 몸에 예기치 않았던 병이 발생하였습니다. 그 병은 과도한 면역기능으로 인해서 외부로부터의 병균 침입이 전혀 없는데도 내 면역이 내 살을 공격하는 자가 면역 증상의 일종이었습니다. 지금에 와서는 치료도 그런대로 잘 되고 생활에도 별 지장이 없지만, 당시로서는 매우 두렵고 위험한 병이었습니다.

일단 이런 실존적인 상황에 처하게 되자 그 이전의 나의 고민, 즉 인생의 목적과 소망에 관한 고상한 고민들은 모두 사치스러운 것이 되어 버렸습니다. 갑자기 이런 일이 벌어지자, 그렇게 중요하게 생각했던 '나' 자신은, 그저 땅바닥에 주저앉아 어쩔 줄 모르면서 떨고 있는 미약한 존재에 지나지 않았습니다. 과거 사회의 진보를 추구하여 운동을 할 때에 그 진보의 필요성은 ‘나의 고통’ 때문이 아니라 ‘사회 전체의 고통’ 내지 ‘타인의 고통’ 때문이었습니다. 그러나 막상 ‘나의 고통’ 이 전면적으로 다가오자 운동이나 진보 같은 추상적 개념들은 나의 고통을 해결해 줄 수 있는 소망이 되지 못하였습니다.

기독교적인 가치관에서 다시 찾은 새로운 희망과 삶의 열정

운동을 그만 두고 사회적 이상에 관한 Marxism적 소망을 상실한 후, 가슴이 뻥 뚫린 것처럼 허무한 느낌이 들었습니다. 여러 해 동안 가슴속에 축적한 가치관과 인생관이 모두 무너지니까, 인생을 추진할 만한 에너지가 전혀 나오지 못하였습니다.

그때 아내가 다니는 교회를 따라 나가기 시작하였습니다. 의외로 참 흥미롭다는 생각을 많이 하게 되었습니다. 어릴 때에는 자연과학적 유물론으로, 운동할 때에는 사회과학적 유물론으로 종교를 무시했었습니다. 그런데 막상 사회주의 체제가 다 무너진 이후에 보니까, 기독교 교회라는 조직은 매 주일마다 한국에서만 1천만 명의 사람들을 계속적 · 반복적으로 동원할 정도로 막강한 조직력을 과시하고 있었습니다.

Marxism은 1848년 사회적 불평등으로 말미암은 인간의 고통을 해방시켜 주겠다는 기치를 걸고 최종적 이상사회의 수립이라는 사회적 이상을 제시한 후, 1917년의 러시아 혁명과 1949년의 중국 사회주의체제 수립에 이르기까지 짧은 기간동안 전 세계의 1/3을 휩쓸었습니다. 그러나 현실 사회주의

체제는 불과 70여년을 견디지 못하고 1990년대에 도미노처럼 순식간에 붕괴되었습니다. Marxism에 따르면 자본주의가 망하고 사회주의가 되어야 할 텐데, 사회주의가 망하고 자본주의가 되었습니다. 이념의 내용과 조직이 모두 무너졌습니다. 인간을 성선설적인 존재로 본 실패만으로 보기에는 솔직히 너무나 허망한 사회적 복음의 실패였습니다.

그 반면, 예수의 기독교는 서기 30년경 로마제국의 변방에서 인간의 영적 고통을 구원하는 복음(福音)을 처음 제시한 후, 2000년의 장기간동안 무너지지 않고 오히려 그 조직이 전 세계로 확대되고 있었습니다. 알고 보니까 이슬람교조차도 아브라함의 서자인 이스마엘의 자손이라고 하니까, 기독교 15억명, 이슬람교 12억명을 합하면 아브라함의 하나님을 믿는다는 신념을 고백하고 그 신념에 목숨을 거는 사람의 숫자가 진 세계 인구의 절반에 가까웠습니다. 이렇게 흥미를 느끼게 되니까, 불신자이면서도 착실하게 교회를 따라 나갔고, 개인적으로 기독교 기타 종교들에 대한 연구를 하였습니다.

공부를 좀 해 보니까 Marxism과 기독교는 막상 종합적인 신념체계로서 무척 흡사한 것이었습니다. 인간의 현실을 고통에 가득한 것으로 이해하고, 인간의 고통 문제에 대한 해결책을 제시한다는 점에서는 양자가 동일하고, 양쪽에는 모두 그 복음의 내용을 열성적으로 전파하며 인생을 거는 사람들이 있습니다. 그 해결책을 믿는 사람들의 조직으로 기독교에는 교회가 있고, Marxism에는 그와 비슷하게 생긴 운동조직이 있습니다.

양자가 모두 사람에게 인생의 목표와 구체적인 행동의 지침을 주며, 인간에 대한 사랑, 미래에 대한 믿음과 인생에 대한 소망을 제시합니다. 다만 차이가 나는 것은 Marxism은 유물론이어서 영적 문제를 다루지 않는다는 것과, 고통 문제의 해결책과 관련하여 Marxism은 사회적 싸움을 제시하지만 기독교는 대체로 사회적 싸움은 권하지 않는다는 것 정도입니다.

결국 Marxism은 종교를 부정하지만 실질적으로는 종교의 대체물 즉 uasi-religion에 가깝고, 내가 Marxism에 강한 매력을 느끼고 인생의 목적으로 생각했던 것은 단순한 정치적 견해를 선택한 것이 아니고, Marxism의 contents가 실질적으로는 내게 종교적 신념으로서의 기능을 할 수 있었기 때문이었습니다.

이처럼 약 6년 동안의 중립적인 모색 과정을 거친 후, 개인적으로 질병의 두려움을 겪던 몇 년 전 결국 나는 과거의 Marxism을 대신하는 신념체계로 기독교를 받아들이게 되었습니다. 종교적인 디테일은 모두 생략하고 그 '결과' 만을 말씀드리자면, 지금은 과거 운동을 하던 20대의 시절보다도 더 재미있고 즐거운 상태입니다.

20대에 운동을 할 때 가슴이 뜨거웠던 것처럼 지금도 가슴이 뜨거워지고, 그 때 지적 흥분으로 운동 서적들을 닥치는 대로 읽던 것처럼 지금도 지적 흥분으로 신앙 서적들을 닥치는 대로 읽고 있습니다. 운동을 할 때 서클과 학교에서 소그룹 세미나를 하던 것처럼, 지금은 직장과 교회에서 소그룹 모임을 하고 있습니다.

20대에는 고통으로부터의 인간해방을 고민했고, 지금도 고통으로부터의 인간구원을 모색하고 있습니다. 사람들의 고통에 대한 공감이 다시 살아나기 시작했고, 이제는 다른 사람들을 다시 사랑할 수 있을 것 같습니다.

과거 소망을 가지고 운동을 하였고, 그 소망을 잃고 운동을 그만 둔 이후 다시는 이 세상에서 소망을 가질 수 없다고 생각하여 절망했었습니다. 즐겁고 재미있는 일은 다 끝나고 허깨비처럼 왔다 갔다 하는 인생만 남은 줄 알았습니다. 그러나 지금은 우리의 인생이 그렇게 허무하게 끝나는 젖은 장작이 아니고, 얼마든지 새 희망과 열정으로 불붙을 수 있는 마른 장작이라고 생각합니다.

꼭 저와 같은 방식이 아니더라도, 누구든지 20년 전 가졌던 우리들의 열정, 즉 인간의 고통에 대한 공감과 사랑, 정의와 진실에 대한 고상한 소망을 다시 회복할 수 있다고 생각합니다. 아직도 우리에게는 20년, 30년의 미래가 있고, 무기력하게 살아가기에는 우리의 인생이 너무 아깝습니다. 꿈을 잃지 말고 다시 시작하자고 감히 말씀드리고 싶습니다.

40대, 새 소망과 꿈으로 다시 인생을 이야기하고 싶다

직업에 대한 관점도 조금 바뀌게 되었습니다. 전에는 제가 하고 있는 변호사 일이 내 인생의 'first choice'가 아니라는 점 때문에 애정이 가지 않았습니다. 그러나 이제는 직업의 내용으로 사람들을 구체적으로 도우는 것이 가능하다는 점에서 서서히 애정을 느끼고 있습니다.

과거 운동할 때에는 사람들의 구체적인 문제 해결을 위해서 항의집회를 조직했습니다. 그런데 지금은 사람들의 구체적인 문제 해결을 위해서 법률적인 해결책으로 도와 줄 수 있습니다.

인생의 고통은 꼭 사회적·계급적인 것만 있는 것이 아니고, 인명사고 등 민사 분쟁에 휘말리거나 법적으로 무고한 사람이 형사처벌을 받게 될 때 가장 치명적으로 증폭되는 것을 봅니다. 잘못 재판을 하면 평생 원한과 분노 속에 인생을 살아가게 됩니다. 형사사건에서 무죄한 사람에게 유죄 판결이 내려지면, 한 사람의 인생이 망가집니다.

여러 건의 재판을 하는 과정에서 깨달은 것은, 이 세상의 구체적인 사건에는 단 한 가지의 진실만 있는 것이 아니라 관점과 입장에 따라서 여러 가지 버전의 진실이 있다는 점입니다. 돈 문제로 싸워도 원고의 진실이 다르고 피고의 진실이 다릅니다. 한쪽이 100%의 진실과 정의를 다 가지는 경우는 거의 없습니다. 대부분 우세한 쪽은 60% 내지 70%의 진실을, 불리한 쪽은 30% 내지 40%의 진실을 나누어 가지고 있습니다.

형사사건의 경우에도 보는 관점과 시각의 변화에 따라서 법적으로 죄가 있는지 여부가 달라집니다. 분쟁에 휘말린 상태에서 여러 버전의 진실이 존재할 수 있다는 점을 수용하는 지혜는 인생의 고통을 크게 경감해 줄 수 있습니다. 상대방과 제3자(판사)의 시각을 짐작하면 설득력을 가지고 사건 자체를 이길 가능성도 커집니다. 상대방 버전의 진실이 우세한 것으로 인정되어 분쟁에서 지는 경우, 그 결과를 합리적으로 수용할 수 있게 되고 법원이나 세상에 대해서 불필요한 분노와 원한을 품지 않을 수 있습니다. 재판에서 지는 것보다 원한에 쌓여서 인생에서도 지는 것이 더 큰 피해입니다. 의사들이 위기에 처한 사람들의 육신의 병을 고쳐주듯이 변호사라는 직업도 잘 하면 위기에 처한 사람들의 정신적 병을 고쳐주는 역할을 할 수 있을 것 같습니다. 이 직업을 나쁘게 사용해서 없는 병을 만들거나 오히려 사람을 해치는 일이 없도록 조심하고 있습니다.

오랜 기간 '5공 때 대학교에 입학하지 않았더라면 내 인생의 first choice 인 물리학을 할 수 있었을 텐데' 하는 미련이 많았습니다. 그러나 지나간 인생에 대한 미련을 가지는 것은 무의미하고 마음에 병만 주는 일이라고 생각합니다. 운동을 그만 둔 후 10여 년 간 이 세상에 적응하여 살기 위한 싸움과 노력을 하였습니다. 이제는 어느 정도 숨을 돌리고, 내가 하는 일을 통해서 사회와 다른 사람들에게 도움을 줄 수 있는 일을 다시 시작할 수 있을 것 같습니다.

우리의 벗 세진이가 떠난 후, 이제 20년이 되었습니다. 우리는 세상에 남아서 더 싸우기도 했고, 운동을 그만 둔 후에는 이 세상의 삶을 겪어 나가고 있습니다. 많은 사람들이 떠나간 자리에 아직도 남아서 힘없고 약한 사람들을 위해서 애쓰고 있는 동료들의 굳은 심지에 존경을 보냅니다.

나름대로의 판단이 있어 반대 진영으로 가서 활동하고 있는 사람들에 대해서는 굳이 그렇게까지 할 필요가 있을지 하는 생각도 들지만 부분적으로는 이해가 가기도 합니다. 운동을 떠나서 평범하게 살아오면서, 소망을 상실한 인생의 막막함과 허무함으로 오랫동안 고민하였습니다. 이제 40대, 아직 마음은 어린데 조금만 지나면 인생이 중간 허리를 넘어기게 됩니다. 이제는 더 이상 무기력증과 허무감에 빠져서 살고 싶지 않습니다. 세진이의 20주기를 맞이하여 다시 소망을 찾고 공격적으로 인생을 살아가자고 친구들에게 권하고 싶습니다.

(이병주는 물리학과 83학번으로 미국 하버드대 로스쿨을 졸업하고 캘리포니아 변호사 자격을 획득한 후 지금은 법무법인 세종에서 변호사로 일하고 있다)

봄날의 꿈, 가버린 사람들을 추억함

이 왕 준

나의, 아니 우리 세대의 20대 청춘을 아무리 기억해 보아도 천연색 빛깔이 떠오르지 않는다. 관악캠퍼스의 꽃피는 4월, 그 형형색색의 색깔은 기억에 없고 마치 흑백 TV처럼 최루탄 연기에 뿌연 회색빛 잔영만이 떠오를 뿐이다. 며칠 전 꽃망울을 터트린 벚꽃나무가 흐드러지게 에워싼 윤중로를 따라 집으로 돌아오면서 나는 5년 전 아버님과 함께 방문했던 관악캠퍼스의 기억을 떠올렸다. 동시에 20년 전 세진이하고의 마지막 만남을 생각했다.

관악산의 봄, 아버님과의 마지막 추억

내가 아버님을 마지막 상봉한 것은 5년 전 고인이 갑작스럽게 돌아가시기 바로 나흘 전이었다. 일요일이었던 4월 중순 어느 날, 큰아버님의 막내 딸 - 그러니까 아버님에게는 조카 딸- 결혼식이 서울에서 있었기 때문에 아침 일찍 전주에서 올라오셨다. 원래 4월 둘째 주는 여의도 고수부지에서 윤중제가 열리고 여의도 전체가 벚꽃축제의 장이 되기 때문에 막상 여의도에 사는 주민들은 객이 되고 만다(전주 출신인 나는 대학 입학 후 지금까지 23년간 여의도에서 살고 있다).

그날도 결혼식이 끝나고 여의도로 들어오면 오후 늦게라도 전주행 고속버스를 타겠다고 고집하시는 아버님의 시간을 맞출 수 없을 것 같아 부모님을 모시고 잠시 시간을 같이 보낼 장소로 생각해 낸 것이 서울대학교 관악캠퍼스였다.

관악산은 정말이지 4월이 되면 노란 개나리와 연분홍 진달래, 그리고 흐드러지게 활짝 핀 벚꽃으로 온통 천연색으로 변한다. 주말이면 관악산을 오르는 등산객들도 만원이지만 관악캠퍼스 곳곳의 잔디밭에 돗자리를 깔고 친구들끼리, 가족 단위로 소풍 나온 사람들로 정말 고즈넉한 풍경이 연출된다.

훈풍이 부는 관악캠퍼스의 버들골은 정말 아름다웠다. 연두색이 포근하게 깔린 잔디밭 너머로 노란 개나리가 병풍처럼 둘러쳐 있고 연분홍 진달래는 좀 더 붉은 빛을 발하는 철쭉과 서로 봄의 기운을 겨루고 있었다. 아버님은 오랜만의 야외 나들이에 흥분한 두 손녀와 함께 숨바꼭질도 하고 공 던지기를 같이 하셨다. 그리고 짬짬이 "관악캠퍼스가 정말 좋구나"를 연발하셨다.

그도 그럴 것이 사실 아버님은 이 꽃 좋은 계절에 당신의 아들과 딸이 다니던 관악캠퍼스를 방문하신 일이 없었다. 왜냐하면 아버님이 학교를 찾으셨던 것은 언제나 우리들의 입학식 아니면 졸업식이었고 따라서 이 너른 관악캠퍼스에 눈이 쌓이거나 아직 마른가지에 새순도 돋아나기 전의 황량한 겨울 분위기만을 줄곧 목격하셨던 것이다. 한참 손녀들과 함께 놀면서 맥주도 두어 캔 마시면서 우리 가족은 아버님과 마지막이 될 가족 나들이 시간을 한참이나 즐겼다. 그리고 그 자리에서 벚꽃나무를 배경으로 전 식구가 기념촬영을 했다.

서산으로 해가 기울면서 관악산 전체가 붉은 기운에 젖어 들 때쯤 고속버스 시간에 맞추기 위해 자리를 걷고 차에 모두 올라 외곽 순환로를 타고 내려오고 있었다.

그런데 갑자기 아버님이 이렇게 말씀하신다.

"아크로폴리스 광장이 보고 싶구나".

갑자기 아버님은 당신의 영욕이 굽이쳤던 이 관악캠퍼스를 다시 한 번 완상(玩賞)해 보고 싶어졌을까. 내가 서울의대에 우수한 성적으로 합격했을 때 본인이 얼마나 좋아하셨던가!

그러나 서울대학교는 아버님에게는 또 다른 시련의 추억이었다. 그 자랑스러워하던 아들이 학생운동에 앞장서서 수배를 받고 구속이 되고 감옥에 갇혔을 때, 그리고 큰딸마저도 그 시대의 흐름에서 비켜서지 않고 음대생으로서는 희귀하게도 운동권 여학생이 되어 아버님에게 대들자 그 뺨을 때려야 했을 때, 당신은 무슨 생각을 하셨을까? 이미 '모래시계' 라는 드라마처럼 아련한 추억이 되어 버린 15년 전의 일들이 갑자기 떠오르셨을까? 그래서 아크로폴리스 광장이 보고 싶다고 하셨겠지.

나는 거의 정문 앞에 도달했던 차머리를 돌려 아크로폴리스 광장으로 향했다.

"아버님, 저기가 아크로폴리스입니다. 내려가 보시겠습니까?"

차창 문을 내려 광장을 바라보던 아버님이 갑자기 물으셨다.

"김세진이 묘비는 어디 있느냐? 지금도 계속 여기에 남아 있느냐?"

나는 아버님이 세진이 묘비가 아크로폴리스 광장 옆 한 켠에 서있다는 것을 어떻게 알고 계셨는지 모른다. 하지만 그 말씀은 아버님께서 15년 전 세진이 재호가 당신의 아들과 함께 학생운동을 하다가 온몸을 불살라 분신해 간 사실을 줄곧 기억하고 계셨다는 의미였다. 또한 내 아들은 시대의 변화를 따라 오늘날 이렇게 자식 낳아 살면서 가족끼리 다시 학교를 찾았는데 함께 했던 그 친구들은 여기에 없다는 사실에 대한 안타까움의 표시였으리라.

아버님은 굳이 내려서 묘비 앞까지 가시지 않았지만 차창 밖으로 물끄러미 아크로폴리스와 인문대 쪽 언덕을 응시하셨다. 그리고 곧바로 고속터미널에서 헤어진 것이 살아 생전 마지막 상봉이 되었다.

20년 전 봄, 또 다른 마지막 만남

학창 시절 나는 재호 보다는 세진이하고 훨씬 가깝게 지냈다. 그도 그럴 것이 의예과가 자연대에 속해 있었으므로 자연대에서 맹렬하게 운동하던 세진이랑은 2학년 때부터 이래저래 알게 되었고 4학년이 되어 내가 자연대 학생운동 조직을 총괄하는 역할을 맡게 된 후 나는 86년 들어 의과대학 본과에 진입했지만 여전히 관악캠퍼스에서 학생운동에 관여하면서 연건동에는 통 등교를 하지 않았다. 자연대 학생회장이 된 세진이와 수시로 만나 여

러 가지 일들을 더욱 긴밀히 숙의하게 되었다.

당시에는 반전반핵 투쟁이 86년 초부터 학생운동의 주요한 이슈가 되어 각종 집회와 시위가 이어

졌다. 그 중 3월 말부터 대중적으로 반전반핵 투쟁의 열기를 모으기 위해 계획된 것이 전방입소 거부투쟁이었고 그 마지막 대미를 장식할 장기 농성이 연건동 의과대학 도서관으로 계획되었다. 하지만 이 농성 계획은 너무 많은 사람들이 참여해야 했던 관계로 미리 그 정보가 새어 나가 경찰이 연건캠퍼스를 원천봉쇄하는 바람에 무산되었다. 따라서 어쩔 수 없이 다음날 전방입소를 거부한 학생들이 모여 신림사거리에서 항의 집회를 갖는 것으로 계획이 변경되었다. 다시 말해서 그것은 길거리에서 집회를 하다가 모두 잡혀가는 배수진 전술에 다름 아니었다.

의대도서관 점거 농성계획이 무산된 날 저녁 세진이를 비롯해서 주로 자연대에서 활동하던 친구들 몇 명이 잠시 모였다. 그 모임은 다음 날 집회에 관한 모의를 위한 것이라기보다는 사실상 다음날 집회를 주도하다가 연행되어 잡혀갈 세진이를 환송하는 모임이었다.

모두들 별다른 이야기가 없었다. 그저 덤덤하게 잘 다녀오라는 격려가 있을 뿐이었다. 사실 거기에 모였던 친구들도 그리 멀지 않은 시기에 모두 구

해마다 봄이오면 열사들을 기억하는 사람들이 함께 모여 그날을 생각한다.

속될 것이라는 예감과 각오가 있었던 지라 그 분위기는 그리 심각하지 않았다. 하지만 세진이가 헤어지면서 나한테 던졌던 마지막 인사는 지금도 귓가에 생생하다.

"야 왕준아, 서대문 구치소에서 다시 만나자!"

그리고 그것이 마지막 만남이 되었다. 나는 다음날 오후에서야 중앙대 캠퍼스에서 비밀리에 열릴 회합에 가려다 정문 앞에 빨간 매직으로 휘갈겨진 대자보를 보고서 분신 사실을 알게 되었다. 나는 설마하는 마음으로 총총히 걸음을 재촉했지만 다른 친구들에게 전해들은 상황은 절망적인 것이었다.

당시 나는 비공식 수배 상태였기 때문에 병원에 면회를 갈 수도 없었다. 지금 생각나는 것은 의대 동기인 친구네 집에 가서 밤새 소주 몇 병을 먹고 펑펑 울었던 기억 밖에 없다. 정말로 서럽고 너무도 사무쳐서 소리를 내어 대성통곡을 했다.

그리고 한 달 후 나 역시도 치안본부 대공분실에 잡혀갔다가 서대문 구치소로 송치되었다.

오늘 우리는 새로운 봄을 꿈꾼다

지난 20년간 나는 의사가 되었고 외과전문의가 되었고 종합병원장이 되었고 의료전문지 발행인이 되었다. 그리고 지역주민병원의 새로운 모델을 시도하고 있고 의사들의 프로페셔널리즘 정립을 위해 노력하고 있으며, 의료와 복지가 통합된 새로운 시스템을 꿈꾸고 있고 외국인 노동자들의 의료문제를 해결하기 위해 동분서주하고 있다. 하지만 이 모든 시간들의 경과 속에서 나는 세진이와 재호를 항상 기억하고 있다.

결과적으로 시간이 남긴 족적은 기억으로 남는다. 그리고 우리는 그 기억에 의해 과거를 해석하고 오늘을 음미하며 내일을 꿈꾼다. 나에게 있어 지난 젊은 시절의 기억들은 오늘 삶의 현장에서 생생한 활력소가 되고 있으며 내일의 꿈을 잃지 않게 해주는 청량제가 되고 있다.

언제부턴가 386이란 코드가 우리 사회에서 진부한 퇴행의 상징이 되고 운동권이란 용어가 과거지향적인 사회적 장애물로 여겨지기 시작했다. 어차피 세월의 흐름 속에서 과거의 정당성이 오늘의 당위가 되지 못하고 지난 시절의 희생이 현재에 모두 보상되어야 하는 것은 아닐 것이다. 그러나 세진이, 재호의 죽음과 헌신을 기억하고자 하는 것이 당시의 주의 주장을 복원하기 위함도 아니고 과거의 진보를 오늘에 고창하는 것도 아니지만, 그들은 여전히 우리에게 잊혀질 수 없는 하나의 십자가로 남아 있다. 왜냐하면 우리가 그 십자가를 어떻게 지고 가느냐에 따라 그들 죽음의 의미가 다시 부활할 수 있기 때문이다.

나는 20년 전 세진이 재호와 함께 시대의 아픔을 호흡하고 사회적 모순에 고민했던 그 열정과 치열함이 여전히 우리 사회에 유용하다고 생각한다. 정치적, 이데올로기적인 지형지물은 근본적으로 변했지만 우리는 세진이 재호로부터 낙인찍힌 주홍글씨를 여전히 가슴에 묻고 살아가고 있다. 그리고 시대정신의 용광로 속에서 훈련된 역사적 전통이 향후에도 지속적으로 새로운 미래사회의 원동력으로 작용할 것을 믿어 의심치 않는다.

(이왕준은 의예과 83학번으로 지금 인천사랑병원을 운영하면서 의료 전문지 '청년의사' 를 발행하고 있다)

옳은 일을 하셨던 아빠와 아저씨들이
자랑스러워요

이 지 은

사랑하는 아빠에게.

요번 4월에도 그곳에 저는 가게 되겠지요. 남들은 다 중간고사 기간이라고 일요일에도 나와 시험을 위한 공부를 할 텐데, 저는 더 중요한 것이 무언지 알기 위해 그 곳엘 가겠지요.

태어나서 거의 매년 갔던 서울대의 추모식, 어렸던 나에게는 놀 수 있는 동무들도 와서 그럭저럭 즐거웠었죠. 어른들이 비석 앞에서 고개 숙이고 묵념을 하거나 꽃을 바칠 때, 무언가 말하고 읽는 일을 할 때는 무척 지루하고 심심했지만 궁금한 것도 많아서 비석 앞에 놓인 두 액자 속의 얼굴들을 보며 저 사람들이 누굴까 하고 생각했었어요.

할머니 할아버지들께 아버지 어머니라 부르는 아빠와 엄마를 보면서도 참 이상했죠. 왜 엄마 아빠는 그 할아버지 할머니한테도 아버지 어머니라 그러지? 사람들이 왜 하얀 꽃을 돌멩이 앞에다 갖다놓을까? 그 어렸던 날 나에게 추모식은 참 이상하고 심심한 일이었습니다. 아직 아무것도 모르고 있었을 때 나에게 그 추모식은 단지 "가야 하는 것" 일 뿐이었습니다. 서울대 추모식이란 이런 일이구나, 하고 나는 아무것도 모른 채 그냥 놀기만 했었어요.

그러다가 점점 크면서, 단지 놀기 위해 가던 추모식이 점차 다르게 보이기 시작했습니다. 나는 점점 알아가고 있었던 거예요. 몰랐던 것을 알게 되자, 어렸을 때의 궁금증이 풀리더군요. 내가 왜 이곳에 가야 하는지, 어른들은 왜 묵념을 하고 있었는지.. 액자 속 얼굴들이 누구였는지, 무슨 일이 있었는지....... 깨끗한 거울처럼 분명해지더군요.

궁금증들과 나의 마음들이 분명해지자, 예전에는 부모님의 손에 이끌려 억지로 가던 일이 이제는 내 스스로 원해서 가는 일이 되었지요. 내가 이 나라에서 자유롭게 살고 행동할 수 있도록, 자신의 목숨과 육체를 던진 사람들에 대한 애도를 표하는 것은 그 사람들에 대한 예의니까요. 예전처럼 철없이 이리저리 뛰어다니지 않고 어른들 틈에 섞여 묵념과 추모를 하고 있으면 내 가슴에는 무언가 아주 슬프고 뜨겁고 아린 것이 뭉클하게 떠올랐지요.

왜 옛날의 동무들은 더 이상 오지 않는 걸까요?

나이가 드니 나와 동생과 어린 아이들을 제외하고는 옛날의 동무들은 보이지 않습니다. 나이가 들자 점점 하나씩 보이지 않았어요. 그런 현상을 보자 갑자기 슬퍼졌습니다. 심심해서, 같이 놀 상대가 없어서 슬픈 것이 아닌, 더 좋은 공부를 할 수 있는 기회인데도, 더 중요한 것이 무엇인지 배울 수 있는데도 오지 않은 아이들이 야속해서였습니다.

작년이었던가요, 우리 가족과 몇몇 어린 아이들을 제외하고는 큰 아이들이 거의 보이지 않았지요. 동갑이나 언니 오빠들은 없었던 것으로 기억하

구요. 그것을 보면서 나는 슬펐습니다. 같이 와서, 어른들께 이야기도 듣고, 돌아가신 분들을 위해 애도하고, 모두 털고 일어나 힘차게 놀고. 이런 것이 더 좋지 않을까요. 그 아이들은 대체 무얼 하느라 오지 않는 걸까요.

아빠, 나는 아빠가 무슨 일을 했는지 아주 조금밖에 모르고 있습니다. 그러나 단 한 가지는 분명하게 알고 있습니다. 아빠는 옳은 일을 하셨고, 그 때문에 억울하게 옥살이를 하셨습니다. 그러나 아빠가 옥살이를 한 것에 대해 부끄러운 점은 하나도 없어요. 바르고 떳떳하지 못했던 윗사람들에게 굴하지 않았다는 이유로 감옥 들어갔던 것이니까요. 그 윗사람들의 기준으로 보아서는 아빠가 나쁜 사람이었겠지만, 객관적인 눈으로 보아 나쁜 것은 그 사람들이지요. 때문에 나는 아빠가 옥살이를 했다는 것에 대해 오히려 더 자랑스러운 것으로 받아들이고 있어요. 아빠가 자랑스럽습니다!

아빠는 말씀하셨지요, 불의에 굴하지 말라고. 비겁하게 살지 말라고. 옳은 사람들이 했던 행동들을 듣게 되면, 힘 앞에 굴복하고 약한 자에게 강한 비겁한 내 자신이 부끄러워집니다. 옳음을 위해 자신의 한 목숨까지 바쳐

해마다 졸업식이 끝나면 열사들의 추모비 앞에는 꽃다발이 쌓인다. 그들의 정신을 이어가는 동지들이 모여든다.

가며 싸운 사람들의 앞에 묵념하는 것도 가식으로 느껴질 정도로, 우선 나 자신에 대해 부끄러워집니다.

액자 속에서 나를 응시하는 두 분의 얼굴들이, 싸웠던 사람들의 얼굴을 똑바로 보지 못할 정도로 부끄러워집니다.

쌉쌀하고 달콤한 라일락 향기와 흐드러진 벚꽃들이 아름다울 그 장소에 나는 올해도 다시 가게 될 겁니다. 가서 두 분 앞에 꽃을 바치고 묵념을 올리겠지요. 당신들이 목숨 바쳐 얻은 자유의 삶을 나는 도대체 어떻게 살고 있나........ 두 분의 고요한 얼굴에게 물어볼 겁니다. 내 마음 깊숙한 곳에서 나올 질문을 두 분께 물어볼 겁니다.

그 때 비석 옆에는 아름다운 라일락 향기가 뿜어져 나오고 있겠지요.

(이지은은 양평 양일중학교 2학년이다. 아빠와 함께 매년 찾아가는 서울대학교에서 학교에서 배우는 것보다 훨씬 더 많은 것을 배웠음을 이제 비로소 알게 되었다는 '철 든' 중학생이다)

사랑하는 딸에게 물려주고 싶은 세상은

이정호

네 말대로 올해도 어김없이 4월이 오는구나. 20년 전의 우리에게 4월과 5월은 매캐한 최루탄 냄새를 빼고는 생각할 수 없었지. 이젠 조용히 부지불식간에 도둑처럼 그렇게 왔다 가는구나.

그 시절의 아빠는 겨우 스무 살이었단다. 창창히 남은 앞으로의 인생을 무엇으로 채워야 할지, 장밋빛 성공의 길과 고난의 길 중 무엇을 선택해야 할지 어쩔 줄 몰라 헤매던 겁많던 스무 살 사내아이었단다. 남들처럼 행복하게, 아름다운 여자와 함께 이쁜 아이들을 낳고 경제적으로 부족함없이 풍족하게 살아가는 꿈을 놓치기 싫어하고 한편으로는 대학에 들어와서 알게 된 세상의 진실과 그것을 위해 싸우던 선배, 친구들의 뜨거운 가슴을 외면하기 힘들어 그들과 어깨를 나란히 하고 하루하루를 보내고 또 그 하루하루의 무게에 힘들어하던 겨우 스무 살이었단다.

딸아, 네가 인생의 향기를 알게 되길 바란단다

아빠와 엄마는 너를 많이 걱정한단다. 어릴 때부터 키가 작고 약해서도 그러하고 또 네가 책을 많이 읽어 똑똑하다는 소리를 듣기도 하지만 너무 고지식한 것이 아닌가해서이기도 하지. 세상의 진리와 진실이 책 속에만 있는 것이 아니고, 아니 그 책속의 진리는, 진실은 그 책을 만든 사람들의 마음속에 있는 것일 거다. 그 진실이 그 책에 쓰여지기까지 그 사람의 인생 속에서 그것은 단단하게 담금질되어 예리하게 벼려지고 그것을 그냥 마음에 담아두기엔 너무 아파서 그렇게 책으로 쓰여져 세상에 나오는 걸 거다. 난 네가 그 책들 속에 담겨진 글자들이 아니라 글들속에 묻어나는 그 사람의 인생의 냄새를 느낄 수 있는 사람이 되길, 그래서 그걸 네가 살아갈 인생에서 조금씩 풍기는 그런 사람이 되길 바란단다.

네가 좀 융통성이 없고 고지식한 것이 주변 사람들은 유전적 영향이
라고들 하더구나. 나도 주변사람들에게 융통성이 좀 없는 그런 사람이
라는 말을 많이 듣는다. 학원에서 아이들을 가르치다 보면 소위 융통성
을 발휘하면 내게 이익이 되는 일들이 많이 생길 때가 있단다. 먹고살기
위해서 학원 강사를 하면서 소위 돈 안 되는 일들을 해야 하는 난감한 상
황들을 만나게 될 때, 살짝 한쪽 눈만 감으면 돈 되는 상황이 올 때, 나는
숨을 한번 고르고 내가 왜 사는지, 어떤 사람으로 살아야 할 지, 어떤 사
람으로 기억이 될지 한번 생각해보고 다음의 내 행동을 결정한단다.

그래서 주변에서 내가 갖고 있는 역량에 비해 불운한 편이라는 말들
을 듣는단다. 그래도 시골의 허름한 집이지만 내 집이 있고, 날 가장 사
랑하는 아내와 아이들이 있고, 당장의 끼니 걱정은 없으니 행복한 삶이
라고 할 수 있단다.

마음 편하게 4월에 세진이형 재호형 만나러가서 마음속에 부끄러움
없이 '올해도 이렇게 왔네요.' 하고 인사 할 수 있어서 좋단다.

20년 전 너무 아프고 힘들던 그 날의 기억

아빠는 공대생이었고 재호형은 문과 쪽이라 볼 기회가 없었고 세진
이형은 자연대라 그리고 공개 활동을 하던 분이라 얼굴을 볼 기회가 많
았지. 짙은 속눈썹에 정말 미남인 그리고 열정적인 그러한 선배 형이었
지. 20년 전 4월27일 아빠는 아침에 일찍 네 엄마와 - 그때 아빠와 엄마

는 사랑을 막 시작하던 때였다 - 혹시 오랫동안 못보게 될지 모른다는 작별 인사를 하고 서울의대 연건캠퍼스로 갔단다. 병원에 들어가서 대기하다보니 경찰이 출입을 통제하고 병원 구내로 들어와 학생들을 연행하기 시작하더구나. 당황해서 이리저리 피해보려다가 세진이형과 만났지. 그때 세진이형은 움직이지 말고 한곳에서 기다리라는 말을 했었다. 그리고 그 말이 내가 형과 마지막으로 한 대화였단다.

가까스로 병원 방문객과 합승을 해서 병원을 빠져나오고 다음날 신림사거리 약속장소로 가서 다른 친구들과 스크럼을 짜고 앉아서 구호를 외치며 연좌 농성을 하던 중에 건너편 건물옥상에서 시위를 주도하던 세진이형 재호형의 몸에서 불길이 치솟더구나.

그때의 충격이란.... 머릿속이 하얗게 시커멓게...

그 날 이후 운동에 낭만이란 수식어는 도저히 어울리지 않는 것이었다. 이어 들리는 여러 선배 동료들의 죽음, 동수형이 불덩이로 떨어지는 것도 내 눈앞에서 지켜 봐야 했고...그 해는 그렇게 내겐 너무 아프고 힘든 기억들만 남겨 놓았구나.

그 이후 내가 지녔던 행복한(그 때 스물의 나이에 생각한 행복이란..) 인생에 대한 꿈은 수없는 불면의 밤과 엄청난 빈 술병과 함께 내 마음 한 구석에서 사라져갔단다.

이후 십 수년간 내가 외면하지 않은 세진이형, 재호형 그들의 꿈(내 꿈이 되어버린)을 이루기 위해 이리저리 살다 네 엄마와 결혼을 하고 (네가 본 아빠 엄마의 결혼사진 가운데 계신분이 아버님이란다) 너와 지민이를 낳고 이젠 이렇게 20년이 흘러와 버렸구나.

어느 순간 '나는 이젠 운동가가 아니구나' 하고 내 머리를 치는 무언가가 있었단다. (몇 번의 계기가 있었지만 그 이야기는 너와 나중에 할 수 있으면 좋겠다.) 그리고 학원 강사는 더 이상 임시로 하는 게 아니라 평생 해야 하는 직업이 되어 버렸단다.

네 엄마가 뱃속에 널 담고 양산으로 내려 오던 날 공장의 노동자로 살아가리라 한 꿈은 접었단다.(이미 내 체력이 그건 불가능하다는 걸 보여주긴 했지만) 그리고 내 가족의 부양과 운동가로 살아가야 한다는 것의 절묘한 타협이 학원 강사였단다.

부산에서 서울로, 울산으로, 광주로, 다시 서울로……

학원 강사로 살면서 그 꿈을 계속 꾸어야한다는 약간은 이율배반적인 욕심이 남들이 역마살이 낀 사람이라고 부를 만큼 전국각지로 흘러 다니게 만들었구나.

지난 날 형들이 꿈꾸던 세상의 빛깔을 찾아보고 싶다

지금은 학원 강사가 내 평생 직업이라고 생각한단다. 재수생들을 가르치면서 아빠는 학생들을 만나고 보내면서 그 학생들과 좋은 인연을 만들고자 한단다. 학생들이 나중에 찾아와서 "선생님은 남들과 달라요." "고마웠어요"라고 말 할 때 나는 '네가 내게 고마움을 느낀다면 나중에 너도 살면서 다른 누군가에게 고마운 사람이 되어라. 그게 빚을

갚는 거야." 라고 이야기 한단다. 나는 그 아이들에게 빚쟁이로 남고 싶구나. 그 빚이 돌고 돌아 우리가 꿈꾸었던 빛깔의 세상을 만드는데 먼지 한톨 만큼이라도 쓰이면 좋겠구나. 학원 강사를 하다보니 어린 학생들이 어떻게 변해가는지를 정말 잘 느낄 수 있더구나. 10년 전쯤의 학생들과 요즈음의 학생들은 얼마나 생각이 다른지......

나는 네가 무조건 아빠와 같은 생각을 갖기를 원하지 않는다. 네가 살아가야 하는 세상은 우리가 살아갔던 세상과는 다를 거야. 거기서 너와 함께 살아가는 다른 사람들과 어울려서 그렇게 잘 적응하고 살기를 바란다. 네가 그리고 싶은 세상의 빛깔은 우리처럼 단색이 아니라 여러 색깔의 빛이 잘 어울려서 너무 어지럽지 않게 너무 화려하지도 않게 아름답게 그리고 조화로워 보이는 그런 것이면 좋겠다. 그리고 그 중에 아빠와 세진이형, 재호형이 꿈꾸던 세상의 빛깔도 어렵지 않게 찾을 수 있으면 좋겠구나.

두서없이 그냥 마음가는 대로 써보았다. 아빠에 대해 너와 이야기할 수 있는 기회가 되어 너무 좋구나.

지은아, 아빠는 너와 지민이를 사랑한단다. 4월말에 서울대에 가서 어머님 아버님을 뵈면 그냥 죄송하고 애틋하고....

이번에도 가면 더 큰소리로 인사를 드리자꾸나.

(이정호는 산업공학과 85학번이며 지금 강남청솔학원에서 수학강사로 일한다. 딸의 바람대로 올해에는 딸과 이야기 나눌 수 있는 많은 또래 친구들이 추모식에 참석하길 기대해본다)

우리는 지금 행복한가

이 장 규

원고 청탁서를 읽어보면서 약간은 당황했다. '80년대는 우리들 삶에 아직 남아있다' 면서 '우리는 어떻게 살아왔는가' 를 이야기하라니. 이건 일종의 회고록 아닌가. 이제 40을 약간 넘긴 나이에 자신의 삶을 회고한다는 것도 겸연쩍은 일이거니와, 개인적으로 386세대니 후일담 문학 따위 이른바 '80년대 정서' 를 별로 좋아하지 않기 때문이다. '나도 왕년에는 잘 나갔다' 는 식의 술자리 무용담도 아닌 터에, 과거 비슷한 시대를 거쳐 왔다지만 지금은 사고방식이나 삶의 태도가 너무나 다양한 사람들을 한데 뭉뚱그려 놓고 '우리 젊은 날의 꿈' 운운하는 것이 과연 얼마나 의미가 있을까 싶기에.

하지만 다시 생각해보니, 나 또한 몇 년 전까지는 우리 세대의 전형적인 모습으로 살다가 뒤늦게 '이상한' 길로 빠지게 된 만큼 그간 나름대로 느꼈던 바를 이런 기회를 빌어 이야기해보는 것도 우리들 중 어떤 이들에겐 일정한 공감을 얻을 수 있지 않을까 싶다. 그런 소통의 희망을 품으면서, 아주 '사적' 인 - 그렇기에 진정으로 '정치적인' - 이야기를 늘어놓고자 한다.

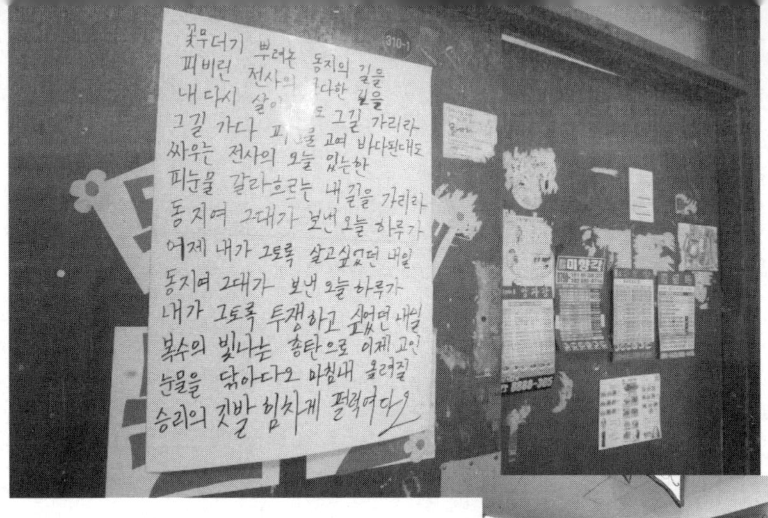

성공을 거슬러 - 돌아온 탕아?

잘 모르는 사람들은 민주노동당의 핵심 간부쯤 되면 (좋은 의미로건 나쁜 의미로 건) 이념으로 똘똘 뭉쳐 평생을 운동에 몸바쳐온 골수 '운동권'이라고 생각 한다. 하지만 실제로는 꼭 그런 것만은 아니며 나 또한 그렇게 철저한 사람 이 아니었다.

앞서 잠깐 언급했듯이, 나는 우리 세대의 전형적인 길을 밟아왔다. 학생 운동 및 투옥을 거쳐 노동현장에 투신했다가 90년대 초 현실사회주의의 붕 괴와 변혁운동의 침체라는 혼란 속에 운동을 포기하고 평범한 '생활인'이 되어 삶을 꾸려갔다.

그다지 자랑스러울 것이 없는 (그렇다고 아주 부끄러울 것도 없긴 하지 만) 입시학원 강사 생활을 꽤 오래 했거니와 나중에는 상당한 수입을 올리 는 이른바 '유명 강사'가 되었다. 그냥 그대로 갔었다면 지금쯤 지방에서는 나름대로 자수성가한 '지역유지'쯤은 되었을 것이다.

그러나 흔히 말하는 '성공'에의 길로 다가가면 갈수록, 내 가슴 속에선 이건 아니라는 생각이 자꾸만 솟아올랐다. 그건 내가 그때까지도 '80년대

의 꿈'을 잊지 못해서라거나 '사회주의의 이상'을 포기하지 못했기 때문이
결코 아니다. 나는 우리가 80년대에 지녔던 사상은 사회주의였다기보다는
급진적 인민주의 수준에 지나지 않았다고 생각한다. 또한 이미 사라진 소
련만이 아니라 북한을 포함한 모든 변종 스탈린주의에 대해서도 아무런 미
련이 없었다. 한마디로, 무슨 거창한 '이념'이 내 속에 남아있어서 그것이
당시의 나를 붙잡았던 것이 아니었다.

나를 되돌아보게 한 것은 세속적인 '성공'에도 불구하고 내가 전혀 행복
하지 않았다는 사실이었다. 나름대로 몇 가지 자족적인 위선을 행하는 것
이외에는 오로지 돈을 버는 것에만 매달리는 삶, 사람들과 함께 소통하고
연대하기는커녕 끝없는 경쟁에서 이기려고 버둥대는 삶, 서로 사랑하기에
도 짧은 시간에 삶의 여유란 전혀 없이 밤늦게까지 일에 허덕여야 하는 삶
을 도대체 언제까지 계속해야 하는 건지 그 끝을 알 수 없었기에 나는 도무
지 행복할 수 없었다.

스스로 행복하지 못한데 성공이란 게 도대체 무슨 의미가 있을까? 나는
'성공'을 거슬러 새로운 돌파구를 찾아야 했고, 마침 창당을 준비하고 있던
민주노동당에 참여하게 되었다.

경쟁을 넘어 - 행복을 꿈꾸기

왜 하필 민주노동당인가라고 묻는 사람도 있을 것이다. 시민운동도 있고
대안공동체나 생태주의 등 다른 방식들도 있는데 '구좌파'적인 민주노동
당에(실제로는 이는 지나치게 단순한 규정이다. 민주노동당 내부는 흔히
생각하는 것보다 훨씬 다양한 스펙트럼을 지닌다) 굳이 참여할 이유가 있

느냐는 문제의식이리라. 그러나 내가 비록 80년대를 그다지 좋아하지 않긴 하지만 당시 체득했던 사회과학적 인식에는 많이 힘입고 있다. 행복 특히 혼자만의 행복이 아니라 모두 함께 나누는 행복을 만들어가기 위해서는 물적 토대를 바꾸는 것이 필수적이다.

굳이 체제 수준까지 따지지 않고 노동시간의 문제만 생각해봐도 그렇다. 가령 지금 각종 시민운동에 시민들의 참여가 저조한 것이나 정치 분야에서 참여민주주의가 제대로 뿌리내리지 못하고 있는 것은 근본적으로 우리나라의 노동시간이 지나치게 많기 때문이다. OECD 최장의 노동시간을 가진 나라에서 모두들 먹고살기에도 바쁜 판에 무슨 시민들의 참여가 이루어지겠는가? 현 상태에서의 참여란 시간적 여유가 있는 중산층의 참여로 귀결될 수밖에 없다. 이른바 '계급적 한계'란 당사지들의 선의를 못 믿겠다는 것이 아니라 현재의 물적 토대가 객관적으로 그러함을 뜻한다. ('여가시간이 없으면 민주주의는 성립하지 않는다'는 아리스토텔레스의 말은 지금도 진실이다. 마르크스가 왜 자본론에서 노동시간의 단축을 그렇게 강조했는지도 다시 한 번 깊이 음미할 필요가 있다. 자본론에서도 언급되었듯이, '자유의 왕국'을 위한 필수적 전제조건은 바로 '자유시간'의 확장이다.)

대안공동체나 생태주의 역시 그 자체로는 지극히 옳은 방향이지만 그것이 전사회적으로 확산되기 위해서는 지금과 같은 비인간적인 경쟁 및 성장위주의 개발논리를 극복해야 하는 바, 이는 맹목적인 시장지상주의를 제어하지 않고는 도저히 불가능한 일이다. 지역균형발전이라는 미명 하에 온 국토를 휩쓸고 있는 신개발주의의 규정력은 대안공동체나 생태주의의 호소보다 훨씬 강하다. 그 분들의 헌신과 열정에는 진심으로 존경을 보내지만 현재의 물적 토대를 유지하는 한 이 또한 상당한 한계를 지닐 수밖에 없다.

다시 우리의 문제로 되돌아 가보자. 지금 우리는 과연 행복한가? 앞에서 나는 개인적 경험을 이야기했지만 이건 우리 모두가 크든 작든 느끼는 문제 아닐까? 꼭 돈이 아니라 사회적 지위나 정치적 야망 등도 마찬가지다. 어떤 것이든, 자본주의 경쟁사회 속에서 남들을 이기고 나와 내 주변이 남보다 성공해야 한다는 논리에 기초해 있다. 고3 교실에 가면 요즘도 '남만큼 해서는 남에게 이길 수 없다' 는 급훈이 버젓이 걸려있다고 한다. 혹시 우리 모두는 아직까지 고3 시절에서 벗어나지 못한 것 아닌가라는 생각조차 든다. 그런데 우리는 고3 때 행복했었던가?

경쟁은 물론 필요악일지도 모른다. 그러나 그렇다 해도, 경쟁논리만이 판치는 사회에서는 우리는 결코 행복할 수 없다. 경쟁을 뛰어넘는 새로운 흐름들 - 사람들끼리 모여서 만들어내는 소통과 연대, 삶의 여유와 사랑을 키워나가는 사회 속에서만 우리는 진정으로 행복할 수 있을 것이다. 그리고 좌파란 바로, 나와 내 주변을 뛰어넘어 낯모르는 타인(보편적 인간)에 대한 사회적 연대를 믿는 사람들이다.

성공하지 못해도 좋다

그리하여 나는 새로이 좌파가 되었고 민주노동당에 참여하여 다시 운동의 길로 되돌아왔다. 80년대에 내가 사회주의자였는지는 잘 모르겠다. 아마도 아니었던 것 같다. 그러나 지금은 다르다. 나는 스스로를 사회주의자로 규정하며 변혁을 꿈꾼다. 내 자신이 행복해지기 위해서라도 현재의 자본주의 체제는 극복되어야 한다고 믿는다.

물론 내가 꿈꾸는 사회주의는 이미 실패한 현실 사회주의가 아니라 아직 실현된 적이 없는 일종의 이상형이거니와, 그것이 언제 실현될 수 있을지는 아무도 알 수 없다. 게다가, 사회주의자를 자처하면서도 내가 지금 하고 있는 실천은 턱없이 미흡하다. 그러나 조그만 실천인들 또 어떠랴. 각자 자신이 할 수 있는 조그만 실천들이 모이고 모여서 언젠가는 새로운 세상을 이루어낼 것이다. 오랜 시간이 걸리겠지만 그런들 또 어떠랴. 김규항씨 말마따나 '혁명은 안단테로' 진행되어도 괜찮지 않은가.

아니, 아예 성공하지 못해도 좋다. 그것이 지금보다 좀 더 나은 세상을 만들어낼 수만 있다면. 참으로 선하게 살기 위해선 우리는 보상에 대한 기대가 없더라도 세계에 대한 우리의 의무를 다하는 법을 배우지 않으면 안 된다(김상봉의 '호모 에티쿠스 - 윤리적 인간의 탄생'에서 인용).

20년 전 김세진·이재호 열사가 아무런 보답도 바라지 않고 자신의 한 몸을 기꺼이 던지셨듯이.

(이장규는 화학과 82학번인데 학교나 학번, 직책 따위는 전혀 중요하지 않으며 지금 자신은 '민주노동당 당원'일 뿐이라고 자신을 알려왔다)

열사가 마지막 남긴 말,
"혁명의 전선에서 만나자"

정 연 두

며칠 전, 우상수 학형으로부터 열사들의 추모문집에 실릴 글을 부탁받고 쉽게 거절하지 못하는 내 성격상 수락은 하였지만, 20년이 지난 지금 인생을 뒤돌아보면 과연 필자의 삶이 이런 글을 쓸 만큼 의미 있는 것이었던지 새삼 의문이 든다. 80년대 학번들이라는 누구나 가졌을 일말의 시대의식과 정의감을 제외하고는 그동안 딱히 내세울 뭔가가 있을 만큼 치열한 삶을 살지 못한 필자가 이런 뜻 깊은 문집에 글을 쓴다는 것이 혹 두 열사의 제단 앞에 누가되는 것은 아닐까 하는 걱정이 앞섰다. 그러나 그런 부끄러운 삶을 이런 지면을 통해 되돌아보는 것도 약간의 의미는 있을 것 같아서 이렇게 몇 자 적어본다.

운동권 서클에 입학한 것 같던 신입생 시절

내가 김세진 열사를 처음 만난 것은 동물학과 신입생이던 85년 봄, 생물3과 체육대회 뒤풀이였던 것으로 기억한다. 여성스러울 정도로 곱상한 외모와 가냘픈 몸매에도 불구하고 날카로운 눈매에서 느낄 수 있는 위엄과 강인함이 매우 인상적이었던 기억이 생생하다. 그날 먼 발치에서 봤을 뿐, 서로 개인적인 인사나 대화도 나눈 적 없이 뒤풀이가 끝났고, 이후 나는 당시 대학 신입생들이면 으레 그랬듯이 지옥 같은 대입시험에서 벗어난 해방감을 한껏 누리고자 잔뜩 기대에 부풀어 있었다.

그러나 이런 기대와는 달리 캠퍼스의 봄은 고교시절 상상했던 그런 낭만의 봄이 아니라 최루가스 가득한 너무나도 살벌한 봄이었다. 특히 대학에서 처음 알게 된 80년 광주의 진실은 "데모는 곧 팔자 망치는 일"로 굳게 믿고 있던 나를 치열한 투쟁의 대열에 동참하게 만들만큼 충격적이었다. 이후 나는 과선배의 소개로 소위 '지하 이념 서클'에 가입을 하였는데, 처음 가입하러 가던 날 솔직한 심정으로 마치 범죄소굴에 걸어 들어가는 것과 같은 두려움을 떨칠 수 없었던 기억이 생생하다.

그런데 나는 '집(당시 언론에서 '지하 이념 서클'이라고 불리던 학생운동 조직을 선배들은 이렇게 불렀다)'에 들어간 지 얼마 지나지 않은 5월 어느 날 오후 학생회관 앞에서 우연히 김세진 열사를 만났는데, 열사는 다짜고짜 잘 알지도 못하는 내게 다가와 "너 오늘 왜 가투 안 나갔어?"라는 말을 던지고는 유유히 사라지는 것이었다. 순간 필자는 너무 황당해서 할 말을 잃었었는데, 이후 여름 합숙을 계기로 열사가 나의 집 선배라는 사실을 알게 됨으로써 그날의 황당함의 원인을 알게 되었다. 어쨌든 열사의 그 한마디는 이후 내가 거의 모든 가투에 개근(?)하게 만든 계기가 되었고, 나는 그렇게 치열한 학생운동의 대오 속으로 빠르게 뛰어들게 되었다.

뒤돌아보면 내게 대학 신입생 시절은 처음 한 두 달을 제외하고는 동물학과에 입학한 것이 아니라 운동권 서클에 입학했다고 표현하는 것이 정확할 정도로 '집'은 내 대학 생활의 중심이 되었다. 그런 '집'은 85년 겨울방학을 거치면서 학생운동 조직의 대대적인 변화의 물결 속에서 결국 '발전적으로 해체' 되게 되었고, 대부분의 학생운동 조직은 학생회를 중심으로 재편성되게 되었다. 그 결과 내가 소속돼 있던 자연대는 계열별로 조직되면서 김세진 열사가 4계열(생물 3과)을 대표하는 최고참 선배가 됐는데, 이후 열사는 86년 3월 자연대 학생회장으로 선출되었다.

농성장에서 선배를 제대로 보호하지 못했던 안타까움

86년의 봄은 잘 알려진 대로 학생운동에서 매우 중요한 획을 그은 시기로 기억된다. 앞서 말한 대로 지하서클 중심의 학생운동 조직이 학생회라는 대중조직을 기반으로 재편됨으로써 학생운동의 대중화에 크게 기여하였다. 한편 NL과 CA로 알려진 학생운동 내부의 서로 다른 노선간의 사상투쟁

열사들이 핸드 마이크를 들고 구호를 선창하던 서강빌딩 옥상, 그들의 뜨거운 목소리가 곧 들려올 듯하다.

이 대중화되기 시작한 해이기도 한데, 노선투쟁의 핵심 쟁점 중의 하나가 바로 "미국을 어떻게 볼 것인가?"였다.

NL 계열은 당시 한반도의 제반 사회적 모순의 근원은 미국이라고 파악하였고, 따라서 전두환 군사독재 정권에 대한 투쟁을 넘어 주적(主敵)인 미국의 정체를 폭로하고 본격적인 반미운동의 기치를 내걸었다. 이 과정에서 4월 말 예정된 2학년 남학생들의 전방입소훈련에 대한 반대투쟁은 한반도에서 미국의 정체를 폭로할 수 있는 매우 상징적인 반미투쟁의 계기가 될 수 있을 것으로 여겨졌다.

따라서 나를 비롯한 당시 전방입소 대상자들은 그 투쟁에 임하는 자세가 매우 비장했었던 기억이 생생하다. 잘 알려진 대로 애초의 계획인 중앙도서관 및 연건 캠퍼스 도서관 점거농성이 무산됨으로써, 결국 전방입소 당일인 4월 28일 오전 신림사거리에서 "양키의 용병교육 전방입소를 거부"를 외치는 연좌농성을 개최하기로 결정되었다.

나는 입소 전날인 27일 저녁 투쟁의 지침을 받기 위해 당시 자주 모이던 술집('탈'이었던 것으로 기억됨)에서 동료들과 대기하고 있었었는데, 84학번 선배로부터 연좌농성 계획을 전해 들었고, 나에게는 농성지도부를 보호하라는 막중한 임무가 주어졌다. 내가 김세진 열사와 마지막으로 대화를 한 것도 그날 밤이었다. 열사는 그날 밤 늦게 우리가 있던 술자리에 잠시 참석한 후 "혁명의 전선에서 만나자"라는 한마디를 남기고 떠났다. 다음날 아침 나는 농성 예정 장소에서 김세진 열사와 마지막으로 마주쳤는데, 열사의 눈에서 심상치 않은 비장함을 읽을 수 있었다.

열사는 나와 눈이 마주치자 재빨리 시선을 피하고서는 어디론가 사라졌는데, 얼마 후 가야쇼핑 옥상에서 이재호 열사와 함께 핸드마이크로 "양키의 용병교육 전방입소 결사반대!', '반전반핵 양키고홈'을 외치고 있었다. 이와 동시에 신림 4거리 주위에서 대기 중이던 85학번 학우들은 연좌농성을 시작하였고, 잠시 후 전투경찰에 의한 무자비한 구타와 연행이 시작되었다. 당시 필자는 농성지도부를 보호하기 위해 가야쇼핑 입구에서 경찰의 진입을 막고자 하였는데, 제대로 버티지도 못하고 무자비한 구타와 폭력 앞에 무력하게 무너지고 말았었다.

그런데 85학번 학우들에 대한 경찰의 폭력적인 진압이 진행되고 있을 때 열사는 폭력진압에 항의하며 들고 있던 라이터에 불을 붙였고, 이미 시너를 끼얹고 있던 두 열사의 몸은 순간적으로 불길에 휩싸였다. 당시 불길에 휩싸인 채 주먹을 굳게 쥐고 입으로 불을 토하며 외쳐대던 열사의 "반전반핵 양키고홈" 구호는 죽어서도 평생 잊지 못할 만큼 필자의 뇌리에 선명하게 남아 있다. 그렇게 김세진 열사는 "너 오늘 가투 안 나가고 뭐하냐?"라는 한마디로 내게 다가와서는 "혁명의 전선에서 만나자"라는 말을 남기고 떠났고, 이후 열사를 끝까지 지키지 못했다는 자책감이 늘 필자의 마음 한 구석에 큰 짐으로 남아 있다.

5년간의 미국생활은 진정한 '반미'의 의미를 깨닫게 했다

이후 나의 대학생활은 두 번의 구속을 겪었고, 앞서간 선배들이 그랬던 것처럼 노동운동에 투신을 모색하기도 했지만, 현실 공산주의의 붕괴 이후 사상적 혼란을 극복하지 못하고 결국 방황의 시간을 가졌었다. 이 과정에서 나는 사상적 중심과 이것에 기반을 둔 조직이 없는 인간이 얼마나 나약한 존재인가를 절실히 깨달았다. 1990년 학교를 졸업한 후 갈 데가 없어서 잠시 국회에서 선배의 일을 도와준 적도 있었지만, 결국 1991년 대학원 진학을 결심했고 현재에 이르고 있다.

뒤늦게 시작한 생명과학 공부는 학문적으로 많은 흥미를 제공해 줬고, 나는 1998 8월 서울대 분자생물학과에서 이학박사 학위를 받고 같은 해 10월 "박사 후 연수(Post Doc.)"라고 불리는 일종의 연구원 자격으로 미국에 가게 되었다. 미국행을 결심하기까지 치열하게 반미운동을 했던 한 사람으로서 많은 정신적 고민이 있었던 것은 사실이지만, 막말로 '이 바닥(생명과학 분야)'에서 미국을 경험하지 않고는 더 성장하기 힘들다는 현실적인 이유로 결국 미국행을 결심하였었다.

처음에 미국 생활은 사람과의 관계에서 오는 스트레스가 없어서 천국과도 같이 느껴졌었는데, 점점 시간이 지날수록 사람 사이의 끈끈한 정이 그리워졌다. 더욱이 이민자들에 의해 세워진 나라인 만큼 냉정하고 치열한 무한경쟁과, 사람의 가치가 그 사람이 받는 연봉으로 결정되는 물질만능주의 앞에서 나는 점점 미국 생활에 회의를 느끼기 시작했다.

내가 미국을 떠나기로 결심하게 된 결정적인 계기는 911사태였다. 당시 나는 미국의 뉴욕시 인근인 롱아일랜드에 거주하고 있었는데, 911 사태를 계기로 노골적인 애국주의적 선동이 거세지고, 외국인들에 대한 차별이 심해지기 시작했다. 어쨌든 우여곡절 끝에 필자는 운 좋게 2004년 9월 지금 직장인 서울시립대 생명과학과에 조교수로 임용되어 귀국하게 되었다. 아전인수식 해석으로 들릴 수도 있지만, 돌이켜 보면 5년간의 미국생활은 나에게 '반미'의 진정한 의미를 되새기게 해준 계기가 되었다. 즉, 미국생활을 계기로 나는 다분히 감정적이고 배타적 민족주의에 기반을 둔 감상적 반미정서를 뛰어 넘어 소위 신자유주의라고 불리는 미국식 자본주의가 왜 극복의 대상인지를 절실히 느낄 수 있었다고 볼 수 있다.

두 열사가 떠나신지 20년...... 그 동안 내 삶에는 여러 우여곡절이 있었지만, 결국 때로는 기회주의적이고 때로는 양심의 소리에 귀 기울일 줄 아는 평범한 소시민 지식인으로 돌아와 있다. 열사가 떠나며 마지막으로 남긴 "혁명의 전선에서 만나자"라는 한 마디는 내게는 평생 벗어나기 힘든 큰 굴레로 남아있다. 무엇을 위한 혁명이며, 누구에 대항한 전선인지 모든 것이 흐릿해진 지금이지만, 열사가 꿈꾸었던 사람다운 삶에 대한 희망과 인간에 대한 보편적 사랑은 여전히 우리 모두가 추구해야 될 고귀한 가치이며, 이를 위해 무한경쟁과 물질만능주의에 기반을 둔 미국식 자본주의는 극복의 대상임에는 틀림없으리라.

(정연두는 동물학과 85학번이며 지금 서울시립대 생명과학과 조교수로 있다. 글을 쓰기까지 많은 망설임이 있었으나 열사가 남긴 마지막 말을 기록으로 남기고 싶어 원고를 완성했다)

희망을 심어준 형들을 바라본다

박 종 용

4월의 달력을 보며 이런저런 생각에 잠기다 봄을 재촉하는 가랑비가 내리던 저녁, 집으로 돌아가는 지하철 안에서 스무살 이름의 대학생들의 모습이 눈에 들어오게 되었다. 핸드폰 게임을 하고, MP3 헤드폰을 머리에 끼고 책을 들추고 있는 그들의 앳된 얼굴을 찬찬히 보며 스물 어름의 나이가 살아온 것 보다는 살아가야 할 날이 더 많은 젊은이라는 평범한 진실을 새삼 깨닫게 되면서 스르르 눈을 감고 20년 전의 모습을 떠올리게 되었다.

당시 우리는 더벅머리 선머슴 총각으로 서로의 모습을 보며 다 큰 어른이라고 생각했었다. 일제 치하 식민지 조국의 독립을 위해 몸을 바친 의연한 선배들의 모습을 떠올리며 나라를 위해 자신을 내어 놓겠다 다짐을 하곤 했다. 앞길이 구만리 같은 청춘이라는 어른들의 말씀도 살아갈 날이 많다는 시간의 진실 보다는 나라를 위해 할 일이 많다는 꿈을 꾸며 자랑스러워 했었다.

함께 하던 우리들 가운데 자신을 던져 나라 사랑의 불씨를 사른 둘이 있으니 군사독재의 서슬이 시퍼렇던 1986년 봄에 이재호, 김세진 선배가 바로 그들이다. 모퉁이 저 만치 있던 봄이 성큼 우리에게 다가오는 4월에 노란 개나리와 빠알간 진달래 속에 서울대학교 관악캠퍼스 인문대 언덕 모퉁이 (일명 관악골 아크로폴리스 언덕 옆)에 있는 추모비 속에서 그들을 보게 된다.

지금도 눈 앞에서 벌어지는 것과 같이 선명하게 떠오르는 그들의 모습은 남의 나라 군대를 몰아내야 하고 이 땅에 평화를 가져오자고 '반전 반핵'을, 나라에 자주를 독재의 암흑에 민주의 광명을 비추자고 '반미자주화 반독재 민주화'를 목놓아 외치며 파란 젊음을 다 바치던 그 날 그 현실인 것이다. 몸 바쳐 싸우자고, 넋이 되어 뜻을 이루자고 함께 부둥켜 안고 맹세했었지만 형들만이 말없이 먼저 떠나고 말았다.

형들이 지핀 작은 불씨는 교문에서 돌을 던지던 학생은 물론, 교정의 잔디밭에서 인생을 논하던 친구들, 도서관에서 교과서와 씨름하던 이들, 학교 앞 선술집에서 막걸리 잔을 기울이던 청춘들 모두에게 퍼져 철옹성 같기만 했던 군사독재를 불사를 수가 있었다.

수많은 사연을 담고 이어온 지난 20년

87년 '호헌'이라는 독재의 마지막 발악은 6월 항쟁이라는 민중의 도도한 역사의 물결 속에 흔적도 없이 묻혀 버리고 말았다.

6월 항쟁의 승리는 끝이 아니라 민주화의 시작인 것이 분명하였기에, 형들을 가슴에 품고 있는 우리는, 세상의 곳곳에서, 나라의 구석구석에서 더불어 사는 삶을 위해, 민주화의 완성을 위해, 나라의 발전을 위해 젊음을 던졌다. 아마 던지려고 노력했다. 노동자 대중을 만나러 경향 각지의 공장을 찾았고, 농촌에 들어가 농사일을 함께 했으며, 청년들의 뜻을 모아 청년 단체의 중심이 되었고, 학문으로 재화로 예술로 이바지하기 위해 진력을 다해 왔다.

지나온 나날들, 수많은 시간들 차마 눈을 고요히 감고, 가슴을 가라앉히고 생각하기에는 수많은 사연이 담겨있을 시간들이었으리라. 군사정부의 잔당, 민주화를 짓밟은 광주 만행의 주범들이 보통사람이라며 노태우 정부를 만들더니 5년이 지나서는 문민정부가 들어서 절름발이 민주화로 한 걸음 나아가고 말았다. 단군 이래 최초의 평화적 정권교체로 탄생한 김대중 대통령의 국민의 정부도 한걸음 더 나아가는 데에 그치고 말았다. 이를 기반으로 지금은 국민이 참여한 - 어떻게 참여했는지는 차치 하고라도 - 참여 정부가 출범하였다.

참여정부는 인권변호사 출신이고, 6월 항쟁의 지도부를 지냈으며, 나라 발전의 고질병인 영호남 지역차별을 위해 수차례 낙선을 감수했고, 이 땅의 발전 동력은 80년대 피땀을 흘려 군사정부를 몰아낸 젊은 친구들(아마 편하게는 80년대 학번, 30대 80년대 학번 60년대 태생을 일컫는 386세대)에서 나온다는 신념을 가지고 있는 노무현 대통령이 국가수반으로 나라를 운영하는 정부이다.

과거 잔재인 권위주의를 탈피하고 나라 발전의 동인을 국민의 참여에서 찾는 민주주의를 기본으로 삼고 실행하려고 노력하는 정부이다. 6월 항쟁 이후 정부에서 미흡했던 과거사의 진실을 규명하고 민주화 운동을 기념하고 고생한 분들에게 최소한의 보상을 하기 위해 애쓰고 있다. 시민사회의 참여가 다원화된 사회 구성원의 이해를 모아 최선의 해결 방안이 될 수 있다고 확신하고 이를 적극 지원하고 있다.

물론 시스템의 부재, 경제에 대한 이해 부족 등 참여정부의 한계도 많이 있으나 민주화 실현의 지평을 연 것은 분명하다. 작은 곳에서도 민주의 기본이 서고, 윗물이 아래로 흐르듯 낮은 곳에 있는 사람에게 희망이 실릴 수 있게, 나라 땅이 위 아래 어우러져 함께 어깨동무하는 통일된 세상이, 국민 모두가 하나 되어 세계로 뻗어 나가는 그런 세상 참세상의 길이 열린 것이겠다.

팍팍한 현실 속에서 두 발을 땅에 딛고자 노력했다

20년 세월을 왔다 갔다 눈 앞에 그려보고 생각 속에 어울리다 보니 강산 한 번 바뀔 즈음, 아마 서른 즈음일 때를 지나칠 수가 없게 된다. 시베리아 벌판 저 편에서는 개혁, 개방의 물길이, 이념의 종말을 인정해야 한다는 이야기도 들려오던 시기였다. 민중의 삶에 변한 것은 없고 단지 정부의 유화정책만이 있을 뿐이라 더욱 더 혁명에 전념해야 하는 목소리도 높을 시기였다.

역사의 물결은 장강의 흐름처럼 도도하다 했는가. 서른 즈음의 젊은이, 바로 형들과 함께 했던 우리들은 이 시기 삶 속에 녹아 들어갔다. 동 시대를 살았던 어느 여자 시인이 '서른 잔치는 끝났다' 라고 했지만 우리에게는 참세상을 열어야 한다는 뜻이 미완

인 채 서른 즈음을 맞았었다. 물질이 조금 풍요했을 지 모르지만 팍팍한 현실을 부닥치며 우리가 두발을 딛고 어느 자리에서든 서 있어야만이 한발 한발 더불어 사는 우리 세상 만들 수 있겠구나 하는 뜻을 마음 한 구석에 오롯이 보듬은 채 서른의 십년을 보내왔고, 보내려고 노력했었는가 보다.

새벽에 집을 나와 회의를 치르고, 전날의 피로는 어디 갔나 싶게 얼굴에 미소를 머금고 고객과 상담하고, 투자 의사결정을 위해 숫자와 치열한 머리 싸움을 하다, 충혈된 눈으로 지난 시간을 돌이키며 컴퓨터 자판을 한 자 한 자 두드리며 테헤란로 빌딩 숲속의 불빛에 비친 내 자신을 가만히 바라 보게 되었다. 그럴듯하게는 시장경제의, 글로벌 스탠드에 맞게 영어로는 Market Economy라 하는, 숨막히는 경쟁 한 가운데에 서 있는 사십 나이의 내 얼굴이 있었다. 아마도 그 때 형들과 함께 했던 우리의 모습은 고층 빌딩 속 사무실에 넥타이를 매고 앉아 있는 나와 같이, 지나온 시간의 사연 만큼이나 각양각색일 것이다.

모습은 틀리지만 가슴 속에 지켜야 할 조그마한 양심이 있고 더불어 함께 사는 세상의 꿈이 있어 우리가 하나라는 생각을 하게 된다. 형들의 희생이 있었기에 모진 세파에도 우리가 세상을 살아갈 수 있는 가슴과 꿈을 가질 수 있는 것 같다.

그리고 나는 오늘도 세상의 욕심에 약해지는 마음을 다잡으며 희망을 심어준 형들을 바라본다.

(박종용은 경제학과 84학번으로 구국학생연맹 조직원으로 활동하다 구속되었었고 지금은 한국기술투자(주) 기업투자 2부장으로 일하고 있다)

자주, 통일 미완의 과제를 향하여

유 성 룡

한 사람이 꿈을 꾸면 단지 꿈일 뿐이지만 여러 사람이 꿈을 꾸면 세상을 바꿀 수 있다고 했던가! 한 사람의 꿈이 타올라서 많은 사람들이 일어서고 세상은 한 발짝 뛰어 오늘의 세상이 되었다. 그토록 바라던 자주, 민주, 통일의 길이 인터넷 시대에 파묻혀 갈팡 질팡하는 오늘 이 순간에도 역사는 한 발짝 형이 바라던 그 길목을 향해 움직이고 있다.

벌써 20년이 지났다는 말에 화들짝 놀라서 여러 가지 상념에 사로 잡혔다. 어디였던가? 기억을 더듬어 보았다. 중앙대 근처에서, 아마 공원이었던 것 같다.

바로 그날이었다.

나는 세진이 형을 잘 알지 못했다. 기억해보면 형이 먼저 아는 척 해서였던 것 같다. 84년에 자연대 안의 패밀리 중에 비공개 조직인 '하우스' 와 공개조직인 '휴먼 사이언스' 가 있었다. 나는 휴먼 사이언스에서 활동하는 중이었는데 원래 이 두 '집' 은 한집 식구라고 했다. 그래서인지 나는 잘 몰랐던 세진이 형이 먼저 나에게 친근감을 보이며 아는 척을 하게 된 것 같다.

그래서 나는 진이 형의 이야기를 주로 상수나 주변 친구들에게 듣는 편이다.

모이기로 했던 중앙대 옆에서 후배들이 몇 명 보이지 않아서인지 세진이 형은 몹시 아쉬워했다. 몇 분 뒤에 불꽃이 될 사람치고는 무척이나 태연한 표정이었다. 전방입소 거부투쟁을 전개하면서 경찰의 추적을 피해 만나기로 한 자리여서 아쉬움이 더했을 것이고 결의를 다지는 순간에도 후배들과 말을 맞추고 후배들의 뒤를 염려하는 형의 모습이 보였다. 나는 그저 투쟁을 책임지고 감옥을 준비하는 선배의 모습에 착잡하고 떨리는 마음뿐이었다.

급하게 현장으로 달려가는 형의 모습을 뒤로하고 나도 현장을 향해 갔다. 내가 늦게 도착한 것일까? 내가 도착했을 때는 이미 경찰이 진입한 뒤였고 주위에서 미생물학과 여학생들의 울음소리와 세진이 형의 분신소식을 들었다.

그 후로 우리 20동은 상아탑이라기 보다는 투쟁의 무대가 되었다. 침묵하

는 것은 죄악이었다. 투쟁은 또 다른 용기를, 용기는 철학과 신념으로 변해갔고 매일매일 견딜 수 없는 존재의 가벼움에 고뇌했다. 사랑도 투쟁의 열정이었고 친구간의 의리도 투쟁의 과정이었다. 그리고 우리는 친구 기태를 잃었다! 조성만 열사를 잃었고 이범영 의장까지도.

김기태는 동물학과 84학번 나의 절실한 친구였다. 세진이 형의 죽음 앞에서 우리는 함께 고민했고 사랑에도 같이 빠지고 술자리에서 한판 주먹싸움도 벌였다. 그러던 기태는 4학년 1학기를 마치고 노동현장에 가기로 결심을 했다. 그리고 그 노동현장은 기태를 연탄가스로 앗아갔다. 모진 세상이었다!

새로운 운동의 관점을 세워 대중 속으로 나아가자

세월이 흘러 전북 김제에 내려와서 청년운동, 노동운동을 하다가 세진이 형의 아버님, 어머님을 다시 뵙게 되었다. 나의 결혼식 주례를 서 주시러 오신 것이다. 그 후로 나는 최근 병원에서 아버님, 어머님을 다시 뵙게 되었다. 내가 아버님 어머님을 문병간 것이 아니라 내가 입원해있던 병원에서였다.

"너무 죄송했습니다! 하지만 아버님, 어머님 저희들이 모두 당신의 아들, 딸들입니다.

저희들이 세진이형 몫까지 열심히 살겠습니다!"

나에게는 아들 놈 넷이 있다. 아직 우리 아이들에게 세상 이야기를 많이 할 수는 없지만 우리 집 아이들은 '전두환, 노태우'를 가리켜 살인마라고 부르고 있다. 그런데 아직 세상은 그렇지 않다. 이곳 김제만 하더라도 '김제의 5공화국'이 판을 친다. 5공화국 시절 민정당의 주역들이 시장에도 출마하고 민정당 청년위원장은 시의회 의장을 맡기도 한다. 조성만 열사의 고향이 이곳 김제인데도 말이다.

세상이 변했을까? 새로운 시대에 걸맞게 서로를 용서하고 화합해야 하는가? 뉴 라이트 운동을 주창하는 사람들은 '신해전사'를 한 손에 들고 IT시대에 새로운 사회운동을 이야기 하지만 이라크를 침공하여 무너뜨린 미국이 있는 한, 대북 선제공격을 준비하는 미국이 있는 한 우리는 아직 자주, 민주, 통일의 과제에서 뛰쳐나갈 수 없다.

세진이 형이 열어놓은 자주, 통일의 미완의 과제를 우리가 부여안고 가야한다. 다만, 예전의 운동과는 사뭇 다른 운동관점을 세워 나가야겠다. 신념과 철학을 지키는 것이 소중하지만 보다 대중적인 모습으로, 대중 속으로 나아가는 일이 중요한 듯 싶다.

동지 여러분, 강 건너 카페에서 다시 봅시다!

결코 떠나지 않은 세진이 형의 모습을 가슴속에 채우고 살겠습니다.

아버님, 어머님 건강하십시오! 사랑합니다, 세진이 형!

(유성룡은 동물학과 84학번이고 전북 김제에서 입시학원 '집현전'을 운영하면서 민주노동당 김제시 지방자치위원장으로 일하고 있다)

아름다운 청년

김세진·이재호

제 4 부

김세진·이재호 열사 평전

반미의 신화(神話)

김용출

1986년 4월28일, 신림사거리에 서다

팽팽한 긴장과 숨막히는 초조. 머문 듯 느린 발걸음과 터져버릴 것 같은 맥박. 너무나 푸른 1986년 4월28일 오전 9시. 서울 신림동 신림사거리 가야쇼핑센터 앞.

날렵한 발걸음. 단호한 표정. 두 청년이 인근 서강빌딩 쪽으로 사라진다. 각각 가방 두 개를 들었다. 마치 멈춰버린 듯 너무나 긴 찰나. 3층 옥상 위. 양쪽 골목에서 시선이 꽂힌다. 반가운 두 사람의 얼굴이 드러났다. 스물 하나의 아름다운 청년, 김세진과 이재호.

두 사람은 가방에서 핸드 마이크를 꺼낸다. 연속 동작으로 스위치를 누른다. 사이렌소리가 신림사거리의 모든 정적을 깨뜨린다. 거의 동시에 힘찬 구호가 터져나온다.

"양키의 용병교육 전방입소 결사반대!"

"반전반핵 양키고홈!"

하늘에서는 유인물이 꽃처럼 뿌려졌다. 와! 땅 위에서는 골목골목에 흩어져 있던 서울대 85학번 대학생 400여명이 신화처럼 달려왔다. 하늘을 향해 내뻗은 손들. 세상을 향해 퍼져가는 우렁찬 구호. 커다란 메아리가 되어간다.

"양키의 용병교육 전방입소 결사반대!"

"반전반핵 양키고홈!"

순식간에 건물 앞 도로를 점거했다. 400여 평의 해방구. 어깨를 걸고 연좌농성을 시작했다. 세진과 재호는 건물 옥상에서 핸드마이크를 잡고 대중연설을 시작했다.

"분단조국 42년, 미국 놈들의 용병으로 끌려가 제 민족의 가슴에 총부리를 겨누는 이 비운의 역사는 끝장나야 합니다. 양키의 용병교육 전방입소는 이제 없어져야 합니다. 한반도에서 전쟁은 영원히 끝나야 하며 거레의 생존을 위협하는 핵무기는 철거돼야 합니다."

시위대열 여기저기에서 구호가 터져 나왔다. 한 사람이 외치면, 다른 모든 사람의 함성으로 이어졌다. 그들은 너나 할 것 없이 함성을 내지르기 시작했다.

"양키의 용병교육 전방입소 결사반대!"

"친미로 망한 나라 반미로 되살리자!"

"친미독재 타도하고 미제국주의 몰아내자!"

시위가 시작된 지 겨우 5~6분. 신림사거리 방향에서 경찰이 노란색 파란색 헬멧을 쓰고 달려왔다. 전경은 거대한 성처럼 시위 대열을 포위한다. 학생들의 구호 소리도 점점 더 커져갔다. 경찰이 학생들을 연행하기 시작한다. 일부는 건물 옥상을 육박할 태세이다.

분노의 표정. 결연한 눈빛. 세진과 재호는 미리 준비해온 시너를 또 다른 가방에서 꺼내 자신들의 몸에 끼얹었다. 코를 찌르는 기름 냄새, 옷을 뚫고 느껴지는 서늘함.

경찰을 향해 외쳤다.

"저 시위대에 덤벼들지 말라. 우리에게 가까이 오지도 말라. 가까이 오면 우리는 분신할 것이다."

경찰은 두 사람의 경고에도 아랑곳하지 않고 대학생들을 차례차례 연행해 갔다. 일부는 두 사람을 향해 건물로 육박해 왔다. 두 사람은 서로를 잠깐 마주봤다. 긴장된 웃음. 그 속에 느껴지는 신념, 약속.

확. 하늘에는 검은 그을음이 솟았다. 두 사람의 몸에는 불이 붙었다. 세진이 순간적으로 뒤로 쓰러졌다. 곧바로 다시 일어났다. 구호를 외친다.

"양키의 용병교육 전방입소 결사반대!"

"전쟁반대 핵반대 미국놈들 물러가라!"

한 점 또 한 점. 두 사람에게서 불꽃이 흘러내렸다. '퍼펙트 당구장'의 아크릴 간판도 녹아내렸다. 재호는 몸을 가누지 못했다. 옥상에서 추락했다. 불은 그의 하체를 타고 맹렬히 번졌다. 난간에 기댄 세진도 몸을 떨구고 말았다. 파편이 여기저기 떨어졌다. 그것은 살이었고, 피였다. 검은 연기가 하늘로 솟아올랐다.

두 사람이 사람들의 시야에서 사라졌다. 참담. 울분. 피가 끓는다. 대학생들의 눈에서 불꽃이 타올랐다. 구호는 더 이상 구호가 아니다. 손짓은 더 이상 손짓이 아니다. 그들은 도로에 누웠다. 우는 손짓. 절규하는 구호.

"양키의 용병교육 전방입소 결사반대!"

"반전반핵 양키고홈!"

"전쟁반대 핵반대 미국놈들 물러가라!"

소리치지 않는 사람은 없었다. 절규하지 않는 사람은 없었다. 스스로 경찰차에 걸어간 사람은 아무도 없었다. 엉-엉-. 울음이 터져 나왔다. 경찰은 한 사람씩 한 사람씩 뜯어내야 했다. 뜯겨지고 또 뜯겨졌다. 1986년 4월28일. 신림사거리는 그렇게 흑백의 울음을 토하고 있었다.

죽어서, 영원히 살아나는 신화

5월3일과 26일. 김세진과 이재호는 차례로 떠났다. 현장에 있었던 사람들은 가슴에 두 사람을 담았다. 불덩어리로 피어오른 외침. 반미의 외침.

그들이 자신의 몸을 불사르며 반미를 외친 지 20년. 우리 사회에서 이제 반미는 더 이상 성역이 되지 않는다. 오히려 일각에시는 반미 또는 '자주파'의 과잉으로 60년 넘게 지속돼온 '한미동맹'이 '피로 현상'을 보이고 있다는 지적마저 나온다.

"한미동맹의 현실은 '동맹피로' 현상을 보이고 있다. 2002년 대통령 선거 과정에서 대미 외교노선이 선거 쟁점이 되었으며, 비교적 대미 자주노선을 주장하였던 노무현 대통령이 당선되었다. 자주외교노선이 국민 다수의 지지를 얻어서 시민권을 얻게 되었다. 2004년에는 한국에 주둔하는 미군의 감축, 주둔기지의 이전, 국군의 이라크 파병에 대한 미국의 요구 등이 모두 국내 정치적 쟁점이 되어 한미동맹을 중시하여야 한다는 주장과 미국에 대하여 자주적으로 우리 입장을 관철하여야 한다는 주장이 대립했다." (김호섭, '동맹외교 대 자주외교', "자주냐 동맹이냐", 오름: 서울, 2004, 128쪽)

최근에는 반미, 반미주의에 대한 비판의 목소리도 점차 커지는 양상이다. 김재엽 등은 숭미와 반미 모두 미국에 대해 절반의 모습밖에 보지 못한다면서 한국의 선택이 될 수 없다고 지적했다. 그러면서 반미, 반미지상주의에 비판을 가하기도 했다.

"반미 지상주의자들의 주장에서 가장 눈에 띄는 오류는 미국과의 관계에서 나타나는 부정적인 모습만을 강조하고 있다는 점이다...하지만 이러한 것들이 한미관계의 전부라고 할 수는 없다. 오늘날 한국이 북한의 대남 적대노선과 주변 강대국들의 틈바구니에서 굳건히 주권과 영토를 유지하면서 세계적인 경제대국으로 성장할 수 있었던 것은 분명 지난 50년 동안 계속된 미국과의 동맹관계가 가져온 공로다...당사자들이 보면 펄쩍 뛸지는 모르지만, 필자의 소견으로는 반미지상주의자들이 한미관계의 불합리성을 바로잡는 것보다 미국 골탕먹이기에 더 관심이 있는 듯하다...

미국과 입장을 같이 하는 모든 것을 굴종으로 규정하는 비뚤어진 자주의식은 반미 지상주의자들이 보여주는 또 다른 대표적인 오류다. 쉽게 말해 한국을 미국의 식민지로, 반미를 독립운동으로 여기는 셈이다...한국이 독자적인 의지에 따라 결정한 내정과 대외관계에 관한 정책에 미국이 강제로 끼어들어 한국의 국익과 어긋나는 방향을 강요하는 것은 비판받아 마땅하며, 결코 용납될 수 없는 일이다. 하지만 한국이 스스로의 필요와 동의에 의해서 미국과 협력하는 것 역시 충분히 자주의 범주에 들어갈 수 있다." (김재엽, "122년간의 동거", 살림: 서울, 2004, 291~302쪽)

진보진영 내부에서도 비판이 없었던 것은 아니다. 주로 방법론적 측면에서 다소 충격적이고 선도적인 방식이라는 것이다.

"당시 주·객관적 조건은 반전반핵운동이 대중적으로 확산되어나가는 데는 많은 제약을 주었다. 운동주체는 싸움을 분신과 같은 충격적이고도 선도적인 형식으로만 전개하여 대중성을 가질 수 없었으며, 대중들 역시 급진적인 문제제기를 충분히 소화할 준비가 안 돼 있었다."(김성보, '80년대 반미자주화운동의 전개과정', "한미관계사", 실천문학사: 서울, 1990, 414쪽)

현실에서의 비판과 역사적인 혹평. 이성의 비판과 합리의 비아냥거림. 하지만 두 사람은 이 모든 것을 넘어서며, 남은 자들의 가슴에서 신화가 되어가고 있었다. 역사는 내면의 울림을 실천한 사람이 만들어가기도 하기 때문이다.

세진이 죽은 지 사흘 뒤인 5월6일. 서울대 아크로폴리스에서 총학생회 주최의 김세진 민족장이 열렸다. 문익환 목사는 조사에서 세진을 가리켜 '죽어서 사는 진실' '우리 6천만의 글썽이는 님' 이라고 추모했다.

다시 서울대 '오월제' 가 열린 5월20일 오후. 아크로폴리스에서 대학생 2000여명이 참석한 가운데 문익환 당시 민통련 의장의 강연이 시작됐다. 가슴에서 울리는 힘찬 연설. 경찰은 학생 주위를 포위했다.

문 목사는 죽지 말고 살아서 투쟁하자고 학생들에게 호소했다. 왜 죽는가? 다 살자고 싸우는 것인데 왜 죽는가? 죽지 않고 살아서 끝까지 투쟁하는 것이 진정한 용기이다. 용기 있는 외침이었다.

이 때였다. 학생회관 4층에서 커다란 외침이 들려왔다. 학생, 문익환 목사, 그리고 경찰 모두의 시선이 한 곳으로 쏠렸다. 서울대 농대 원예학과 83학번 이동수(1962~1986). 5월16일 성균관대 앞에서 '일본을 재조명합시다' 라는 유인물을 배포하다 연행돼 18일 저녁 훈방된 그다. 구호를 외쳤다.

"파쇼의 선봉 전두환을 처단하자"

"미제는 물러가라!"

"폭력경찰 물러가라!"

그의 몸에서 불이 솟았다. 곧이어 7미터 아래로 떨어졌다. 꺼지지 않은 불길 위로 쏟아지는 최루탄과 매운 연기. 남은 자들의 절규. 격렬한 시위가 전개됐다. 사람들은 엉엉 울면서 돌을 던지고 또 던졌다. 흑백의 파노라마가 천천히 돌아가고 있었다.

하루 뒤인 5월21일 밤. 서울대 국문학과 83학번 박혜정(1965~1986)은 한남대교 위에 섰다.

"나를 넘고 가마, 너를 넘고 가마."

이동수의 분신 뒤 시위에서 엉엉 울면서 돌을 던진 그녀다. 오후 8시쯤 신림동 버스정류장을 나선 이후 그를 본 사람은 없다. 다만 한남대교 위에 유서가 담긴 가방이 놓여있었을 뿐.

"떠남이 아름다운 모오든 것들. 괴로운 척, 괴로워하는 척하지 말 것. 소주 몇 잔에 취한 척도 말고, 사랑하는 척, 그래, 이게 가장 위대한 기만이지. 사랑하는 척, 죽을 수 있는 척. 왜 죽을 수 없을까? 왜 죽지 않을까? 왜 자살하지 않을까? 자살하지 못하는 건, 자살할 이유가 뚜렷한데 않는 건 비겁하지만, 자살은 뭔가 파렴치하다. 함께 괴로워하다가, 함께 절망하다가, 혼자 빠져버리다니. 혼자 자살로 도피해버리다니."('유서' 중에서)

세진과 재호 가족도 변하기 시작했다. 사회와 세상, 역사를 보는 눈이 바뀌었고, 삶과 인생관도 바뀌었다. 그들도 반미를 외치기 시작했고, 실천에 나섰다. 세진이와 재호가 되어 가고 있었다.

세진의 아버지 김재훈은 분신 이후 아들이 목숨까지 내던지며 주장하려는 가치, '반미' 가 무엇인지를 공부하기 시작했다. 사람도 만났다. 책도 읽었다. 강연도 나갔다.

깨닫기 시작했다. 한겨레연구소를 설립했고, 1995년부터 2년간 서울연합 공동의장을 맡기도 했다.

어머니 김순정도 이모부의 소개로 서울 종로5가 기독교회관에서 열리는 기도회에 참석, 세진이 죽음의 의미를 새겼다. 많은 구속자의 부모를 만나면서 의미는 더욱 확연해졌다. 세진이가 돼 가고 있었다. 그래서 구속된 많은 사람이 자신의 부모에게 "세진이 어머니를 만나보라, 아들을 잃은 어머니를 만나 위로도 받고, 당당하게 살아가는 어머니를 배우라"고 했다.

재호의 아버지 이영범은 사건 이후 더 이상 농사를 짓지 않았다. "아들이 죽은 이후 힘이 빠져서 더 이상 지을 수 없었다"고 했다. 하지만 아들 재호가 외친 반미의 의미를 알 것 같다고 했다. 이제 자신이 재호가 됐다.

평범한 가정 주부였던 어머니 전계순도 극적으로 바뀌었다. 그녀는 이후 민가협(민주화실천가족운동협의회) 회원으로서 적극적으로 활동하며 사회운동에도 뛰어들었다.

김세진과 이재호는 죽어서 되살아나고 있었다. 죽어서 영원히 살고 있었다. 1986년 5월3일 인천 사태로, 1986년 5월21일 부산미문화원 점거농성으로, 다시 1987년 6월항쟁으로, 1988년 조국통일운동으로. 김성보의 평가이다.

"(19)86년 봄의 전방입소교육 반대는 (19)70년대와 (19)80년에 민주화운동의 일환으로 전개한 교련교육 반대운동을 반전반핵운동으로 발전시킨 전환점으로 평가되며, 이재호 김세진의 분신을 계기로 반전반핵운동은 반미운동의 한 형태로 자리잡게 되었다."(김성보, '80년대 반미자주화운동의 전개과정', "한미관계사", 실천문학사: 서울, 1990, 413쪽)

물론 두 사람이 자신의 몸을 불사르며 우리 사회에 던졌던 화두 '반미'는 시대의 변화에 따라 합리적 핵심은 유지하면서 새롭게 변화 발전해야 한다는 지적이다. 그 날 현장에 있었던 이정승 당시 인문대 학생회장의 주장이다.

"20년 전 세진이와 재호가 불꽃으로 산화하며 우리 사회에 던졌던 하나의 화두 '반미'. 오늘에 이르러서는 시대적 변화 속에 또 다른 형태로 바뀌어 우리가 결코 피할 수 없는 상대적 개념으로서의 '미국'으로 나타나고 있다. 또 자칫 폐쇄적 의미로 오인될 수 있는 '자주'는 세계화의 밑바탕이라는 점에서 인식의 재정립을 요구하며 그 본연의 가치에 무게를 더하고 있다."('그날 그 자리에 서서' 중에서)

"죽더라도 후회하지 않아요"

4월28일 오전 7시. 김재훈은 서울대 학생주임 윤모씨에게서 전화를 받고 서울대를 향해 떠났다. 벌써 3일째 세진이를 찾아 나서는 길이다. 윤 주임의 말이 자꾸 마음에 걸렸다.

"세진이가 목숨을 걸고 전방입소훈련을 막겠다고 하니 세진이를 꼭 좀 막아달라."

서울대 곳곳을 찾았지만 허사였다. 오전 9시30분. 전화가 걸려왔다. "세진이가 다쳤으니 한강성심병원으로 가보라"는 내용이었다. 세진이가 다쳐? 한강성심병원으로 발길을 돌렸다. 10시30분쯤 병원에 도착했다. 집에 있던 어머니 김순정도 택시를 타고 달려왔다.

병원 안팎은 많은 경찰과 전경 등이 배치돼 삼엄하게 경비를 서고 있었다. 전경차량 10여대, 사복경찰차량 3대, 페퍼포그 1대 등.

김재훈과 김순정은 한참을 기다린 뒤에야 아들 세진이를 볼 수 있었다. 화상병동 처치실에서 중환자실로 옮긴 뒤다. 다만 아버지는 낮 12시쯤이라고 기억했고, 어머니는 자신의 수기에서 오후 7시쯤 만났다고 기록했다.

얼굴과 한쪽 다리만을 빼놓고 온 몸이 붕대에 감겨진 모습. 검게 그을린 얼굴. 어머니는 말문이 턱 막혔다. 목과 가슴 부위 붕대 곳곳에 배어 있는 붉은색 핏물. 청춘의 피. 세진이는 재호부터 찾았다.

"친구는... 친구는..."

아버지는 "친구(재호)는 가벼운 상처를 입어서 치료하고 집으로 돌아갔다"고 에둘러 말했다. 안정을 위해서였다. 그는 그때서야 고개를 끄덕끄덕하며 말했다.

"아버지 어머니, 죄송해요."

"무슨 소리를 하는 거냐. 너 마음 편히 있어야 나으니까 이제는 꼭 하나님한테 의지해야 한다. 나한테 용서를 구하지 말고, 하나님께 용서를 구해야지, 그런 소리 마라."

"내가 죽나요?"

"네가 왜 죽겠니? 생각보다 덴 상처가 심하지 않으니까 마음 편히 가져라."

아버지는 고개까지 설레설레 흔들며 세진이를 바라보았다. 마지막 희망의 끈을 놓지 않길 바랐기 때문이다. 어머니는 말문이 막혔다. 무너지는 마음, 쏟아지는 눈물. "아버지 어머니, 저 죽더라도 후회하지 않아요."

아버지와 아들이 얘기하는 사이, 어머니는 세진이의 손만 부여잡고 울었다. 그렇게 5분간의 짧은 대화는 끝났다. 의사들은 "세균이 몸에 들어갈 수 있다"며 나가달라고 했다. 이후 세진은 가족과 더 이상 대화할 수 없었다. 김순정의 안타까움이다.

"세진이는 살고 싶어 했다. 그러나 죽어도 좋다고 했다. 죽음 앞에서 몸부림치는 생존의 욕구와 죽어서라도 이루고자 했던 이성에의 욕구, 이 둘

사이의 무자비한 충돌. 그 사람이 바로 다른 사람이 아닌 내 아들 세진이라
는 달아나고 싶은 현실.

만신창이로 불타버린 몸으로도 끝까지 강렬하게 살고자 하는 의지를 나
는 내 아들의 목소리로 생생히 들었다. 그러나 내 아들의 뜨거운 의지도
'후회하지 않을' 그 무엇 앞에서는 아주 작은 것이 되어 있는 것이었다. 무
엇이었을까? 내 아들이 그렇게 살고 싶어 하면서도 목숨과 맞바꿀 수 있어
야 한다고 다짐하게 한 것은 무엇이었을까?"(김순정, '분실자살한 학생 김
세진군 어머니 수기-우리 모두의 비극이다' 중에서, "여성동아 1986년 6월
호")

세진이는 입원 기간 동안 자신이 죽을 줄 알았다. 하지만 죽음을 의연하
게 받아들였다고 한다. 세진이와 수간호사와의 대화로, 어머니 김순정의 전
언이다.

"제가 죽습니까, 사실대로 얘기해주세요. 제가 죽게 되면 어떤 과정으로
어디가 나빠서 죽게 되는지 가르쳐주세요."

"세진씨, 죽긴 왜 죽어요?"

"저도 미생물학을 전공하는 학생입니다. 사실대로 얘기해주세요. 저 죽
더라도 후회하지 않아요."

수간호사는 사실대로 얘기할 수밖에 없었다. 죽게 될 수도 있다는 사실을
듣고 세진이는 "고맙다"고 말했다. 죽음을 앞두고 보여준 의연한 모습. 수
간호사는 크게 놀랐다고 한다.

김재훈은 아들의 장례를 준비하기 시작했다. 세진이의 경복고 선배인 의
사가 죽음을 넌지시 암시해줬기 때문이다. 어느 날, 의사는 김재훈에게 "의
사로서 할 일은 다 했고, 이제는 하나님의 일만 남았다"고 했다. 세진이는

살아도 죽은 것처럼 고통을 받을 것이고, 근육이 굳어버리면 몸 자체가 스트레스를 받아 장이나 폐 등 특정 장기가 나빠질 수밖에 없다는 것이다. 일생 동안 고통스럽게 살다 죽을 수도 있다고 했다. 사형선고인 셈이었다.

김재훈은 아들을 포기하라는 말로 받아들이고 경기도 판교 부근의 묘지를 알아보는 등 죽음 이후를 준비했다. 구파발의 천주교인 묘지 등은 검문소가 많아 장례가 쉽지 않을 것이라는 판단도 작용했다.

장례 준비는 쉽지 않았다. 외삼촌이 판교의 묘지를 확보했지만, 다음날 당국의 압력으로 해약 통보를 받았다. 김재훈은 경비를 담당하는 사무실로 찾아갔다. 당국에서는 화장을 권유했다. 김재훈은 아들 죽음의 의미를 알기 전까지는 화장할 수 없다고 버텼다. 만약 판교에 묘지를 쓰지 못하면 학생들을 앞세워 전라도 선산까지 장례행렬을 끌고 가겠다고 엄포도 놨다. 기자회견도 열었다.

"여러분이 증인이 돼 달라. 지금부터 말한 것만이 진실이고, 이후 말하는 것은 진실이 아니다. 세진이가 죽으면 3일장으로 한다. 교회 예식으로 장례를 치르도록 하겠다. 만약 3일째가 주일이면 4일장을 한다. 매장은 판교공원묘지에 한다. 혹시 이후 내가 지금과 다른 얘기를 한다면 그것은 나의 본의가 아님을 분명히 알아 달라."

당국도 아버지의 단호한 자세에 요구를 들어줄 수밖에 없었다. 다음날 아침. 당국은 판교공원묘지에 세진의 묘를 쓰는 것을 허락했다. 세진이가 편히 쉴 곳이 마련된 것이다.

5월3일. 세진이의 맥박이 희미해졌다. 임종이 다가왔다. 담당 의사는 가족에게 "청각은 살아 있어 소리가 들리기 때문에 하고 싶은 얘기가 있으면 하라"고 했다.

찬송가를 불렀다. 어머니가 말했다. 그것은 말이 아니라 통곡이었다.

"세진아, 우리는 너를 다 이해하니까 하늘나라에 가서 편히 쉬어라."

세진이의 눈에서 눈물이 솟았다. 눈물은 점점 커졌다. 방울방울. 주르륵. 점점 커진 눈물은 볼을 타고 옆으로 흘러내렸다. 귀로 흘러들어갔다. 순간 호사가 탈지면으로 흐르는 눈물을 닦아줬다. 그는 숨을 거뒀다. 오후 5시30분이었다.

발인은 5월5일 어린이날 이뤄졌다. 운구차를 준비시켜줄 것 같았던 경찰은 운구차나 병원 대형버스가 아닌 시내버스 한 대를 준비해줬다. 시민에게 세진이의 장례를 알리지 않으려는 심산에서다.

고속도로는 만일의 사태에 대비해 상하행선 모두 통제됐다. 휴게소 등 곳곳에는 전경이 배치됐다. 시내버스는 영등포에서 판교 장지까지 한 차례도 멈추지 않고 달렸다. 이날 장례식에 대비해 26개 중대가 동원됐다고 한다.

소년 리더, 존경하던 형으로부터 받은 영향

계명산의 맑은 바람, 밝은 달 속에 빠진 충주호, 역사의 향기가 고고히 흐르는 탄금대. 남한강 상류로 거슬러 올라가면 문화 중심지로서 우리를 맞는 충북 충주시. 시내 중심부에서 동쪽으로 가다보면 계명산과 남산, 충주호 등을 끼고 있는 교현동.

1965년 2월20일. 세진이는 이 곳 교현동에서 아버지 김재훈(1937년생)과 어머니 김순정(1937년생) 사이에 2남1녀 가운데 막내로 태어났다. 김재훈은 전북 정읍에서 태어났고, 이리공고와 한양대 화학공학과를 거쳐 1962년 5월 이후 충주비료에서 일했다. 일본에서 태어난 김순정은 서울 수도여중과 전북 이리여고를 거쳐 이화여대에 입학했다. 재학 중이던 1959년 김재훈과 결혼했다.

특히 김재훈은 1960년 장면 정부 시절 장준하(1918~1975)가 주도했던 국토건설본부에서 일하기도 했다. 대학생 2000여명을 국토건설 추진요원으로 뽑아 각 읍면에 파견, 국토 개발과 국가 개조를 추진하려던 장준하의 국토건설추진사업에 참여한 것이다. 물론 계획은 박정희의 5·16군사쿠데타로 무산됐다.

세진이의 태몽은 아버지 김재훈이 꿨다. 용꿈이었다. 하늘에서 날아다니던 용이 자신의 집으로 날아왔고, 다시 그에게 확 달려오는 게 아닌가. 이름을 세진이라고 지었다. '세상을 평정한다 또는 세상을 안정되게 한다' 는 뜻. 큰 인물이 될 것이라고 나름대로 생각했다.

형 갑진(1960년생)씨는 세진이보다 다섯 살 위다. 고려대 어문계열을 졸업한 뒤 현재 매제가 시작한 회사를 맡아 운영 중이다. 경기도 분당에 사는 누나 명진(1963년)씨는 가정 주부이다.

충주 시절. 세진이는 충주비료공장의 사택에서 생활했다. 미국인도 거주했기 때문에 공간은 넓었고 시설은 양호했다. 100세대 정도가 15만평의 넓은 공간을 이용했다. 수세식 화장실에 풀장과 클럽 하우스까지 완비돼 있었다.

가족들에 따르면, 세진이는 어렸을 때부터 말을 잘 하고, 총명했다. 서너 살 때엔 "엄마, 조심해서 다녀와. 차 조심하고"라고 당부할 정도였다고 한다.

자연 속에서 해맑게 자라났다. 갑진씨와 함께 여름에는 강가에서 조약돌을 줍고, 겨울엔 논에서 스케이트를 탔다고 한다(고려대총학생회 편, '김세진 열사 어머님을 만나다' , "민주광장 제6호 1987년 6월16일" 참고).

세진이는 1970년 충주 목행유치원(유치원장 도정인)에 입학했다. 자신보다 나이 많은 아이들과 생활했지만 다른 아이들을 리드했다. 쌍둥이 친구를 등에 업고 일부 아이를 혼냄으로써 아이들을 제압했다. 특히 구하기 쉽지 않았던 클럽의 빵을 구해 먹었던 에피소드를 보면 그 모습을 짐작할 수 있다는 게 김재훈의 설명이다.

"미국인이 가끔 외식을 하던 사택 안 클럽의 식빵은 유치원생에게도 큰 인기였다. 문제는 아이들은 클럽에 들어가지 못한다는 점. 세진이는 빵을 먹기 위해 클럽을 관리하는 서무과장의 딸을 주목했다. 서무과장의 딸을 영향력 아래에 둠으로써 빵을 얻어먹었다. 그만큼 총명했고, 리더십도 남달랐다."

1971년 3월. 서울 효자동에 위치한 청운초등학교에 입학했다. 김재훈이 1970년 먼저 상경했고, 나머지 가족은 1971년 초 합류한 뒤다.

학교 성적은 우수한 편이었다. 1972년 7월 학력검사에서 우수상을 수상한 것을 비롯, 6년 내내 교내 학력고사 등 여러 시험에서 '우등급' 또는 '특등급' 상을 받았다.

고전, 그림, 독서 등 다른 방면에서도 소질을 보였다. 고전경시대회에서 그는 3학년이던 1973년 7월 은상을 비롯, 6학년 때까지 꾸준히 수상했다. 1974년 5월 교내 어버이그리기대회에서 입선했다. 그해 7월에는 독서표창장을 받았고, 11월엔 대한글씨검정교육회 주관의 펜글씨 9급 시험에도 합격하기도 했다.

리더십도 서서히 발휘되기 시작했다. 그는 1학년 때부터 학급회의 실장을 맡아 학급회의를 주재했다. 그는 반장은 아니었지만, 자기반의 여론을 좌우할 만큼 묘한 '카리스마'가 있었다고 김재훈은 전했다. 5학년 때에는 2

학기 부반장에 임명되기도 했다.

매우 성실하고 사고가 깊은 편이었다. 6학년 담임 교사인 김치무 선생은 "진실하고 정직하며, 사고가 깊고 조리가 있다"고 했다. '생활통지표' 가운데 '학교에서 가정으로'에 나타난 김 교사의 평가다.

"진실하고 정직한 인격은 타에 모범이 되며 사고가 깊고 조리가 있습니다. 두뇌 명석하고 이해가 빨라 각과 성적 매우 우수하며 예절면도 앞서고 언행이 착하여 신망이 두터우니 많이 칭찬하여 주십시오"

그는 모태신앙인이다. 충주 시절에는 목행교회를, 서울 효자동 시절엔 자교교회를 다녔다. 1학년 여름 방학 때부터 자교교회(당시 목사 마경일) 여름성경학교 과정을 꾸준히 이수했다. 유년부 초등부 등을 차례로 거쳤다. '자교(紫橋)'라는 뜻은 '무지개다리'를 뜻한다. 미국인 캠벨(Mrs.J.P.Campbell) 여사에 의해 개설된 감리교 계열 교회이다.

중학교 입학을 앞둔 1976년 겨울. 악보를 보기 위해 피아노 과외를 받았다. 누나 명진씨가 이미 피아노를 배우고 있었기에 쉽게 배울 수 있었다. 2, 3개월만에 체르니 30번까지 연습했다고 한다. 과외 선생이 어머니에게 말했다.

"어머니, 과외를 그만 하는 게 나을 것 같습니다. 피아니스트로 키우려면 몰라도, 음악을 이해하고 악보를 보는 데에는 이 정도면 충분한 것 같습니다."

1977년 3월. 청운중학교(교장 김낙승)에 입학했다. 이 시절 그는 형과 함께 생활했다. 1층에는 아버지와 어머니가 생활하는 안방과 할머니 방, 부엌이 있었다. 2층에는 자신과 형이 함께 쓰는 방과 누나의 방이 있었다.

성격은 스스로에게 엄격했다. 어머니는 "세진이는 내가 과일을 다 깎을

때까지 기다렸다가 깎은 과일을 자기 방으로 가져가 책상 위에 놓고 먹곤
했다"면서 "보통 사람은 중간중간 먹기도 하지만, 아들은 결코 중간에 먹지
않았다"고 회고했다.

공부에서도 두각을 나타냈다. 1학년 때부터 3년간 내리 우등상을 받았
다. 1학년이던 1977년 10월엔 교내 영어단어 경시대회에서 1등을 차지하기
도 했다.

3학년이던 1979년. 사춘기 때문이었을까. 세진이는 가끔 편지를 쓰면서
눈물을 흘릴 정도로 감상에 빠지기도 했다. 왜 그랬는지는 아직 확실치 않
다. 당시의 상황에 대한 고백이다.

"눈물을 흘리며 편지를 쓰던 중학교 3학년 때의 센티멘탈리즘을 난 지금
도 기억하고. 이젠 미소를 지으며 그 순간을 바라볼 수 있지만." ('교사문
단' 중에서, "임마누엘 제41호", 1984)

진실한 대화가 필요했다. 그는 이질화하는 세상에서 서로 진실한 대화를
통해 참다운 우정을 꽃피우자고 했다. 3월 발간된 자교교회 회지 '임마누엘
제37호' 에서 그는 벽을 허물고 진실한 대화로 서로를 위하는 관계가 되었
으면 좋겠다고 했다.

"헤드라이트가 눈을 부시게 하는 널따란 대로에서 사람들이 북적대는 번
화한 길거리의 틈바구니에서 왜 우리는 소외감과 쓸쓸함을 느끼는 것일까?
왜 우리는 증오와 공포마저 느끼는 것일까? 왜 우리는 이 사회에서 이질화
돼 가야만 하나? 조금만 움직여도 몸이 부딪치는 70명이 가득 찬 교실에서
조차 왜 우리는 마음을 나눌 진실한 친구가 없는가?…깊이 생각하고 싶으
면서도 시간에 쫓기고 무엇인가에 이끌려 가는 우리. 이 험한 세상에 너무
나도 쓸쓸하고 고독한 우리. 우리는 너무나, 진실한 대화가 부족하다. 우리

는 마음과 마음 사이에 너무나 많은 장애물을 세워놓고 있다. 우리는 이 장애물을 부수고 진실한 대화를 해야만 한다. 너무나 이기적인 마음을 버리고 조금은 손해를 봐가면서 서로를 위해 줘야겠다. 여기서 참다운 우정이 싹트고 이런 마음에서 복음을 전파할 때 이 사회의 복음화는 이루어질 것이다.”(‘한 알의 밀알’ 중에서, “임마누엘 제37호”, 1979)

11월말. 세진이에게 상당한 영향을 미치는 사건이 발생했다. 형 갑진씨가 YWCA위장결혼식 사건으로 구류를 받은 것이다. YWCA위장결혼식 사건은 11월24일 오후 5시30분에 명동에 위치한 YWCA 1층 강당에서 통일주체국민회의에서 대통령을 선출하는 것을 반대하기 위해 결혼식으로 위장, 시위를 벌인 사건이다. 고려대 어문계열에 입학한 갑진씨는 1학년 과대표로서 구류 24일을 받았다.

그는 갑진씨와 같은 방에서 생활했다. 다만 책상은 따로 썼다. 갑진씨는 세진이에게 고등학교 수학을 가르쳤다. 아버지가 1973년 일본 근무 이후 1974년부터 울산정유공장에서 근무하고 있던 터라 형의 영향력은 컸다. 세진이는 자신을 엄하게 가르치는 형을 아버지보다 더 무서워하면서도 존경했다. 분신하기 전날 “형을 제일 존경한다”고 말할 정도였다.

3학년 겨울 방학 이후. 한동안 신앙적 방황을 했다. 신은 누구이며, 그에게 주는 의미가 무엇인가를 고민했던 것이다. 그의 고백이다.

“중학교 3학년 겨울방학 때부터 난 1년 이상 방황했다오. 신과 나. 그는 도대체 어디에 있는 것일까? 그가 나에게 주는 의미는 무엇인가?’(‘교사문단’ 중에서, “임마누엘 제41회”, 1984)

중학교를 졸업했다. 졸업식에서 “품행이 단정하고 근검절약 저축을 생활화하고 학업성적도 우수하다” 며 조흥은행장상을 받았다.

인류의 근본문제와 주 안의 인간

1980년 3월. 사립 명문으로 꼽히는 경복고(교장 최영복)에 입학했다. 고교 시절에는 수업에 집중하는 등 주로 학교에서 공부했다. 집에서는 특별히 공부하지는 않았다고 한다.

성적은 우수했다. 1학년(담임 박종진) 때이던 1980년 3월 실력고사 성적 우수상 수상을 필두로 각종 시험에서 많은 상을 받았다. 보통 반에서 1등을 했고, 가끔 1등을 놓쳤지만 다음 시험에선 1등을 놓치지 않았다. 1학년 때부터 3년간 매년 우등상을 받았다.

5월에는 학도호국단 간부학생수련 제2기 과정을 수료했고, 6월엔 "양지관에서 생활하는 동안 충·효·예 정신을 솔선 실천하고 다른 학생의 모범이 됐다"며 표창장도 받았다.

리더십도 남달랐다. 학도호국단 체제이던 당시 1학년 때부터 3학년 때까지 3년간 학급 학생장을 맡았다. 학급학생장이란 현재의 반장쯤 된다. 이는 공부에만 몰두하기 위해 반장을 고사하던 다른 고교생과는 다른 모습이다. 그래서 졸업식에서 3년 동안 반장직을 수행한 것을 높이 평가받아 공로상을 받았다. 1학년과 3학년 때 각각 학도호국단 총무차장과 소대장으로 역임하기도 했다.

위엄도 상당했던 것으로 분석된다. 한 동기생은 그 앞에서 한 번도 농담을 하지 못할 정도로 위엄이 있었다고 말했다고, 김순정은 전했다.

"1986년 분신 직후 경복고와 서울대를 함께 다닌 친구가 자신의 어머니에게 이렇게 말했다고 한다. '6년 동안 세진이와 학교를 같이 다녔지만, 그 앞에서 한 번도 농담을 하지 못했다. 접근하기 어려울 만큼 의젓했다.' 그는 또 '세진이란 학생이 대단한 학생이었어' 라고 말했다고도 한다."

카리스마는 1학년 수학수업 때의 에피소드에서도 잘 드러난다. 한 급우가 수업 내내 질문을 했다. 세진이는 그가 너무 많은 질문을 하는 바람에 수업 진행에 차질이 빚어졌다고 생각했다. 수업이 끝나자, 그에게 경고했다.

"너 혼자서 수업을 받는 게 아니지 않느냐. 다른 사람은 고려하지 않고, 혼자서 계속 질문하면 수업 분위기가 어떻게 되느냐. 머리 속에는 깡통 같은 뗑그랑 소리만 나고, 배안에는 똥만 가득 찬 것처럼 행동하지 마라. 앞으로 계속 혼자만 질문해 수업 분위기를 흐트린다면 반에서 쫓아버리겠다."

그 학생은 이후 더 이상 수업 시간에 질문을 마구 쏟아내지 않았다고 한다. 지금의 민주적 학교 분위기에선 다소 이해하기 어려운 상황이지만, 그의 카리스마가 얼마나 강력했는지를 알 수 있는 대목으로 해석된다.

갑진씨의 영향으로 세진이는 이미 사회참여에 대한 거부감 또는 부정적인 이미지를 갖지 않고 있었다. 의식의 일단은 1학년 고등학교 윤리시간의 경험에서 잘 드러난다. 김재훈의 증언이다.

"윤리 교사가 수업 시간에 학생운동에 대해 비판적인 내용을 얘기했다고 한다. 수업 중간에 반장이던 세진이가 일어나더니 '그렇다면 군사독재 시절 선생님은 무엇을 하고 있느냐' 며 교사의 의견을 비판했다. 선생은 수업을 다 끝마치지 못하고 화난 표정으로 교실을 떠났다. 그는 수업이 끝난 뒤 교사에게 찾아가 '처벌을 달게 받겠다' 고 했다. 윤리 교사는 그 사건을 문제 삼지 않았고, 이후 수업 시간엔 학생운동 비판도 하지 않았다고 한다. 세진이는 그만큼 형을 존경하고 있었던 것이다."

2학년이 되기 전 1981년 초. 문과 또는 이과 가운데 어디로 진학할 것인지 결정해야 했다. 그는 부모의 권유로 이과를 선택했다. 처음에는 이과가 아닌 문과를 지원했다. 대통령이 되고 싶었기 때문이다. 그는 국민들에게 정신적으로 영향을 끼치는 지도자가 되고 싶었다. 이는 '임마누엘 제39호'의 앙케이트에 잘 나타나 있다.

꿈을 묻는 질문에 그는 다음과 같이 대답했다.

"대통령. 정치란 국민의 생활 상태뿐만 아니라 정신에도 영향을 미칠 수 있다는 것을 믿으니까." ('앙케이트' 중에서, '임마누엘 제39호', 1981)

아버지 김재훈은 세진이의 생각과 달랐다. 아들의 엄격한 성격을 잘 알기 때문에 문과보다 이과로 가서 의사가 되길 바랐다. 김재훈의 설명이다.

"머리가 매우 좋은 데다가 성정이 아주 엄격해서 혹시 자기 눈 밖에 나는 사람은 가차 없이 벌할 것으로 보였다. 문과로 가면 틀림없이 고시에 합격할 것이고, 판검사가 될 것이다. 그의 완벽주의적인 엄격함이 판검사가 되었을 때 혹시 원망을 살 수 있는 일을 만들 수도 있기 때문에 그보다는 이타적 사랑을 실천할 수 있는 의사가 되었으면 했다."

이과로 진로를 돌리는 일도 쉽지 않았다. 그가 끝까지 문과를 희망했기 때문이다. 이과에서 문과, 문과에서 다시 이과로 바꾸는 일이 두 차례나 반복됐다. 결국 아버지가 교장 선생에게 얘기하면서 진로가 이과로 최종 결정됐다.

진로를 둘러싼 진통은 '생활기록부'에도 고스란히 담겨있다. 생활기록부에 따르면, '학생의 진로희망'에서 그는 1학년 때엔 법대를 희망했다. 하지만 2, 3학년 이후엔 의대로 바꾼 것으로 기록돼 있다.

아버지의 권유로 이과에 진학했지만, 공부는 열심히 했다. 2학년(담임 한상모) 1학기 때에는 반에서 2등에 그쳤지만, 2학기 때에는 반에서 1등을 차지했다. 이과 469명 가운데 수석을 차지했다.

특히 전방 군부대에 3일간 자진 입소, 군사훈련을 받기도 했다. 이는 군대에 대한 거부감이 선천적으로 있지는 않았다는 것을 보여주는 근거이기도 하다. 생활은 아주 규칙적이었다. 스스로 독일의 철학자 칸트라고 부를 정도였다고 한다.

다른 가족은 휴일에는 늦잠도 자기도 했지만, 그만은 휴일과 방학 때에도 항상 일정한 시간에 일어나 밥을 먹고 일과를 시작했다. 김순정의 회고이다.

"방학 중이나 휴일에도 '엄마, 다른 사람은 몰라도 난 똑같은 시간에 밥을 먹을 수 있도록 준비해 달라' 고 부탁했다."

외모는 깔끔했다고 한다. 밖에 다녀오면 옷을 다 벗어 세탁기에 넣곤 했다. 어머니 김순정이 "가정부 누나가 힘들지 않겠느냐" 고 핀잔을 줄 정도였다.

공휴일에는 친구들과 그룹사운드 활동을 했다. 집 옥상에 5, 6평의 창고를 만들어, 기타와 드럼 등을 쳤다. 중학교 때 이미 피아노를 배웠기에 기타, 드럼 등 다른 악기도 손쉽게 배웠다. 경복고에는 그가 주도하는 그룹사운드 외에도 몇 개의 다른 그룹이 있었다. 그래서 한 번은 교장 선생에게 음악 경연대회를 제안하기도 했다.

이때 그는 자신의 소명과 소명의식에 대해 고민하기 시작했다. 특히 소명의식이 잘못되거나 착각이 아니어야 한다고 생각했다. 자교교회 회지 '임마누엘 제39호' 에 실린 글 가운데 일부다.

"인간은 소명 의식이라는 것을 느낀다. 그것이 착각이라는 것을 느낄 때 인간은 과연 어떤 감정을 갖게 될까? 나는 가끔 그것을 가지고 고민한다. 내가 느끼는 소명의식이 착각은 아닌지...그때마다 나는 몸부림치며 부르짖는다. 아니다! 결코 착각한 것이 아닐 것이다. 인생이란, 인격이란, 반복불가능의 유일무이한 것이다. 소명에 대해 착각한다면, 그 인생은 정말 실수

하는 것이다." ('백지를 위한 소언들' 중에서, '임마누엘 제39호', 1981)

주말에는 자교교회에서 생활했다. 공부에 여념이 없던 3학년 때조차 교회 출석 성적이 좋다며 자교교회학교(교장 조영민)에서 상을 받았다. 1983년 2월에는 성경학교 고등부 과정을 이수하기도 했다.

기독교사상을 살펴보면, 그는 예수를 통해 자신의 존재 의미와 가치를 찾았던 것으로 보인다. 즉, 예수만이 궁극적이고 근본적인 해답을 줄 수 있다고 판단했다. 예수를 보았을 때, 예수는 미소지었고, 그의 가슴은 뛰었다. 예수를 사랑할 때 예수는 그에게 손짓했고, 그의 가슴은 부풀었다. '임마누엘 제39호'에 실린 글 가운데 일부다.

"어느 날 인간의 외침 속에서 빛을 본 사람들이 있었다. 희미하고 불확실한 음성이 아닌 강하고 확실한 음성으로 그는 확실한 변화와 완전한 내어맡김을 원했다. 오늘도 우리를 가만히 두지 않는 그 목소리. 인간의 탈을 뒤집어쓴 神(신). Jesus Christ, Super-Star(지저스 크라이스트 슈퍼스타). 너무나 인간을 사랑한 사나이 단 하나의 완전한 인격자. 골고다의 길을 택한 그를 우리는 사랑하는가?

내가 그를 보았을 때, 그는 미소했고 내 가슴은 뛰었다. 내가 그를 사랑할 때, 그는 손짓했고 내 가슴은 부풀었다. 내가 그에게 의지할 때, 그는 잡아주었고, 나는 행복했다. 내가 그를 전할 때, 그는 함께 있었고, 내 가슴은 기쁨에 열렸다. 나는 그를 사랑하고, 의지하고 전할 수밖에 없다. 그만이 나의 존재에 의미와 가치를 주기에 그만이 나의 삶에 목적과 방향을 주기에, 그만이 나에게 궁극적이고 근본적인 해답을 줄 수 있기에." ('내가 선 곳에서' 중에서, '임마누엘 제39호', 1981)

또 절대가치와 인간의 가치, 무지와 행복간의 관계, 인간 이상의 한계에서 오는 불공평함 등을 고민하기도 했다. 그의 편지 가운데 일부다.

"친구에게 이렇게 말한 적이 있습니다. meaningless! 그는 meaningful이라고 대답했습니다. 절대 가치에 비교하면 우리의 가치란 아무 것도 아닐 겁니다. 절대 가치를 믿으십니까? 우리에게 어떤 사고력을 주고도 그것을 만족시킬 조건을 마련해 주지 않았다는 것은 참 불공평한 거예요. 하지만 흡족한 백지를 더 행복하다고는 말할 수 없을테니 우리는 신에게 감사해야겠죠? 나는 나의 모든 것 속에서 의미가 없다는 것을 느낄 때마다 참 슬펐습니다. 하지만 '겨울이 지나고 나의 별에도 봄이 오면 무덤위에 파란 잔디가 피어나듯이 내 이름자 묻힌 언덕 위에도 자랑처럼 풀이 무성할 거외다' 라고 말한 시인처럼, 나도 언젠가는 의미를 찾을 수 있겠지요."(1981년 12월 20일 L에게 보낸 편지 중에서)

특히 전통을 바라보는 시각은 주목할 만하다. 그는 전통을 계승해야 하지만 단순히 무비판적으로 이전 정책을 답습하는 것을 넘어서야 한다고 생각했다. 즉, 끊임없이 변화해야 하고 다시 재구축돼야 한다는 것이었다. 전통과 창조, 변하지 말아야 할 것과 변해야 할 것 등의 조화와 병행. 경복고 영자잡지에 실린 글 가운데 일부다.

"전통의 계승은 무비판적으로 이전의 정책을 따르는 것이 아니고 또 표준화를 의미하는 것도 아니다. 그것은 적절하고 옳게 변화되고 재형성돼야 하는 것이다…전통은 반드시 신선해야 하고, 반드시 창조돼야 하고, 끊임없이 발전해야 한다."('전통의 계승' 중에서, 'The Kyung Bock 1982년 2월11일', 4쪽)

1982년. 대입 학력고사를 준비해야 하는 고교 3학년(담임 교사 양희)이 됐다. 그는 다소 무뚝뚝해진 듯했지만 내면에서는 생에 대한 긍정적, 적극적 자세를 갖게 됐다고 했다. 편지 가운데 일부다.

"일반적으로 친하지 않은 사람에게는 말을 잘 안해요. 어찌보면 무뚝뚝해지고 있어요. 한 가지 확실한 것은-어찌보면 미화이지만-생에 대한 적극적, 긍정적 자세를 갖게 되었다는 것입니다. 생이 짧다고 해서 가치가 없는 것이 아니고, 생이 영원하지 않다고 해서 가치가 줄어드는 것이 아닌 것 같아요. 정말 열심히 살고 싶습니다. '재능은 선물이 아니라 의무를 말하는 것' 이라는 말이 있죠. 옳은 말 같아요. 그리고 나에게 주어진 것을 피한다는 것은 내 책임을 다하지 못한다는 것은 나의 가치에 부합하지 않는 것 같아요. 나는 나 자신에 대해 책임감을 느낍니다." (1982년 8월23일 L에게 보낸 편지 중에서)

신앙 생활도 충실했다. 그는 세례를 받은 기독교인으로서 합당한 행동을 하기 위해 노력하고 있다고 밝히기도 했다. 편지 가운데 일부이다.

"설교 가운데서 내가 깨달은 것은 나는 세례를 받은 사람이고, 따라서 주안의 사람이라는 거예요. 그래서 세례를 받은 사람으로서 합당한 생활과 행동을 하려고 노력하고 있어요. 그리고 '내가 세례를 받은 사람으로서 얼마나 자격이 있나' 라는 것을 생각하게 돼요." (1982년 10월15일 L에게 보낸 편지 중에서)

대학입학 학력고사에서 우수한 성적을 받았다. 하지만 아버지의 의도대로 의대에 진학한 게 아니라 미생물학과에 지원했다. 그의 '뚝심' 이 작용했다. 이미 밝혔듯이, 아버지 김재훈과 어머니 김순정은 그에게 의대를 진학해 의사가 되라고 권유해왔다. 하지만 그는 인류의 근본 문제를 다뤄야 하기에 유전공학과 관계가 깊은 미생물학과를 희망했다.

아버지는 평소에 알고 지내던 이모 교수에게 아들을 설득해달라고 부탁하기도 했다. 김재훈이 전한 이 교수와 세진이의 전화통화 요지이다.

"왜 의대를 가려고 하지 않느냐?"

"저는 인류의 근본문제, 기본문제를 해결하는 연구를 하고 싶습니다. 창조적인 연구를 하고 싶습니다. 그러기 위해선 의대보다는 유전공학을 전공하고 싶습니다. 미생물학과를 지원하고 싶습니다."

"의대로 진학한 이후에도 유전공학을 공부할 수 있다. 생리학 등 관련 학문도 있지 않느냐?"

"그것은 대학에 들어가서 무엇을 할지의 문제라고 봅니다. 유전공학을 확실히 공부할 거라면 내과 외과 등 의사과정에서 유전공학과 다소 거리가 있는 공부에 굳이 시간을 허비할 필요가 있겠습니까?"

이 교수도 그의 의지를 꺾지 못했다. 이비지와 이머니는 세진이의 미생물학과 지원을 허락했다. 그는 서울대 미생물학과에 합격한 뒤 반에서 1등, 이과 459명 가운데 1등으로 3학년을 마쳤다.

"간다 간다...아리랑 고개 넘어"

1986년 4월28일 오전 11시쯤. 어머니 전계순은 들에서 일하다가 돌아왔다. 전화벨이 울렸다. 전화기를 든 전계순은 청천벽력 같은 얘기를 들었다. 아들 재호가 서울 한강성심병원에 있고, 위급하다는 것이었다. 아니 이게 무슨 마른 하늘에 날벼락인가?

경황이 없었다. 전계순은 곧바로 광주공항으로 달려갔다. 오전 비행기는 이미 떠난 지 오래고 오후 비행기는 아직 한참을 기다려야 했다. 광주 대치동 고속터미널로 가서 서울행 버스를 탔다. 서울 한강성심병원에 도착한 것은 오후 5시쯤.

아버지 이영범도 놀라기는 마찬가지였다. 광주시 본촌동 지산농협 이사였던 이영범은 이날 11시30분쯤 지산농협 조합원 임원회의 도중 전화를 받았다. 오후 5시30분쯤 한강성심병원에 도착했다.

이영범 내외는 중환자실을 찾았다. 중환자실은 널찍했다. 여러 환자 가운데 이재호가 눈에 확 들어왔다. 온 몸을 두른 붕대. 잔뜩 부어오른 얼굴. 어머니 전계순은 자신도 모르게 순간 소리치며 울기 시작했다.

"재호야, 아이고 재호야. 이게 무슨 일이냐? 이제 어찌할거나, 어쩌끄나. 뭐라고 말 좀 해봐라."

"어머니, 진정하세요. 그리고 아버님, 어머님, 오래오래 행복하게 사세요."

"재호 네가 이렇게 되었는데, 엄마가 어떻게 사느냐?"

"제가 없어도 착한 동생 재욱이 재필이가 있잖아요. 어머니, 이제 그만 울지 마세요."

재호는 의식이 그래도 살아 있었다. 가족들은 재호의 침대를 지키며 옆에서 쪽잠을 잤다. 복도에 죽은 사람의 침대가 나오면 그 위에서 자기도 했다.

사흘이 지나면서 부기도 빠졌다. 재호와 가족은 이후 그 동안 나누지 못했던 많은 얘기를 나눴다. 중학교 3학년 이후 7년간 떨어져 지낸 이후 처음으로 속 깊은 대화를 할 수 있었다. 노래도 불렀다. 정태춘의 '애고 도솔천아'였다.

간다 간다 나는 간다
선말 고개 넘어 간다

자갈길에 비틀대며 간다

도두리 벌 뿌리치고

먼데 찾아 나는 간다

정든 고향 다시 또 보랴

기차를 탈거나, 걸어나 갈거나

누가 이깟 행차에 흥 난다고

봇짐 든든히 쌓겠는가

시름 짐만 한 보따리

간다 간다 나는 간다

길을 막는 새벽 안개

동구 아래 두고 떠나간다

선말산의 소나무들

나팔소리에 깨기 전에

아리랑 고개만 넘어가자...

죽음까지도 함께 한 사람. 세진이가 저 세상으로 떠나던 5월3일 오후. 낮잠에서 깬 재호가 갑자기 어머니를 불렀다. 꿈을 꾼 것이다.

"어머니, 세진이에게 가봐야겠어요. 방금 꿈을 꿨는데 세진이가 신발이 없어서 집에 가지 못한다고 자꾸 그럽니다. 어머니, 저 세진이에게 가봐야겠어요."

어머니 전계순은 "세진이는 다른 병원에 있다"고 말했다. 그 동안 재호가 세진이를 찾을 때마다 그렇게 말해왔다. 재호는 평소와 달리 어머니에게 아쉬운 소리를 했다.

"세진이와 저는 이미 한 형제나 마찬가지예요. 그런데 왜 세진이가 다른 병원에 있어야 하나요?"

"자리가 없어서 그런다니까."

어머니는 재호에게 그렇게 말한 뒤 조용히 세진이가 있던 병실을 찾아갔다. 느낌이 이상했다. 놀랍게도 세진이가 이날 오후5시30분 숨을 거뒀다. 전계순은 "이렇게 슬플 수가 없었다"고 회고했다.

여러 사람이 재호를 찾아왔다. 그 가운데 빈민운동을 했던 서울대 정치학과 여성 동기생이 찾아오자 재호는 어머니에게 말했다.

"어머니, 무척 힘들게 살아가는 친구입니다. 어머니가 꼭 데리고 나가서 밥을 사먹여 주고 오세요."

5월19일. 재호는 3차례에 걸쳐 피부 이식수술을 받았다. 병원의 권유에 따른 것이다. 어머니가 허벅지 피부를 제공했다. 수술이 끝난 뒤 어머니는 가운을 입고 아들 재호를 바라봤다. 재호가 어머니를 알아봤다.

"어머니, 어디가 편찮으십니까? 왜 가운을 입으셨어요?"

"응, 그냥 계단에서 넘어져서...."

재호는 나중에 어머니가 자신에게 피부를 제공해줬다는 사실을 알고서 서럽게 울었다. 그는 "보기에도 아까운 우리 어머니 몸에 어떻게 칼을 댔느냐"며 펑펑 울었다.

5월26일 오후 3시. 말과 대변이 멈춘 지는 오래였다. 이날 아침부터 손발이 차졌다. 그리고 재호도 숨을 거뒀다.

경찰 등 당국은 재호를 매장하지 말고 화장하라고 권했다. 하지만 이영범은 선산에 매장하겠다고 주장했다. 재호는 28일 오전 6시 한강성심병원에서 출발했다. 오전 11시 광주시 일곡동 선산에 도착, 땅 속에 묻혔다. 세진이의 장례식 때와 마찬가지로 각 휴게소마다 전경이 배치됐다. 삼엄한 경비 속에 장례식이 치러졌다.

자연과 사람 속에서 자란 아이

광주 광천동 고속터미널에서 동북쪽으로 자동차로 20분쯤 달리면 에스오일(S-Oil) 용두동 주유소가 나타난다. 오른쪽의 거진마을 표시판을 따라 마을로 10분쯤 걷다보면 빨간색 지붕이 돋보이는 집이 눈에 들어온다. 광주시 북구 용두동 거진마을 466번지. 집 뒤에는 여러 개의 산이 불쑥 솟아 있고, 앞에는 개울이 흐르고 근처에는 논밭이 펼쳐져 있다. 5, 6가구의 농가가 옹기종기 붙어 역사를 껴안고 있는 모습이다.

증언에 따르면, 이곳에는 본래 10여 가구가 모여 마을을 이뤘지만, 일제시대 때 산맥이 잘리고 도로마저 뚫리면서 7, 8가구가 다른 곳으로 떠났다. 그래서 지금은 5, 6가구만이 옹기종기 붙어있게 되었다.

1964년 어느 날. 가정 주부 전계순(1937년생)은 꿈을 꿨다. 무릎 위에 용한 마리를 껴안고 있었다. 책이나 그림 등에서 많이 봐왔던 용이었지만, 멀리 날아가지 않고 자신의 무릎 위에서만 머물렀다. 이상한 꿈이었다. 그것이 재호의 태몽이었다.

재호는 1965년 3월15일 이영범(1937년생)과 전계순 사이에 3남3녀 가운데 1남으로 태어났다. 위로는 누나 민숙(1959년생, 현재 미국 거주)씨와 수남(1961년생, 주부)씨가 있고, 아래로는 동생 재욱(1967년생, 회사원), 재필(1969년생, 회사원), 수정(1972년생, 주부)씨가 있다.

아버지는 어릴 때부터 농사를 지어온 농민. 거진마을에서 농사를 짓던 할아버지 이계천(1905~1973)과 할머니 이인례(1915~2006) 사이에서 태어난 장남이었다. 용두동과 멀리 떨어지지 않은 북구 태령동(현재 우치동)에서 태어난 전계순과 1957년 결혼했다.

이영범은 제1공화국 시절인 1959년 민주당에 입당하기도 했다. 이후 꾸준히 야당을 지지하는 등 정당인으로 활동했다. 야당 활동 또는 성향은 이영범에게 의연할 수 있는 여유와 넓은 시각을 줬다. 아버지의 의연함은 자연스럽게 재호에게도 영향을 미쳤을 것이다.

재호는 대가족 속에서 자랐다. 1973년 할아버지 이계천이 작고하기 전까지 할아버지와 할머니, 아버지와 어머니, 아버지 형제 4명, 그리고 6남매 등 모두 14명이 모여 사는 대가족이었다. 할머니는 2006년 3월 작고했다.

살림은 넉넉한 형편이 아니었다. 논농사 3500평과 밭농사 1500평 등 약 5000평의 농사를 지었다. 1960년대 초에는 품종 개량이 본격적으로 이뤄지기 전. 1마지기의 논에서 겨우 쌀 3가마가 나올 정도였다. 밭에는 주로 보리, 배추, 감자 등을 심었다고 한다.

누나와 동생 등과 함께 집안의 농사일을 거들었다. 방과 후에는 쇠죽을 끓였고, 일손이 필요한 모내기 때에는 모를 옮기기도 했다. 집안일이란 게 끝이 없지만, 6남매는 역할분담을 하며 효과적으로 일을 할 수 있었다. 전계순의 증언이다.

"아이들에게 집안일을 적절히 배분했다. 날짜별로 교대로 할 일을 지정해줬다. 각자 정해진 날에 자신의 일만 하면 됐다. 그래서 일은 제대로 진행될 수 있었다."

비스듬히 그러면서 병풍처럼 펼쳐진 산. 광활하게 펼쳐진 들판. 마을을 따라 사람을 따라 흐르는 강. 재호는 자연을 느끼며 자연 속에서 자라났다. 이것은 이후 정서적인 기초가 됐다. 그래서 가끔 그 때를 생각하곤 했다.

"어릴 적 정확히 기억은 나지 않지만 논두렁으로 들판으로 영산강으로 소요하며 나물냄새를 즐기던 때가 생각난다."(1985년 3월21일 동생 수정에게 보낸 편지에서)

1971년 3월. 양산초등학교에 입학했다. 체격은 또래 친구들에 비해 왜소해, 교실에선 늘 앞자리에 앉았다. 초등학교 1학년 학교생활통지표에는 그의 키가 123센티미터, 몸무게는 22킬로그램, 가슴둘레 62센티미터로 기록돼 있다.

학교 성적은 우수했다. 초등학교 입학 전, 국민교육헌장을 이틀 만에 다 외우고, 구구단도 10여일 만에 다 외운 그였다. 이영범도 승부근성을 심어주기 위해 "1등 아니면 2등은 필요없다"고 여러 차례 강조했다. 시험에서 틀린 문제가 있으면 그것을 고쳐 100점으로 표시한 뒤 아버지에게 보여주곤 했다. 어머니가 그해 5, 6월쯤 학교에서 담임 교사를 만났을 때의 일이다.

"재호는 키도 작고, 체격도 왜소해 공부를 따라하는 데 힘들어하지 않는지 모르겠습니다. 선생님, 혹시 시정해야 하거나 지적사항이 있습니까?"

"전혀 없습니다. 오히려 나이가 많거나 큰 아이들이 재호에게서 배워야 할 정도로 여러 면에서 똑똑합니다. 아무 걱정하지 마십시오."

양산초등학교 1학년 때부터 우등상을 받았다. 이후 6학년 졸업 때까지 한

번도 놓치지 않고 우등상을 받았다. 여러 차례 학급 반장을 역임하는 등 리더십도 보여줬다.

다른 분야의 재능도 있었다. 1학년 때인 1971년 11월에는 교내 가요경연대회에서 노력상을, 2학년 때인 1972년 9월엔 여름방학 과제물 전시회에서 과제부 우수상을, 3학년 때인 1973년 10월에는 삼남교육신보사 주최의 '제9회 삼남지방 초중고생 백일장 및 미술실기대회'에서 미술실기부문에서 입선했다.

부모의 부부싸움을 화해시키기도 했다. 1973년 9월 어느 날. 전계순은 이영범과 부부 싸움을 한 뒤 작은 방에 드러누웠다. 재호는 버스를 타고 근처 외삼촌 전계환(1937년생)의 집을 찾았다. 부부싸움 얘기는 하지 않은 채 외삼촌을 집으로 오게 해 부모님을 화해시켰다.

교사들의 평가도 비슷하다. 4학년 담임 정남홍 선생은 '학교생활통지표' 종합의견에서 이렇게 평가했다.

"(1학기) 지능이 매우 좋으며, 성적도 우수함. (2학기) 전 교과 매우 우수함."

남을 위한 배려의 태도, 희생정신도 키우기 시작했다. 초등학교 5학년이던 1975년 6월 어느 날의 얘기다. 물놀이를 갔던 재호가 신발도 신지 않은 채 맨발로 집에 들어섰다. 발바닥은 돌 등에 긁혀 상처가 가득했다. 어머니는 의아해 그 이유를 물었다.

"아니, 재호야. 이게 어떻게 된 것이냐? 신발은 어디에서 잃어버리고, 발은 왜 이렇게 상처를 입었느냐?"

"물놀이를 갔던 친구가 물속에서 신발을 잃어버렸어요. 그래서 신발을 벗어 그에게 주고, 나는 그냥 맨발로 걸어왔어요."

재호는 5학년 때에는 교내 6·25사변 25주년 멸공글짓기 대회에서 입상했다. 6학년이던 1976년 9월 여름방학 과제물 전시 서예부문에서 우수상, 12월 삼남교육신보사 주최의 '제12회 전국초중고생 백일장 및 미술실기대회'에서 서예부문 입선을 했다.

지능 지수가 높은 편이 아니었다. 6학년이던 1976년 11월 실시된 종합지능검사에서 재호는 언어성, 수량성, 도형성 지능검사에서 각각 111점, 123점, 101점을 받았다. 종합아이큐(IQ)는 112. 평가자는 다음과 같이 적었다.

"검사결과 재호의 지능지수는 112로, 보통 지능에 속하며 각 요인별 득점을 보면 비교적 양호한 편이니 뒤떨어지지 않게 계속 지도바랍니다."('종합지능검사 결과통지서'에서)

집안에서는 동생들의 리더였다. 재호는 자은 방에서 동생 재욱과 재필, 수정이와 함께 자주 놀았다. 놀이를 할 때면 모두에게 순서를 정해주는 등 동생들의 리더가 됐다. 또 가끔은 차례로 노래를 부르는 등 노래자랑도 했다. 6학년이던 1976년 5월 스스로 일하고, 부모에게 효도하는 모범생이라며 표창장을 받기도 했다.

재호는 1977년 2월14일 "학업성적이 우수하고 품행이 단정하여 타의 모범이 된다"며 전남도교육감(교육감 노희원)상을 수상하며 양산초등학교를 졸업했다.

1977년 3월. 재호는 광주시 월산2동에 위치한 무진중학교에 입학했다. 거진마을에서 시내로 나가 19번 시내버스를 타고 양동시장까지 간 뒤 다른 버스를 갈아타고 가야 했다. 집에서 학교까지 등교하는 데 보통 1시간 이상 걸렸다.

보통 학생처럼 그도 작은 체격에 큰 교복을 입었다. 당시는 어려운 시절.

교복을 사면 보통 3년을 입어야 했다. 그래서 자기보다 훨씬 큰 옷을 사서 입었다. 1학년 학생 대부분이 그런 모습이었다.

중학교 2학년이던 1978년. 통학 시간을 줄이기 위해 재호는 작은 아버지 이훈범(1937년생)의 집에서 생활했다. 대신 남은 시간에 좀 더 공부에 집중할 수 있었다.

공부도 잘해 매년 '우등상'을 받았다고 한다.

비록 집이 아닌 '객지'에서 생활했지만, 매우 의젓했다. 어머니가 "용돈이 있느냐, 용돈이 바닥날 때가 되지 않았느냐"고 물으면, 그는 매번 "용돈이 아직 남아 있으니, 걱정하지 마라"고 대답했다. 엄살이 전혀 없었다는 게 어머니의 설명이다.

5월 광주의 슬픔을 머금고

1980년 3월. 광주고속버스터미널 부근에 위치한 광주시 송하동에 위치한 송원고에 입학했다. 그는 광천동에서 자취를 했다.

부리부리한 눈매와 오똑한 콧날. 앳되지만 윤곽이 뚜렷한 외모. 말없이 그냥 묵묵히 눈망울만 굴리면서 무엇인가 열심히 찾는 모습. 고교 1학년 담임이었던 정병표 교사는 재호를 이 같이 묘사한 뒤 "그를 본 순간 그는 진주였다"고 기억했다.

1980년 5월의 광주는 재호의 인생에 큰 영향을 미쳤다. 대학생을 선두로 많은 시민들의 시위. 번뜩이는 칼과 서늘한 총. 계엄군의 치떨리는 진압. 시민군의 자위적 방어. 해방 공간. 절대 고립과 고독. 계엄군의 진압과 그 후의 공포. 분노의 내재화. 결코 잊혀질 수 없는 진실이었다.

대학시절 학생운동을 하게 된 계기도, 미국에 대한 비판적인 인식을 갖게 된 계기도, 그리고 자신의 몸을 불사른 계기도 근본적으로 1980년 5월 광주 때문이었다.

당장은 그에게 왜 공부를 해야 하는지 동기를 부여했다. 정병조 선생의 얘기다.

"고등학교 1학년, 아직 그도 나와 마찬가지로 관객에 불과했다. 휴학기가 끝나고 개학하던 날, 무정부 광주시가 다시 무장 군인에게 넘겨지고, 교사와 학생들은 상기된 부은 눈을 했고 수업이 제대로 되지 못했다. 수업은 자습. 수업이 끝난 후 재호가 나를 따랐다.

"선생님, 우리가…우리, 젊은이들이 할 일이 무엇입니까?"

몇 개월만의 그의 첫 질문이었다.

"글세. 재호야, 실력을 키워야지…."

그게 나의 대답 전부였다. 그 후 재호는 말 없는 아이, 공부밖에 모르는 아이, 다른 건 모르지만 공부만은 남에게 절대 지지 않으려는 학생이 되어 갔다."('역사의 별이 되어' 중에서)

노력의 결과는 실제 성적에서도 나타났다. 재호는 1, 2학년 때에는 반에서 3등권을 유지했지만 3학년 때 반에서 1등, 문과 239명 가운데 5등을 차지했다. 광주의 진실을 지켜내고자 그랬다. 2학년 담임 교사는 가정으로 보낸 '통지표'에 다음과 같이 적었다.

"(1학기) 학업성적이 우수하며 학교생활도 양호합니다. 보다 폭넓은 생활권을 조성할 수 있도록 지도바랍니다.(2학기) 학업성적이 우수하며 근면 성실한 모범생활."

사상 편력에서도 5월 광주의 정신이 묻어났다. 동생 재욱과 나눈 대화에서 자유, 평화, 통일을 간절히 열망하고 있음을 드러낸다.

"늙은 부모들도 손마디를 꺾으면 관절이 생기게 된다…하느님이 나의 소원을 물으면 나는 큰 소리로 나의 소원은 자유 평화 통일, 이렇게 대답할래요. 그래도 또 소원을 물으신다면 더 큰 소리로 자유 평화 통일 이렇게 대답할래요."

동생 재욱이를 불러 "나는 아버지의 재산을 물려받지 않겠노라"고 선언하기도 했다. 대신 재욱이가 아버지 재산으로 공장을 차린 뒤 노동자와 함께 공장을 운영하고, 이익도 함께 나누라고 부탁했다.

고교 시절 절친한 친구로는 고원씨가 있다. 그도 송원고 근처에서 자취를 했다. 대입 학력고사에선 재호와 함께 317점을 맞아 공동 수석을 차지했다. 서울대 사회대 83학번으로, 현재 상지대 연구교수로 재직 중이다.

고등학교 3학년이 되던 1982년. 재호는 공부에 매진하기 위해 여상(상업학교)을 졸업하고, 전남도청 공무원 매점에서 근무하던 누나 민숙씨와 함께 자취했다. 누나가 많은 도움을 줬던 것으로 보인다. 일기에서 그는 다음과 같이 누나를 기억했다.

"중학교 1학년 때 누나는 계란 2개를 삶아 학교로 가져왔다. 같은 반 애들은 그 여자가 '식모' 냐고 물었다…그 뒤 고등학교 3학년 때 1년 동안 누나는 날 위해 자취를 하셨다. 나는 누나 자취방에서 하숙을 했던 셈이다. 대학 합격 후 고맙다는 말 한마디 못하였다. 정말 부끄럽다."(1984년 8월21일 일기에서)

열심히 공부했다. 재호는 자신과 성적이 엇비슷한 친구보다 항상 조금 더 공부하려고 했다. 학교에서 늦게까지 자습을 하거나 아예 이불을 가져와

밤을 새며 공부했다. 친구들에 따르면, 성적이 엇비슷한 친구들이 11시까지 공부하면 그는 새벽 1시까지 공부했다. 또 친구들이 이틀 밤새 공부하면, 그는 나흘간 밤을 새는 식이었다.

3학년 1회 도학력고사에서 반에서 1등, 전교에서 3등을 했다. 1학기 중간 고사에선 반에서 2등, 전교에서 9등으로 다소 하락한 모습을 보였다. 그래서 평가표 뒤에 다음과 같은 글을 썼다.

"어버이날 아버님을 찾아뵙지도 못하여 정말 죄책감이 듭니다. 성적이 전에 비해서 조금 뒤쳐졌지만 다음 성적표에서는 더욱 더 많은 점수를 보내 드리겠습니다."

6월 모의고사에서 반에서 1등, 학년에서 3등으로 올라섰다. 2회 도학력고 사에서도 반에서 1등, 학년에서 3등을 유지했다. 1하기말 고사에서도 반에서 1등, 학년에서 7등으로 다소 처졌다. 2회 비교교사에서는 1반에서 1등, 학년에서 4등을 했다.

고교 친구들의 증언에 따르면, 재호는 공부도 열심이었지만, 남에 대한 배려와 불의를 참지 못하는 마음을 갖고 있었다. 고교 3학년 어느 날 학교 후문 골목에서 여러 명이 한 학생을 때리는 모습을 보고 항의했다가 '고생'을 하기도 했다고 한다.

3학년 담임이었던 임인택 선생은 이 같은 재호의 모습에 대해 "가장 믿음직하고 촉망되는 학생 가운데 한 명이었다"며 다음과 같이 회고했다.

"그는 무척 열심이었다. 항상 강한 집념과 의욕적인 자세로 오로지 공부밖에 모르는 고3학생의 가장 모범적인 표본 그대로였다. 누구와 쉽게 어울리지 않고 함부로 속마음을 내비치지 않는 한 마리 고고한 학, 그래 분명 그는 한 마리의 고고한 학이었다. 꼭 다문 입과 바른 자세는 감히 범접하기 어려운 강한 기상이 서려 있었고, 타는 듯한 두 눈에는 야망이 가득했다." ('그대는 선각자였느니라' 중에서)

재호는 대학입학 학력고사에서 317점을 받았다. 친구 고원과 함께 학교 공동수석이었다. 아버지는 재호에게 법학과 진학을 권유했지만, 그는 정치학과를 지원하겠다고 했다.

"재호야. 점수가 잘 나왔으니, 서울대 법대에 가도록 해라. 왜 하필 정치학과에 가려고 하느냐?"

"아버지, 법 이전에 정치입니다. 또 실제 공부하는 내용은 거의 비슷하다고 봅니다. 정치학과에 가서도 법학 공부를 할 수 있습니다."

반면 임인택 선생은 나라 살림에 이바지했으면 하는 바람으로 재호에게 경제학과를 권유했다고 한다. 임 선생의 기억이다.

"그의 생각은 늘 어둡고 그늘진 곳에 사는 사람들에 대한 관심으로 차 있었다. 나는 내심 그 명석한 두뇌를 나라살림을 키우는데 이바지했으면 하는 바람으로 경제학도가 되기를 권했다. 그러나 그의 뜻은 더 높은 곳에 있었다. 결국 정치학을 전공하는 학자가 되기로 했다." ('그대는 선각자였느니라' 중에서)

재호는 훌륭한 정치가가 되고 싶다고 이미 여러 친구들에게 말해왔다고 한다. 가끔은 교단 앞에서 '민족을 구하고 미래를 여는 정치인' 이 되겠다는 의지를 밝히기도 했다. 고교 동창 김자봉의 기억이다.

"교탁을 교단 한 가운데 올리고 자신은 한국의 가장 훌륭한 정치인이 될 것이라며 일장 연설하기를 좋아했다. 그 연설의 핵심은 언제나 '민족을 구하는 정치인, 미래를 여는 정치인 그리고 비록 짧을지라도 굵을 수 있다면 죽음도 두려워하지 않는 정치인이 되겠노라' 는 것이었다." ('가죽점퍼를 즐

겨 입던 스마트한 신사, 내 친구 재호' 중에서)

그는 서울대 정치학과 합격 후 아버지와 어머니 등 가족에게 자신의 합격 소식을 자랑하지 말라고 부탁했다. 입학이 좌절된 사람에게 상처를 주기 싫었기 때문이다. 남을 배려하는 마음을 엿볼 수 있다.

"자신이 원하는 대학에서 떨어진 사람이 많습니다. 그들의 마음을 상하게 하고 싶지 않습니다. 제가 서울대 정치학과에 합격했다는 말을 하지 말았으면 합니다."

흑백의 경험, 문무대와 병영 같은 캠퍼스

1983년 3월. 서울대 미생물학과에 입학한 세진이는 이례적으로 '요시찰 학생'으로 분류돼 경찰의 감시를 받았다. 문무대에서의 사건 때문이었다.

입학 직후, 문무대에 동료 1학년생과 함께 입소했다. 자신이 좋아하던 기타도 가져갔다. 서울대 노래패 '메아리'가 만든 노래책을 가져간 게 화근이었다. 많은 노동가요와 운동가요가 들어있었다. 아버지 김재훈의 설명이다.

"나중에 들은 얘기이지만, 노동가요가 들어있는 노래책 때문에 문무대에서 세진이만 별도로 훈련을 받았다. 아들의 성격을 근거로 미뤄보면, 메아리 노래책을 가져간 것에 대해 반성문쓰기를 거부했을 것이다. 그는 잘못된 것에 절대 자신의 고집을 꺾는 스타일이 아니다. 두 번 말하는 것도 싫어하고, 두 번 듣기도 싫어하는 성격이다. 자기가 주장할 때는 논리적으로 말하지만, 그 외에는 예 또는 아니오로 간단히 말한다. 말해야 될 상황이라고 판단이 섰을 때만 말하지, 그 외에 말을 아예 하지 않는 성격이다. 그는 1주일 동안 주야로 괴롭힘을 당했다. 총알이 빗속같이 쏟아지는 현장을 피해 다녀야 했다고 한다."

입소 1주일 만에 시커먼 얼굴로 퇴소했다. 1주일 동안 앓아누워야 했다. 병원에서 치료를 받아야 할 정도였다. 김재훈은 "세진이가 문무대에서 기합을 받고 구타를 당하면서 군사문화의 실체를 봤을 것"이라고 문무대 경험의 영향을 분석했다.

세진이는 애초부터 군대에 대해 거부감을 가졌던 것일까. 앞에서 밝힌 대로, 그는 고교 2학년 겨울방학 때 스스로 지원해 3일간 전방입소를 할 정도였기에 원래부터 거부감이 있었다고 보기는 어렵다는 판단이다.

문무대 퇴소 직후인 3월말. 정보과 경찰 한 명이 아버지를 찾아왔다. 종로경찰서 소속의 형사는 "세진이 담당으로, 일거수일투족을 감시해야 하니 협조를 바란다"고 요청했다.

경찰은 또 세진이가 4·19혁명 기념시위에 참여할 것을 우려, 아버지에게 가급적 학교에 보내지 말아달라고 부탁했다. 물론 세진이는 "왜 학교에 가지 말아야 하느냐"며 아버지의 권유에 아랑곳하지 않고 학교에 갔다.

암울한 대학의 풍경도 그를 변하게 했다. 전경에 둘러싸인 병영 같은 캠퍼스. 눈앞에서 개끌려 가듯이 끌려가는 선배와 동료. 그는 인간과 세계, 역사와 사회에 대한 고민으로 밤을 지새우기 시작했다.

"대학에 들어와 저는 인간과 세계에 대해 고민을 했습니다. 눈앞에서 개패듯이 끌려가는 선배와 동료를 바라보며 저는 우리의 역사와 사회에 대한 고민으로 밤을 새웠습니다."(1986년 4월26일 부모에게 보낸 편지 중에서)

문무대의 경험과 병영 같은 대학 풍경 등은 그에게 많은 고민을 안겨줬다. 하지만 그는 이를 통해 정신적, 정서적으로 성장할 수 있었다고 나중에 회고했다. 미생물학과 동료에게 보낸 편지의 일부이다.

"문무대와 4월에 나에게 가해졌던 정신적인 고통에 대해 그대 중 어떤 사람은 '마치 첩보영화를 보는 기분'이라고 말을 했지만, 그 말이 나에겐 어쩌 남 얘기 같기만 했소. 난 비바람을 뚫고 나아가야 하는 바로 그 당사자였으니까. 그 고통을 통해 내가 많이 성장했다는 생각이 드오."(1984년 2월 미생물학과 동료들에게 보낸 편지에서)

언제부터 시위에 참여했을까. 1980년 5월 광주의 모습과 진실을 알고 분노하면서 시위에 참여한 것으로 보인다. 다음의 편지 구절은 이를 뒷받침한다.

"(1983년) 5월을 지내며 그대와 난 많은 것을 경험했소. 최루탄에 눈물지으며 왕도장(봉천동의 중국집)에 이르기까지."(1984년 2월 과 동료들에게 보낸 편지에서)

우리 사회와 국가의 비합리성. 억눌린 시민과 민중의 모습. 많은 것을 보고 느끼며 공부해야 했다. 그래서 도서관에서 책을 읽었다. 술자리에서는 친구와 선배의 얘기를 들었다. 공부하고 또 공부했다. 많은 사실과 사건을 역사의식 속에서 해석했다.

"저의 대학생활을 어떻게 설명해야 할까요? 아무튼 단적으로 말하면 일반적인 다른 사람보다는 더 어렵게 살아가고 있어요. 대학 들어와서 많은 것을 보았고, 느꼈고, 공부했어요. 고민을 성실하게 수행하려는 노력을 계속해왔죠. 고등학교 시절까지 왜곡되어 주어졌던 사실, 그리고 그 속에서 왜곡되어 있는 나의 모습을 점점 더 명확하게 발견하게 돼요. 자아관과 우주관이 고등학교 때에 비해 비약적으로 확립됐죠. 그리고 그 기본은 앞으로도 변하게 될 것 같지가 않아요. 산다는 것이 무엇이라는 것을 이제는 어느 정도 알게 됐어요. 그리고 무엇이 중요한 것이며, 우리가 추구하는 몸의 안락이 얼마나 우스운 것인지를 관념이 아닌 생활과 몸으로 느끼고 있고

요. 모든 사실과 사건이 역사의 동인에 대한 명확한 인식과 역사의식 속에서 해석이 가능해 졌어요." (1983년 11월6일 L에게 보낸 편지 중에서)

사회참여를 시작하면서 기독교 사상에도 중대한 변화가 있었다. 변화가 이뤄지던 이 시기에 그는 1년 가까이 자교교회에 나가지 않았다. 큰 방향은 기독교 신앙과 사회과학적 인식을 상호 일치시키는 것이었다. 이는 상당수 종교인이 사회참여 활동에 참여하면서 자신의 신앙을 버리는 것과 다른 모습이다. 그의 고백이다.

"대학에 들어온 후 자신의 신앙을 지키지 못하고 버리는 사람을 많이 보게 돼요. 저와 같은 생활과 공부를 하는 사람은 특히 그렇죠. 기독교도인 저로서는 사회과학적 인식과 기독교 신앙의 상호일치를 찾고자 무척 노력하게 돼요. 제가 공부하고 있는 것과 기독교 신앙 사이의 아이덴티티를 발견하고자 노력하게 되죠. 그래서 저 나름대로 나의 언어로 된 독특한 신앙고백을 하게 돼요. 좀 거칠게 말한다면 한국기독청년협의회적 신앙고백이죠. 따라서 기독교운동에 무척 찬동하는 입장이에요." (1983년 11월6일 L에게 보낸 편지 중에서)

모든 억눌림, 부자유함으로부터 터져나오는 해방의 외침. 억눌린 이웃들의 절망에 귀기울이는 기독교와 기독교인. 그가 생각하는 바람직한 기독교인의 상이었다. 변화의 모습은 그가 편집을 맡았던 자교교회 제1청년회 회지 '엑소더스' 에 잘 드러난다.

출애굽은 모든 억눌림, 속박, 부자유로부터 해방이며 인간화라고 주장했다. 칼럼 가운데 일부이다.

"종점이 다가온다. 그것은 동시에 시점. 우리는 (윤)동주를 생각하게 된다. 종점..., 그리고 시점...그것은 하나의 출구, 출구다. Exodus(엑소더스)!

아, 탈출, 해방이여! 그것은 모든 억눌림, 속박, 부자유함에서의 우리의 해방, 인간화이다. 바로의 손에서 건짐을 받았을 때 저 하비루들이 느꼈던 그 벅참, 감격. 가난하고 배고픈 자 억눌리고 소외당한 자의 해방, 엑소더스. 아, 엑소더스! 엑소더스! 하나님의 해방하심을 믿는 우리 엑소더스라는 공동체는, 지난 1년 동안 과연 무엇을 하였는가?

    ...(중략)...

주위에 어둠이 깔리고 적막이 우리 내면의 숨겨진 깨끗한 마음을 팽팽히 찔러올 때, 벗이여 가만히 소리를 들어보라. 해방을 갈구하는 그 내면의 외침을, 그 억눌린 이웃의 절망적 음성을. 사지가 움추려드는 이 추운 겨울, 그대여 눈을 부릅뜨고 들으라. 기어이 오고야 말리라는 해방의 그 외침을. 엑소더스 벗님들이여, 기어이 눈을 뜨리라."('편집 칼럼' 중에서, "엑소더스 1983년 11/12월호")

함운경과 노동자와의 대면

세진이에게 적지 않은 변화가 생겼다. 1985년 미문화원 점거농성을 주도했던 함운경(물리학과 82학번, 나중에 서울대 삼민투 위원장이 됨)을 만난 것이다. 함운경이 가르치는 지하서클에 들어가 학습과 실천을 병행했다. 김재훈이 기억하는 함운경과의 일화이다.

"함운경은 세진이의 인상을 보고서 천하의 귀공자인데, 무슨 운동을 할까 생각하기도 했다고 한다. 그런데 나중에 보니, 세진이가 책임감이 아주 강하다는 것을 알았다고 했다."

1학년 겨울 방학 기간이던 1984년 2월. 세진이는 약 2주간 함운경 등과 함께 서울 구로공단에서 공장 활동을 했다. 10여일의 준비를 한 뒤였다. 부모에게는 일찍 공부하러 간다고 했지만 사실은 공장에 갔다. 가득 찬 먼지와 쇳가루, 쫙 가라앉은 연탄가스 냄새와 소음. 2주일 새 4명의 손가락이 프레스에 잘려나가는 위험. 그는 하루 12시간 가까이 노동을 했다.

"지난 2주 동안 구로공단의 한 공장에 들어가서 일을 했어요. 그 곳에 들어가기 전 약 열흘 동안 준비를 했고요. 하루 11시간 반~12시간 반 노동의 아주 피곤한 생활이었답니다. 아침 8시25분경부터 밤9시45분~10시45분까지 공장에서 생활해야 했어요...하루 8시간 노동의 임금이 2500원. 한 달 내내 노동을 해도 고작 10만원~12만원이 대부분이랍니다. 제가 일한 2주 동안에도 4명이 프레스에 손끝이 잘렸고요, 손이 찢어진다거나 손을 베이는 것은 비일비재해요. 다행히 크게 다친 사람은 없지만. 작업장에 가득찬 먼지, 쇳가루, 연탄가스, 소음, 종일 백열등 아래서의 작업. 정말 열악한 환경에서의 터무니없는 저임금이었습니다. 공장생활을 마칠 때는 그곳 노동자들과 상당히 정이 들어있었답니다."(1984년 2월26일 L에게 보낸 편지에서)

즐거움보다는 강제 포로수용소 같다는 볼멘 소리. 그는 공장생활을 통해 노동자의 열악한 상황을 깨달았다. 노동이 즐거움이거나 삶 자체라기보다는 노동의 소외를 느꼈다고 했다.

"내가 느낀 것은 일이 힘들다는 것보다는 그 노동이 완전히 소외된 형태의 노동이라는 것입니다. 노동의 즐거움보다는 강제에 의한 노동력 착취가 더 강했고, 마치 포로수용소 같다는 한 노동자의 말은 많은 시사점을 주고 있어요. 옛날 영국의 러다이트운동(기계파괴운동) 때의 노동자의 의식과 반드시 같다고 말할 수는 없지만, 해머를 가지고 기계를 부수는 제스처를 하던 노동자의 모습은 산업혁명 시기나 현재에 있어서나 근본적으로 달라지지 않은 자본주의 생산양식 하에서의 노동의 소외를 단적으로 나타내주고 있었습니다."(1984년 2월26일 L에게 보낸 편지에서)

한편으로는 노동자에 대해 실망도 했다고 한다. 책에서 배운 노동자의 모습과 실제 모습이 100% 일치하지는 않았기 때문이다. 왜 노동자를 위해 투쟁해야 하는가?

자연대 선배 주찬구와 아버지 김재훈의 증언은 대체로 일치하고 있다.

"세진이가 공장에 갔다 온 뒤 노동자들이 이기적이고 쪼잔하다고 했죠. 그래서 제가 구박했죠. 네가 노동자를 아느냐? 노동자는 해방자이다. 제 인생경험과 전태일 평전 얘기를 열심히 했죠. 세진이 가슴에 아주 큰 멍이 되었나 봅니다."(주찬구)

"실제 노동자의 모습이 서클의 선배들과 책에서 배운 노동자 모습과 달라 보인 모양입니다. 쪼잔하다고 생각한 것이죠. 우리가 무엇 때문에 노동자를 위해 투쟁해야 하느냐며 회의했던 것 같아요."(김재훈)

현실과 이론의 차이인가 아니면 인식의 한계인가? 그는 헷갈렸다. 인식의 부정과 다른 의견의 주입. 그는 당시 자신의 판단에 자신감을 잃기도 했다고 고백했다.

"공장생활을 마친 지금 나의 마음이 분명히 정리되고 확신을 가지게 된 것만은 아니에요. 오히려 내 판단에 대한 자신감을 잃게 되었죠. 그것은 공장 생활 때문은 아니고요, 그 가운데의 한 계기 때문이었어요. 계속적인 내 인식의 부정과 나를 정리시켜 주려는 다른 사람의 노력은 나 스스로의 판단에 대한 자신감을 잃게 했어요."(1984년 2월26일 L에게 보낸 편지에서)

자교교회에서는 성서연구위원회 일원으로 활동했다. 또 제1청년회의 편집부장이 돼 회지 '엑소더스'의 발간을 주도했다. 성서의 민족적, 민중적,

시민적 이해를 추구했다. 율법서 등 구약의 재해석, 세계 기독교사와 한국 기독교사의 연구, 그리고 궁극적으로 예수에 대한 재해석을 시도했다.

먼저 한국기독교사 기획시리즈를 준비했다. 교회사가의 호의적 내용 위주의 교회사 대신, 역사적 시각과 비판적 통찰력을 가진 기독교사의 재인식과 재구축을 시도한 셈이다.

"1884년 미국 선교사를 통해 전파된 한국 개신교는 그간의 많은 양적 팽창에도 불구하고 오늘날 교회 갱신을 요구하는 드높은 비판의 소리를 듣고 있다...따라서 구체적 역사 가운데 시련을 이겨온 한국 기독교의 전통을 민족, 민주, 민중의 주체로서 기독운동적 관점에서 이해하고자 이번 기획을 마련하였다."('한국기독교사 프롤로그' 중에서, "엑소더스 1984년 2월호")

철저함, 작은 예수의 길

대학교 2학년 때부터 서울 신림동 근처에서 자취를 시작했다. 학생운동에도 본격적으로 뛰어들었다. 물론 부모에겐 학교가 멀어 공부하기 힘들다고 말했다.

특히 함운경이 주도하던 지하 서클은 그에게 지대한 영향을 미친 것으로 보인다. 2학년 2학기 어느 날. 세진이가 자연대 후배를 데리고 함운경의 서울 상도동 자취방으로 찾아가던 때의 기억이다.

"농활이 끝나고 A형의 소개로 세진이형과 만날 약속을 했습니다. 상도동 자취방을 찾아가는데, 여기 강아지를 잘 봐라, 여기 고무줄하는 아이를 잘 기억해둬라. 뭐 이런 말을 하는 겁니다. 자취방에서 처음으로 (함)운경이형을 만났습니다. 동기 2명이 와있더군요. 세미나가 끝나고, 운경이형이 세진이형에게 물어보더군요. 여기 오는 법 잘 가르쳐주었지? 강아지가 있는 곳에서 오른쪽, 애들 고무줄하는 데서 왼쪽…"(이영득, '세진이형에 대한 추억' 중에서)

반면 그가 영향을 준 후배로는 1988년 조국통일을 외치며 서울 명동성당에서 자살한 조성만이 있었다. 조성만은 비록 짧지만 1학년 2학기 잠깐 동안 함운경씨와 세진이가 지도하는 지하서클에서 활동했다.

"그(조성만)의 1학년 생활 중 비록 그 기간은 짧으나, 중요한 의미를 가지게 된 만남이 1학년 2학기 때 이루어진다. 학내 서클을 통해 함운경(물리학과 82학번), 김세진 학형과 함께 공부하고 토론하는 기회를 가지게 된 것이다. 두 선배와의 만남은 짧은 것이었음에도, 특히 그의 군 생활에서 한반도의 현실에 눈뜨게 되는 중요한 계기가 되었던 듯하다."('조국통일열사 조성만', "자연대 3인 열사 추모자료집", 31쪽)

그는 자신에게 가혹하리만치 철저했다. 하는 일, 사람과의 관계, 그리고 자신의 일상 등 생활 전반에서 엄격했다. 사람들은 이에 대해 단순한 철저성이 아니라 민중에 대한 사랑에서 연유한 자기강제였다고 해석하기도 했다. 가끔은 타협을 모르는 사람으로 비춰지기도 했으리라. 서울대 한 후배의 증언이다.

"그는 모든 일에 철저했다. 철저했다기보다는 그러기 위해 모든 정열을 쏟았다. 그 철저성은 단순한 철저성이 아니라 민중에 대한 뜨거운 사랑에서 연유한 철저성, 자기강제였다. 그렇기에 그는 타협할 줄 몰랐다. 사소한 것도 그냥 넘어가려하지 않았다. 그래서 어떤 이는 그를 완벽주의자였다고도 말한다. 나는 결코 형이 완벽을 의식적으로 추구했다고 생각하지 않는다. 그리고 결코 완벽한 인간도 아니었다.

형은 민중에 대한 뜨거운 사랑으로 똘똘 뭉쳐진 평범한 대학생, 한 인간이었을 뿐이다. 그는 성실했다. 뚜렷한 목적의식 속에서 성실을 몸소 실천했다. 언젠가 이런 말을 했었다. 나는 이제까지 내게 주어진 문제를 결코 회피하지 않았다. 그 문제를 해결하기 위해 항상 성실하려고 해왔다. 그래서 그는 전방입소 거부투쟁에서도 그의 성실을 입증하려 애썼다. 그에게 주어진 문제를 회피하려 하지 않고 책임지려했던 그의 노력이었을 뿐인지도 모른다."('옆에서 본 세진형' 중에서, 한국기독학생회총연맹, "고 김세진 열사 추모예배", 26쪽)

자신의 일로 생각했기에 창의성이 솟아났다. 아버지 김재훈의 증언처럼, 그는 휘발유를 구하기 위해 오토바이에 휘발유를 배달시키고, 시위 현장에선 정장을 입고 통과하는 재치를 발휘할 수 있었던 것이다.

자신에 대한 철저함은 사람에 대한 애정으로 표현되었다. 그는 후배들을 엄격하게 가르쳤다. 후배 이영득씨의 기억이다.

"그 황당한 민한당사 농성(1984년 9월)이 있은 후 주로 저를 데리고 가두시위에 나간 사람은 세진이형이었습니다. 수업이 끝나고 밖으로 나오면 칼같이 밖에서 기다리고 있는 것입니다. 어느 날 수업을 마치고 나오는데, 세진이형이 안보이는 것이었습니다. 왠일이지, 오늘은 데모가 없나보다. 그렇게 생각하고 잽싸게 가버렸죠. 그러나 다음날 결국 세진이형을 보았습니다.

-너 어디 갔었어?

-전 형이 안보이기에 그냥 집에 갔는데요?

-야, 이놈아. 너 금요일마다 가두투쟁이 있는 거 알아 몰라. 내가 널 찾아다니리? 선배가 안보이면 당연히 네가 찾아와야 하는 거 아니야?

그날 전 작살나게 혼나버렸습니다."(이영득, '세진이형에 대한 추억' 중
에서)

그는 교회 후배에게도 스스로 자신의 운명을 개척해야 한다고 강조했다.
그러기 위해서는 일반적인 기독교가 아니라, 자신에게 다가오는 신의 의미
를 깨닫는 것이 중요하다고 주장했다.

"삶의 긴 여정 속에서 우리는 동반자가 될 수 있을 뿐이오. 그러나 그대에
게 이 말만은 꼭 해주고 싶소. 우리는 때로, 그리고 너무나 자주 참으로 중
요한 것을 잊고 지내고 있다고. 결국 모든 것은 나 자신에게로 귀결되어진
다는 그 엄연한 진실을…참으로 중요한 것은 일반적으로 사람들이 믿고 있
는 기독교가 아니라, 나 자신에게 다가오는 그의 의미, 그 가운데 변화하는
나의 삶 사체인 것이오."('교사문단' 중에서, "임마누 엘 제41호", 1984년)

여름 방학 기간이던 7월30일. 자교교회 제1청년부 회원들과 함께 8월4일
까지 5박6일간 충남 서산 상홍감리교회에서 농촌활동을 했다. 농활을 통해
'하나님의 해방공동체'가 어렴풋하게나마 설계돼 삶의 변화 계기가 된 것 같
다고 호평했다. 이론을 뛰어 넘어 실천적으로 민중의 의미를 깨닫게 해줄 수
있다는 판단에서다. 그래서 더 많은 이웃, 민중에게 따뜻한 시선과 사랑을 보
내는 시대가 오면 '하나님의 나라'가 도래할 수 있을 것이라고 생각했다.

"모든 행사 중에 회원들의 머릿 속에는 어렴풋하게나마 '하나님의 해방
공동체'가 설계되었고, 조금이나마 삶의 방향이 전환된 것 같다."('특집
1984년 제1청년부 농촌봉사활동' 중에서, "엑소더스 1984년 8월")

"1984년 청년부 여름수련회는 엑소더스사에 길이 빛날 대전환이었다. 이
론적으로만 팽창을 추구해왔던 우리 청년부에 대한 획기적인 방향 제시였
다. 이 땅의 빛의 역할을 하고자 하는 크리스찬의 하나의 몸짓이었다…이러

한 활기 속에서 빛이고 소금인 우리 청년들이 기나긴 침묵을 깨고, 하나님의 나라와 좀 더 많은 사람들에게로 시각을 돌리는 그때가 오면, 바로 그때 '하나님의 나라'가 이 땅에 임하게 될 것이다."('편집칼럼' 중에서, "엑소더스 1984년 8월")

눌린 자로의 관심 전환. 신앙의 내재화. 청년회 편집부장으로서 자신이 편집을 책임졌던 제1청년회 회지 '엑소더스'(1983년 1월호~1984년)의 모습을 다음과 같이 평가했다.

"큰 스케일의 기획, 이전 자기 자신에서 안주했던 것으로부터 탈피하여 좀 더 광범위하고 깊이 있는 내용의 논단, 청년의 관심이 소위 눌린 자에게로 돌려지게 된 점, 추상적이었던 신앙의 개념이 좀 더 구체화된 것을 보여주고 있다. 물론 이러한 긍정적인 모습뿐만 아니라 성경 그 자체와의 약간의 괴리감이 생겼다는 모습도 보여주었다. 이것이 엑소더스가 걸어온 짧은 기간 동안의 발자취이다."('편집자칼럼' 중에서, "엑소더스 1984년 송년호")

3학년이던 1985년. 세진이는 학생회 간부가 됐다. 미생물학과 과학생회장과 함께 자연대 부학생회장을 겸했다. 특히 얼마 후 자연대 학생회장 이호찬씨가 구속되면서, 사실상 자연대 학생회장직도 대행했다.

철저성은 학생회 활동에서도 드러났다. 자신이 반대했더라도 조직에서 민주적으로 결정한 사항은 반드시 지키려 했다. 등록금동결투쟁에서 잘 드러난다. 등록금동결투쟁이 결의되자 그는 등록금 납부를 끝까지 거부했다. 성적장학생이었기에 학도호국단비만 내면 됐지만, 그는 내지 않았다. 추가등록 기간에 겨우 등록해 제적만은 면할 수 있었다.

5월23일. 서클 선배 함운경씨가 다른 대학교 학생들과 함께 서울 미문화원을 점거했다. 광주민중항쟁 과정에서 미국의 군부지원 책임론을 제기하며 진상규명을 촉구했다. 다만 "반미는 아니다"라며 반미를 전면적으로 외치지는 않았다. 농성은 26일 새벽에 풀렸다.

세진이는 이 때 서울 을지로에서 열린 미문화원 점거농성 지지시위에 참여했다. 이 시위에서 붙잡혀 구류처분을 받았다. 일부러 붙잡힌 것이다. 이호찬 자연대 학생회장 등 붙잡힌 선·후배를 만나보고 싶어서였다. 김재훈의 설명이다.

"관악경찰서로 갔더니, 세진이가 나더러 '파스 좀 사달라'고 했다. 그러면서 이호찬 자연대 학생회장 등 선배 등을 만나고 싶어서 일부러 붙잡혔다고 고백했다."

그 해 7월. 1주일여 간 전남 함평으로 농촌활동을 갔다. '마을문고'를 숙소로 삼아, 담배 건조장 건실 등 농사일을 거들었디. 한 움큼 삽질마다 깊어지는 사랑과 배움.

"어제는 담배 건조장을 만드느라 종일 삽자루를 잡았습니다. 힘든 노동 속에서 삶에 대해 많은 것을 배울 수 있었으리라 생각합니다...비가 내리지 않아요. 마을로 들어온 이후 하루만 비가 와서 작업을 못하고 계속 작업을 했습니다."(1985년 7월5일 부모에게 보낸 엽서에서)

3학년 때부터 자교교회 청년회장도 맡았다. 그는 이 때 완전히 바뀐 기독교 신앙을 갖게 됐다. 하나님 앞에서 말로만 평등을 주장할 게 아니라 민중의 고난에 구체적으로 동참해야 한다고 강조했다. 예수를 사회를 변화시키러 온 사람으로 이해했다. 이 같은 사상은 루터의 종교개혁을 비판적으로 평가하면서 확연해진다.

"루터의 후예인 우리는 그럼 무엇을 취하고 무엇을 버릴 것인가? 그는 수도원의 부패상에 분노를 가지고 정의와 평등을 선포한다. 하지만 그것은 지식인의 양심선언에 불과했던 것이다. 그는 자신의 이상을 실현하기 위해 봉건영주들의 비위를 건드리고 싶지 않았던 것이다. 그러나 하나님은 과연 누구를 출애굽시키고 싶어하는가? 루터는 인간을 해방시키기 위한 방법으로 그들을 억압하는 방법을 썼다는 엄청난 아이러니를 갖고 있다. 우리는 하나님 앞에서 평등을 외쳤던 그 정신을 배워야 한다. 그러나 그것이 말로만 끝나는 것이어선 안된다. 그것이 관념으로 끝나지 않기 위해서는 이 땅의 억압받는 사람이 누구인가, 하나님은 누구를 해방시키고 싶어하는가에 대한 강한 고민과 결단이 필요하다. 이 땅의 민중들의 고난에 구체적으로 동참하는 것, 그것이 바로 우리 기독교인들에게 요구되는 것이다."('종교개혁 주일을 보내며' 중에서, "엑소더스 1984년 송년호")

학습과 실천, 그리고 '아카데미'

마르고 가냘퍼 보이는 외모에 날카로우면서도 열정적인 눈빛. 1983년 3월. 재호도 서울대 정치학과에 입학했다. 서울 신림동에서 하숙을 했다.

재호는 신입생 환영회, 문무대 입소, 선후배와의 술자리, 서클 생활 등을 거치면서 서서히 인간과 사회, 역사와 철학에 대해 깨치고 배워갔다. 1학년 때 학교 성적은 2.0을 조금 넘는 수준이었다.

재호가 시위에 처음 참여한 것은 5월말로 추정된다. 첫 시위 참여는 이후 자신의 삶에 파문을 일으켰고, 망설여왔던 행동에 확신을 심어준 계기가 됐다고 회고했다.

5월30일 일기 가운데 일부다.

"내 짧은 머리로는 아마 요즘 근 6일 동안은 앞으로 살아가는 데 동심원의 파문(물결)을 일으킨 돌이 던져졌던 기간이다. 살아생전 첫 데모와 관련한 기억은 그 동안 망설여졌던 생각 행동 표현이 확실에 가까운 곳에 계단을 딛게 해주었다. 인식의 의식이 실천의(무의식의 실천이지만) 위치를 마련해 주었고, 실천이 인식과 행동의 괴리를 어느 정도 무마하고 말았다. 아버님 어머님 아니 모든 분(나를 생각하시는)들에게 걱정 끼쳤던 기억은 그것이 더 높은 선을 향해 있다는 생각에 나의 지금을 합리화시키고 싶다.”

특히 그에게 커다란 기둥이었던 아버지 어머니의 우려를 더 높은 선을 위한 사회참여로 합리화하는 모습은 인상 깊다. 그렇다면 왜 재호는 사회참여에 적극 나서게 되었을까. 앞에서도 언급했지만, 1980년 5월 광주가 결정적으로 영향을 미친 것으로 분석된다. 친구 강석운의 기억이다.

“사과탄이 터지고 끌려가는 선배들의 절규는 이제 갓 대학을 들어온 신입생의 가슴을 흥분시켰다. 재호도 몇 번이나 시위의 현장을 보았고 간혹 스크럼의 대열에 뛰어들어 보았다. 그러나 그 때마다 재호의 뇌리 속에 생생히 떠오르는 것은 1980년 광주의 모습이었다. 그 몸서리쳐지는 살육의 현장이 기억날 때마다 이를 깨물며, 재호는 냉정한 시선으로 시위의 현장을 보고 있었다. 가슴 깊숙이 고개 쳐드는 분노의 열정을 온몸으로 껴안으며, 1980년 광주를 품고서…” (‘이재호 열사의 대학생활’ 중에서)

재호는 이후 적극적으로 사회 참여활동을 했다. 2학기에는 1학년 대표가 되기도 했다. 유세에서 ‘더불어 함께 하는 정치학과’ ‘공동체로서의 우리’를 강조했다고 한다.

참여 없는 민주화운동은 아무런 효과가 없다고 판단했기 때문이다. 10월 가을축제 때의 모습에 대한 강석운의 증언이다.

“축제 중간에 정치학과 2학년의 모의국회가 끝나고, 신림동 근처 술집에서 1학년들이 모여 떠들썩한 술자리를 가졌다. 밤은 깊어가고, 모두 다 약간의 취기로 흥분되어 있었다. 갑자기 재호가 교문 앞에 가서 술을 마시자고 제의했다. 시간이 흐르는 것을 아쉬워하던 모두는 흔쾌히 동의했고 술집에서 일어나 교문을 향해 걸어갔다. 재호는 이미 어디선가 술과 안주거리를 준비하여 앞장 서 걷고 있었다. 밤이 깊은 교문 앞은 아무도 없었고 그리하여 그 곳은 그들만의 세상이었다. 재호와 그의 친구들은 술을 마시고 노래했다. 그 흥겨움은 어느덧 춤으로 변했고, 그들은 해방의 공간에서 해방의 춤을 추었다. 그런데 재호가 보이지 않았다. 교문을 기어오르고 있었다...잠시 후 목소리가 들렸다. 민주주의 만세, 민주주의 만세."('이재호 열사의 대학생활' 중에서)

재호는 겨울방학 동안 지하 서클에서 열심히 공부했다. 올바른 인식만이 올바른 실천을 가능케 한다는 판단에서다. 그는 흥사단의 학생조직인 '서울대 아카데미'라는 곳에 가입했다. 19기로, 동료로는 서울대 정치학과 83학번 이건범 등이 있었다.

5월 광주로 가는 길

재호는 2학년 때부터 본격적으로 학생운동에 참여했다. 이를 위해 신림동과 봉천동 등지에서 자취를 시작했다. 하숙보다 자유롭게 세미나나 토론회 등을 열기 위해서였다. 세미나 참석자를 위해 가끔 밥상과 술을 준비하기도 했다. 서클 세미나가 적지 않게 재호의 방에서 열렸다는 게 관계자들의 증언이다.

가족들의 기억도 일치한다. 어머니 전계순이 1984년 3, 4월 어느 날 재호의 자취방을 찾았을 때의 얘기다. 재호는 친구와 약속이 있었지만, 어머니가 상경하자 약속에 가지 않고 집에 있었다.

"나는 괜찮으니, 어서 약속에 다녀오도록 하거라."

"그럼 금방 다녀올게요, 어머니."

재호는 다음날 새벽에야 조용히 돌아왔다. 어머니 전계순은 "지금 생각해보면 재호는 그 때 이미 학생운동을 하고 있었던 것으로 보인다"고 회고했다.

학생운동에 적극 참여했지만 역시 부모를 생각하면 마음이 아팠다. 부모의 기대를 벗어나는 것도, 부모가 걱정하는 것도 안타까웠다. 자신의 룸메이트 얘기를 하면서, 그는 자신의 모습을 봤을 것이다. 3월29일 일기 중 일부다.

"룸메이트는 오늘 따라 불만인가 보다. 자기 어머님이 오셨는데도 말이다. 이 녀석도 괴롭지 않을 수 없겠지. 지금 모자라는 잠에 빠졌나보다. 내일 깨어나면 다시 괴로워하겠지. 어머님은 자식의 고통스런 모습 때문에... 자식은....세상이 답답해서 아, 취하고 싶어 미치겠다."

2학년인 재호의 생활 공간은 크게 두 곳이었다. 정치학과 학생회와 지하서클이 바로 그 곳이다. 두 곳에서 열심히 생활했다. 정치학과 학회와 지하서클 1학년 학습지도를 맡았다.

그는 후배들에게 독특한 방법으로 가르쳤다고 한다. 강석운의 분석이다.

"후배들과의 세미나에서 재호의 지도방법은 조금 특이했다. 즉 실례를 들어 설명하는 것과 원칙적인 부분들을 간과하지 않고 다시 확인한다는 것이었다. 특히 노동문제나 농민문제를 토론하는 중에는 비록 자신이 경험한 것이 없었다 할지라도 모든 문제를 구체적인 사실로 현상을 설명하고 그 속에 내재되어 있는 모순을 도출해 내며 그 해결방식을 현실에서 찾을 수 있는 구체적인 맹아를 종합해 제시했다. 이러한 과정을 통해 재호는 맹목을 철저히 경계하였다. 가장 원칙적인 문제를 철저히 파헤쳐 내화하지 않을 때는 이미 원칙은 구체성과 현실성을 상실하고 나아가 현실을 왜곡시키는 방패가 된다는 사실을 그는 너무나 잘 알고 있었던 것이다."('이재호열사의 대학생활' 중에서)

재호는 자신이 맡은 일에 항상 최선을 다하는 성격이었다. 1984년 5월제 모의대통령선거에서도 잘 드러난다. 사회민주당 대통령후보역을 맡은 그는 매우 정열적으로 연기, 주목을 끌었다고 한다.

"재호는 정치학과 학생들로 구성된 '사회민주당'의 위원장으로 대통령 후보를 대신하여 8000여명의 관악 학우가 모인 아크로폴리스 유세에서 선거운동을 했다. 재호의 지도력은 뛰어나서 아크로폴리스의 열기를 고조시켰고 혁명적인 노선을 선전하는 인문대 모의대통령 선거원으로부터 집중적인 야유를 받기조차 했다. 어떤 역할이고 성실히 정열적으로 수행해 가는 재호의 성품, 축제의 처음부터 끝까지 일관되고, 피곤한 가운데에서도 보다 많은 학우가 축제에 자발적으로 참여하는데 자신이 조금이나마 공헌했다는 보람으로 흥분을 감추지 못했다."('이재호 열사의 대학생활' 중에서)

재호의 현실 인식은 어떠했을까. 1984년 11월28일 작성된 '장학생선정신청서'에서 그 일단이 드러난다. 학비보조를 요하는 사유 경제상태 부문에서 "한국의 농가가 대부분 그렇듯이 정체, 퇴보의 연속입니다. 큰 누나는 출가하여 없고 작은 누나가 공장에서 일을 해서 약간 도움을 주려고 합니다만 출발부터 한계가 있는 것이 아니겠습니까?'라고 적었다. 우리 사회 구조적인 모순에 대한 우회적인 불만의 표출이었다.

이영일 당시 민정당 의원의 인사방문을 놓고 대립한 아버지와의 갈등에서도 드러난다. 전남 함평 출신의 이 전 의원은 1981년 제11대 때 민정당 전국구 의원으로 정계에 입문한 뒤 12대 때 광주 서구에서 당선된 함평 이씨의 종친. 2학년 어느 날. 아버지 이영범은 이 의원을 찾아가보라고 권했다. 그는 "시간이 되면 찾아뵙겠다"고만 말했다. 하지만 찾지 않았다. 1985년에 아버지가 재차 말하자, 재호는 "가지 않겠다"며 거절해버렸다. 민정당에 대한 반감이 컸기 때문이었다.

2학년 말에 작성한 '학습계획서'에서 전공과목 학습은 정치발전론, 정치사상사 등에 시간을 배려하고 싶다고 밝혔다. 그러면서 교양과목, 독서 등의 계획에 대해시는 다음과 같이 밝혔디.

"정치학을 가능하게 해주는 제반 기초지식을 폭넓게 수용해야 된다고 느끼게 되는 바, 경제학 철학 사회학 등의 다른 분야의 서적도 공부를 할 것입니다. 또한 리듬을 가지는 생활, 정서를 가지는 생활을 위해 문학 특히 시에 대해서도 공부할 것입니다."

인생관과 관련, 재호는 "남의 불행은 곧 나 자신의 불행이며 나의 행복은 곧 남의 행복임을 명심하며 말로만 떠들지 않는, 말에 그치지 않는 나의 생을 살고 싶다"고 기록했다. 인류의 이익과 자신의 이익을 일치시키려는 모습을 보였다.

투쟁 현장에서는 선봉에서 싸웠다. 몇 차례 연행되고, 구류를 살기도 했다. 투쟁의 현장에서는 '성난 사자'의 모습이었다는 게 동료들의 증언이다. 강석운의 기록이다.

"재호는 무력감을 실천 속에서 극복하고 있었다. 교문싸움과 가두투쟁의 선봉에 서서 싸워나갔고 그 실천 과정에서 누구보다도 온전한 투쟁성을 키워 나갔다. 투쟁현장에서의 모습은 성난 사자였다. 최루탄에 충혈된 눈동자 속에서 뿜어나오는 열기는 그를 가로막고 있는 모든 장애물을 녹일 수 있는 것이었다. 호방하고 강직하고 불같은 성격이 모든 투쟁에 그대로 드러났다."('이재호 열사의 대학생활' 중에서)

2·12총선을 앞두고 2월5일 시위에서 연행돼 5일간 구류를 살기도 했다. 구류 소식에 아버지 이영범이 광주에서 올라왔다. 하지만 아버지는 재호에게 나무라거나 훈계를 하지 않았다. 그래서 재호는 더 미안했다. 속 깊은 너그러움. 말 없는 성찰.

3학년이 시작된 3월21일. 재호는 막내 여동생 수정에게 편지를 보냈다. 편지에는 그의 고독과 진취적인 생각이 묻어난다.

"조용히 내리는 빛의 따사로움. 살갗을 간질이는 미풍. 창밖의 관악산에서 봄이 움터 나오는 소리를 듣는다…이제 '정겨움' 으로부터 추방된 자신은 그래도 개나리가 금새 필 것만 같은 기대 속에서 정신적으로 피곤해진 육체를 겨우 지탱하는 순간들이다.

그렇다. 서울은 시멘트 덩어리다. 그리고 뭥구는 인간덩어리다. 그 속에서 그래도 파릇하게 돋아나는 새싹을 느끼려 하는 인간에게는 그만큼 고통이다. 그러한 고통은 개인적인 것이 아니다. 개인을 포함하는 인간 세계의 고통이다. 수정에게 오빠의 인상은 고통이 토해내는 핏덩어리다. 비록 아플지라도 비록 현재가 우리 모두에게 쓰라릴지라도 참 웃음질 수 있는 그날을 위해 오늘은 진취하자."(1985년 3월21일 동생 수정에게 보낸 편지에서)

투쟁에도 더욱 열심히 참여했다. 5월, 재호가 구류에서 풀려난 직후 서울대 정치학과의 5월 투쟁을 앞장서 벌인다. 강석운의 증언이다.

"1985년 5월1일 '메이데이투쟁' 이 영등포에서 있었다. 재호는 또다시 '적' 의 탄압으로 연행되어 구류를 살게 됐다. 메이데이투쟁은 5월 투쟁으로 연결됐다. 그때 정치학과 내부에 '광주민중항쟁계승특별위원회' 를 설치했다. 발족식이 있던 날이 재호가 구류를 마친 날이었다. 재호는 구류를 마치자마자 바로 학교로 올라왔다. 안부를 묻는 주위 친구에게 건강하다고 말하고 특위를 자기가 맡을 것을 간청했다.

영원히 광주의 젊은이로 남고자 하는 재호이기에, 5월이 되면 분노로 빛나는 그의 눈을 알기에 어떻게 보면 '광주민중항쟁계승특별위원회' 는 재호 그 자체일 수밖에 없었다. 재호는 엄숙히 선언문을 낭독했다. 이 한 목숨 민주의 제단에 바쳐...광주민중항쟁을 계승하여 반전두환 군부독재 타도투쟁에 앞장설 것을 엄숙히 선언한다."('이재호 열사의 대학생활' 중에서)

학생 운동에 몰두하면서 그는 각각 2월과 7월 사회대 학장으로부터 '학칙 제78조 2항' 규정 위반 혐의로 근신처분을 받기도 했다.

이 시기 한국 현대사에 깊게 드리워진 제국주의 문제에 대한 고민을 심화시켰던 것으로 보인다. 미국과 일본 등 한반도를 둘러싼 열강의 움직임. 알맹이로부터 껍데기를 부수기 위한 전진. 재호는 역사는 선도적으로 투쟁하는 자만을 알맹이로 한다고 주장했다. 당시 그의 사상을 엿볼 수 있는 중요한 일기이다.

"고난에 찬 한국현대사는 일찍이 조선말기 일본을 비롯한 제국주의 침략으로부터 어두운 그림자가 드리워져 있다. 민족의 진정한 해방을 위한 투쟁사는 새로운 조건변화를 극복하지 못하고 일시 단절된 채 현대사의 진전을 더디게 하고 있다.

그러나 서서히 떠오르는 광명을 맘으로부터 준비하듯, 역사는 그 알맹이로부터 외압의 모든 구차한 껍데기들을 과감히 쳐부수기 위한 일보를 내딛으려 한다. 8월15일 나카소네 일본 수상의 신사참배를 정면으로 비난한다. 사살하고 싶도록 부정한다. 8월15일 미국대사관 앞에서의 '민족의 함성'에 아낌없는 찬사를 보낸다.

역사는 미루지 않고, 선도적으로 실천하는 자만을 알맹이로 한다."(1985년 8월15일 일기에서)

일기를 분석해보면, 그는 한국 현대사 곳곳에 제국주의의 어두운 그림자가 짙게 깔려 있고, 이로 인해 민족의 해방이 단절되었다고 인식했다. 그러면서 선도적으로 실천하는 '알맹이'로부터 외압의 모든 껍데기를 부수기 위한 일보를 내딛으려 한다고 했다. 반미 투쟁에 대해 찬사를 보내기도 할 정도로 미국에 대한 분노는 컸던 것으로 보인다.

대학생활은 사회참여를 했던 다른 대학생처럼 비교적 수수했다. 검은 바지에 검은 색 가죽점퍼. 가장 즐겨 입는 복장이었다. 1985년 12월 어느 날, 재호를 만났던 동생 재욱씨의 기억이다.

"재수 중이었는데, 입학 원서를 가지고 서울에 올라왔다. 오후 1, 2시쯤 서울 건국대 근처 다방에서 형을 만났다. 나는 담배 '솔'을 피었고, 형은 '은하수'를 피었다. 용돈도 넉넉하지 않을 때인데, 형은 나에게 용돈을 쥐어줬다. 친구와 밥을 사먹을 정도인 2만원 가량이 됐던 것으로 기억난다."

격류, 구학련의 한 가운데에서

세진과 재호. 두 사람은 '반미주의'라는 현대사의 새로운 격류 속에 서

있었다.

1986년 3월29일 오후 서울대 자연대 건물 22동 404호. 100여명의 학생들이 모인 가운데 대중적인 반미주의를 기치로 한 조직 '구국학생연맹'(이하 구학련) 전대회가 열렸다. 세진이와 재호도 구학련 조직원으로서, 이날 전대회에 참석한 것으로 분석된다.

반미자주를 기치로 한 구학련은 1985년 9월 공개 서클인 '고전연구회' 출신 가운데 '강철'로 알려진 김영환(법학과)등 7~8명이 결성한 '단재사상연구회'에서 출발한 비공개 운동조직. 이후 반미자주를 내건 비공개 운동조직은 고려대('애국학생회'), 연세대('반미국구학생동맹') 등에서도 잇따라 결성됐다.

이들 민족해방 그룹은 먼저 우리의 현대사를 '제국주의와 식민지 민중간의 투쟁과 민족해방의 역사'로 규정하고, 반미와 반파쇼를 지향하는 민주주의혁명을 주장했다.

구학련의 결성취지문이다.

"한반도는 19세기 말부터 분단을 거쳐 지금까지 일미 제국주의에 의해 강점 지배를 당해왔는데, 이들의 억압과 독점에 항거하여 분연히 투쟁하다 산화해 간 선배 순국영령들의 빛나는 전통을 계승, 미제의 식민지 파쇼통치의 매판적 반동집단을 타도하고 민족민주정부를 수립하여 모든 국민의 민주적 제 권리를 확보하고, 진보적 민족자주적인 교육제도를 확립하며, 조국의 빛나는 자주적 평화통일을 쟁취하기 위하여 열혈 애국청년학생들의 민주적 역량을 총결집하여 투쟁할 목적으로 구학련을 결성한다. 구학련 조직원은 첫째 한반도의 분단과 민중을 억압 착취하는 원흉으로서의 미제와 그 괴뢰정권에 대한 불타는 적개심과 둘째로 불요불굴의 투지와 셋째로 필승

불패의 신념을 갖고 구학련의 대오 아래 힘차게 전진하자."(강신철 외, "80 년대 학생운동사", 형성사: 서울, 1988, 170쪽 재인용)

구학련은 또 조직적인 측면에서는 서클-시스템으로 이뤄진 서클주의의 한계를 조직운동으로 극복하고 대중운동을 이뤄내야 한다고 주장했다. 서 클-시스템 조직은 학번별 질서로 인해 자발성이 제한된다는 것이다. 또 대 중 활동가의 공간과 비중이 축소되고 조직 패권주의적 폐해도 드러났다고 지적했다. 특히 총학생회 허용 등 1984년 학원자율화 이후 열려진 공간에 대한 대응 미흡도 작용한 것으로 보인다.

이 같은 '반미자주' 의 흐름은 1985년 말 개헌투쟁과 관련한 사상논쟁을 하는 과정에서 확산되기 시작했다. 처음엔 투쟁에서 쟁취해야 할 내용과 새 헌법을 쟁취하는 방법에서 시작했다. 하지만 나중엔 한국사회 성격과 변혁 전략 등 전면적인 사상논쟁으로 발전했다.

이때 '반제민중민주주의론(AIPDR)' 을 주장하는 책자 '반제민중민주화 운동의 횃불을 들고 민족해방의 기수로 부활하자' (이하 '해방서시')가 유 포되면서 학생사회에 큰 반향을 일으켰다. '해방서시' 는 우리의 근현대사 는 제주주의 침략의 역사이자 이에 맞선 민중 투쟁의 역사로, 한국 사회는 미국 제국주의와 그 앞잡이가 지배하는 신식민지로 규정했다.

"19세기 말부터 지금까지의 한반도 근대사 100년은 제국주의 침략의 역사 요, 제국주의에 대한 민중의 투쟁의 역사다. 지금 우리들의 핏줄에는 100년 동안의 응어리진 한이 피압박 민중의 울분이 되어 끓고 있고, 제국주의에 대 한 적개심이 되어 끓고 있고, 민족해방의 열망이 되어 불타고 있다...한국 사 회는 미 제국주의와 그 앞잡이가 파쇼적으로 지배하는 신식민지사회이다. 한국사회의 기본 모순은 한국 민중과 미 제국주의 사이의 모순이다...한국 민

중에 대한 파쇼적 지배의 주체는 미 제국주의이다."('해방서시' 중에서)

특히 서울대 반제그룹은 이 같은 사회, 역사인식에 '민중민주주의혁명론 (PDR)'을 결합, '민족해방민중민주주론(NLPDR)'으로 정립하기 시작했다. 즉, '민주주의혁명론'이라는 소책자를 통해 변혁의 단계에 대해 '프롤레타리아혁명론(PDR)'만이 유일하다는 견해에 반대하고 민중민주주의를 주장했다.

'해방서시'가 '권력의 본질이 제국주의이고 파시즘은 제국주의의 자기 실현방식'이라며 한국사회 권력성격을 규명했다면, '민주주의혁명론'은 '제국주의의 모든 파쇼적 억압을 물리치고 그에 반대하는 모든 민중 세력이 참가하는 민중민주주의운동'이라고 밝혀 변혁의 주체와 방법을 제시한 셈이다.(강신철 외, "80년대 학생운동사", 형성시: 서울, 1988, 137쪽 참조)

'민족해방민중민주주의론'을 분석해 보면, 우리 사회를 '미 제국주의와 대리통치자에 의해 지배되는 식민지'로 본다. 따라서 당면한 혁명은 노동동맹을 굳건히 하고 청년, 학생, 도시중소상공업자, 진보적 지식인, 하급공무원, 애국적 군인, 종교가 등이 주체가 되어 미제와 그 앞잡이를 몰아내고 민족민주정권을 세워야 한다고 했다.

세진이와 재호 또한 이 같은 구학련의 시대 인식과 전략 방향에 대해 깊이 공감했던 것으로 분석된다. 세진이가 편지에서 미국을 한반도의 분단 원인으로, 군사독재의 지원자로 이해한 것에서도 잘 드러난다. 특히 광주민중항쟁에서의 미국의 역할에 비판적인 시각을 보냈다.

"저는 알았습니다. 이 땅의 가난의 원흉은 뼈아픈 분단의 창출자는 압살되는 자유의 원인은 바로 이 땅을 억압하고 자신의 대소기지화, 신식민지화

시킨 미 제국주의이며, 그 대리통치 세력인 군사파쇼라는 것을…광주에서 의 2000명의 학살은 무엇을 의미합니까? 군사지휘권을 가진 미국이 병력이 동을 허락하지 않으면 파쇼는 결코 공수부대를 투여할 수 없었을 것입니 다." (1986년 4월26일 아버지 어머니에게 보낸 편지 중에서)

구학련 등 민족해방그룹의 새로운 흐름은 이처럼 반미주의를 대중적으 로 제기하고 실천하려 했고, 서클주의를 넘어 조직운동을 추구했다는 점에 서 우리 사회에 적지 않은 영향을 미쳤다고, 강신철 등은 지적했다.

"첫째로 그 정치노선에서의 의미이다. '적에 대해 헛발질' 이나 하고 있 었던 상황에서 제국주의와 식민지 민중의 모순이라는 관점에서 한국 사회 의 본질에 한층 더 가깝게 접근하였고 이 과정에서 새 변혁이론으로 떠오른 민족해방민중민주의론은 기존의 운동권에 신선한 충격을 던져 주었다. 두 번째 조직노선에 있어서 구학련이 가지는 의미이다. 흔히 한국 변혁사에서 가장 커다란 편향으로 지적되는 서클주의, 종파주의를 떨쳐버리고 '조직운 동' 을 표방하였던 것이다."(강신철 외, "80년대 학생운동사", 형성사: 서울, 1988, 199~200쪽)

하지만 의미와 성과에도 적지 않은 문제를 드러냈다. 우선 민중민주주의 론이 사회변혁이론으로 채택되게 된 역사성을 제대로 이해하지 못했다는 점이 지적된다. 또 종파성과 획일성으로 인해 많은 사람을 일선에서 탈락 시키고 대중으로부터 격리되는 결과를 초래한 점도 지적됐다. 여기에 대중 노선을 주장했지만 선도투쟁 중심의 비대중적 투쟁이 이뤄졌다는 점도 비 판을 면하기 어렵다는 지적이다(강신철 외, "80년대 학생운동사", 형성사: 서울, 1988, 201~206쪽 참조).

대중성 결여 등 구학련의 이같은 한계는 이후 서울지역대학생대표자협의회(서대협)-전국대학생대표자협의회(전대협)가 탄생하게 된 주요한 배경이 됐다.

"왜 찔렀지, 왜 쏘았지"...5월 광주와 미국

서울대 구학련 등 반미를 기치로 한 조직이 반미국-반제국주의에 대한 문제의식을 심화시킨 배경에는 부산미문화원 방화사건 등 산발적으로 이뤄진 반미투쟁의 경험, 미국의 제국주의적 속성과 반미투쟁을 역설한 책자 '예속과 함성', 남민전 사건 등 운동그룹의 공소장 등이 영향을 미친 것으로 지적된다.

하지만 무엇보다 미국에 대한 시각이 반미로 바뀌게 된 결정적인 역사적, 경험적 배경은 1980년 5월 광주의 경험이다. 즉, 광주의 경험을 거치면서 미국은 전두환 등 신군부를 지원, 광주시민의 학살을 초래하고 민주화 열정을 꺾어 버린 것이 아니냐는 것이었다.

세진이와 재호가 반미를 외치며 분신하기 1년 전. 함운경 등 대학생 73명이 미국문화원을 점거 농성한 것도 광주민중항쟁에서 미국이 신군부를 지원한 의혹 때문이었다.

"자유민주주의를 수호하기 위해 애써온 미국은 이 처참한 학살을 막을 수 있는 위치에 있었다고 우리는 믿는다. 한국군 작전지휘권이 실질적으로 한미연합사령관에게 있고 한미연합사령관은 주한미군사령관이 겸하고 있었던 당시 상태로는 광주학살을 자행했던 제7공수 특전단의 투입을 거부하여 광주대학살의 비극을 막을 수 있었던 미국이 어찌하여 제7공수 특전단과 제20사단의 병력투입에 동의하였던 것일까? 그전까지 한국 국민은 미국을 영원한 우방으로 생각하여 왔으며, 이는 일제의 억압에서의 해방과 공산 세력과의 자유민주주의 수호를 위한 전쟁에서 확인되었다고 믿고 있었다. 그러나 이제 한국 국민은 광주학살에 대한 미국의 지원에 깊은 의혹을 갖고 있으며 광주학살에 대한 책임을 미국도 져야 한다는 것을 인식하기에 이르 렀다.(전국학생총연합 광주학살원흉처단 투쟁위원회, '우리는 왜 미문화 원에 들어가야만 했나' 중에서; 강신철 외, "80년대 학생운동사", 형성사: 서울, 1988, 364쪽 재인용)

광주민중항쟁에 대한 미국 책임론과 반미주의에 대한 미국의 반응은 1985년 6월 워싱턴의 회견, 1987년 초 주한미국대사였던 글라이스틴 (Gleysteen)의 기자회견, 1989년 미 국무성 백서 등에서 드러난다. 미국의 반응은 아마 다음과 같이 정리될 수 있을 것이다.

"미국은 첫째, 특전사에 대한 어떠한 관할권도, 광주이동에 대한 사전 정 보도 가지고 있지 못했다. 둘째, 학생 데모에 경찰을 지원하가 위하여 군대 를 사용한다는 계획에 대하여 미국은 경악했다. 셋째, 주한미군사령관 위컴 은 공수부대가 초기에 행한 잔혹한 조치를 모르고 있었다. 넷째, 20사단의 광주투입을 승인한 것은 질서 회복을 위하고 공수부대 재투입으로 인한 초 기 과잉진압을 막기 위한 불가피한 조치였다. 다섯째, 미국은 이 사태의 처 음부터 끝까지 배후에서 평화적 해결을 촉구하였다. 다섯째, 광주의 비극에 대하여 어떠한 도덕적 책무도 없다고 국무부는 계속 믿고 있다."(강정구, '한반도 속의 미국, 518에서 금창리 핵 위기까지', 학술단체협의회 엮음, "518은 끝났는가", 푸른숲: 서울, 1999, 275~276쪽)

하지만 미국의 이 같은 해명은 미국 내에서도 비판받았다. 아시아문제를 연구하는 기자인 팀 셔록(Tim Shorrock)은 백악관 비밀문서 보도를 통해 광주민중항쟁에 미국이 개입했음을 폭로하기도 했다. 그는 1989년 미국 정부가 5 · 18 광주민중항쟁을 둘러싼 백서를 발표하자, 6년 동안 미국 국무부와 국방부 백악관 등의 문서를 추적해 1996년 3월 무려 2000매 이상의 자료를 공개했던 것이다.

이삼성도 미국의 해명에 대해 조목조목 비판했다. 그는 우선 1980년 5월 22일 백악관에서 열린 특별회의에서 발표된 "계속되는 소요사태와 폭력의 고조는 외부세력의 위험한 오판을 초래할 수 있다"는 경고에 대해 광주 시민에게 무기를 버리고 신군부에 협력할 것으로 촉구한 것으로 해석됐다고 지적하기도 했다. 사실상 학살을 방조했다는 것.

"광주에서의 '폭동진압' 혹은 '질서회복'을 위해 군대이동을 승인한 미국이 폭력을 자제하고 평화적으로 문제를 해결하라고 말할 때 그것을 한국군부에 대한 진지한 압력으로 해석할 사람은 없다. 그러한 권고의 대상은 광주시민들인 것이며 이들에게 조속히 무기를 버리고 군부의 질서 회복 노력에 솔선 협력할 것을 촉구한 것과 실제로 다를 바가 없다." (이삼성, '광주민중봉기와 미국의 역할', "한미관계사", 실천문학사: 서울, 1990, 62쪽)

또 미국이 평화적 해결을 위해 최선을 다했다고 주장한 것에 대해서는 미국의 당시 정책은 광주시민이 요구하는 휴전이나 타협보다는 한국에서 사태 확산을 방지하는 데 우선을 뒀던 것으로 분석된다고 그는 지적했다.

"광주시민들이 요구하는 '휴전'의 형식과 그것이 내포하는 '반란군과의 타협' 혹은 조건들을 한국의 군부와 미국 측은 수용할 태세가 되어 있지 않았던 것이고 이들의 공동 관심사는 기본적으로 광주와 같은 반독재항쟁의 장기화로 인한 이 사태의 다른 지역에의 확산 등을 방지하는 데 있었던 것이며, 미국은 한국군부와 긴밀한 협의를 거쳐 광주에서의 최종적인 무력진압을 위한 환경조성에 열심하고 있었던 것이다." (이삼성, '광주민중봉기와 미국의 역할', "한미관계사", 실천문학사: 서울, 1990, 64쪽)

특히 뜨거운 이슈인 20사단의 투입 승인과 관련, 이삼성은 공수부대를 재투입하기에는 너무 부담이 컸던 신군부에게 최적의 카드였고, 이를 미국이 승인해준 것이라고 폭로하기도 했다. 즉, 20사단은 신군부의 핵심인 박준병이 지휘하고 있었기에 정웅 사단과 달리 소극성이 없었을 뿐만 아니라 1980년 서울의 봄에서 능력을 이미 인정받았다는 점이 그 근거라고 제시했다.

"한국군부가 20사단을 선택하고 미국이 이를 승인한 것은 광주시민을 보호하기 위해서가 아니었다. 당시 정치군부가 군사독재에 저항하는 광주의 항쟁이 확산되는 것을 방지하고 이를 진압하는 작전에 있어 절실하게 필요했던 정치군부에 충성하는 확실한 부대, 즉 공수부대 이외의 병력 중에서 공수부대만큼이나 정치군부가 신임할 수 있는 부대를 제대로 선택한 것이고 미국은 이를 흔쾌히 승인한 것이다." (이삼성, '광주민중봉기와 미국의 역할', "한미관계사", 실천문학사: 서울, 1990, 66~67쪽)

미국의 역할 문제가 불거진 1980년 5월 광주. 세진이와 재호는 왜 5월 광주를 잊지 못했던 것일까. 두 사람은 왜 광주를 얘기하며 반미를 외친 것일까. 1980년 5월 광주. 도대체 무슨 일이 벌어지고 있었던 것일까.

군중 속으로 달려오는 곤봉과 대검. 머리에 가차없이 쏟아지는 곤봉 세례. 배에서 다리, 다리에서 머리로 춤추는 타격. 피 흘리며 쓰러진 젊은이. 벌거벗긴 뒤 손목을 뒤로 묶고 짐짝처럼 싣고 사라지는 트럭.

"학생과 경찰이 대치해 있을 때는 최루탄에 맞서 돌을 던지며 일진일퇴의 격렬한 시위를 했지만 공수들만 나타나면 금방 흩어져버렸다. 계엄군들은 한 손에 대검을 들고 다른 한 손마저 몽둥이를 들고 보통 2인1조로 시위대를 향해 쑤셔 들어가는 것이었다. 계엄군들은 일단 한번 뛰어 들어가면 반드시 1조에 2~3명씩 학생들을 쓰레기자루 끌듯이 질질 끌고 나왔다. 끌려오는 학생들의 대부분은 여기저기 터지거나 찢어져 피범벅이 된 채 반죽음이 되어 있었다. 계엄군들은 사람들이 보거나 말거나 이미 축 늘어진 학생들을 끌고 가면서까지 두들겨 패고 발로 짓이겼다."(이세영, '이땅에 목발을 짚고 서서', "518광주민중항쟁 증언록1", 광주:광주, 1987, 174쪽)

무릎 끓고 살려달라고 비는 청년. 말리는 노인에게 날아오는 곤봉. 쓰러진 할아버지 머리를 짓이기는 군화발. 하얗게 질린 청년에게 총을 내리치는 군인. 청년의 다리에, 여학생의 가슴에, 도망치는 아저씨의 옆구리에 깊숙이 쑤셔지는 대검. 다리를 질질 끌고 치에 싣는 저 공수부대원....아, 광주여, 민족의 십자가여.

"18일의 야수적 폭행을 더욱 처참한 살육으로 지워버리려는 듯 19일에는 시내 전역에서 백주대낮부터 공공연한 살육만행이 자행되기 시작했다. 18일에는 주로 학생들만 잡아 두들기고 짓밟았지만 19일은 달랐다. 공수들의 손에 쥐어진 대검은 위협의 도구가 아니라 거리에서 눈에 보이는 사람마다 찌르는 살인도구였다. 굶주렸던 맹수들도 자기 배가 채워지면 더 이상의 살상을 하지 않는다고 한다. 그러나 공수들은 손에 쥐어진 칼로 닥치는 대로 쑤셨다. 아비규환의 지옥이었다.

특히 학생들은 남녀를 가리지 않고 잡히는 대로 몽둥이로 때리다가 기분내키면 칼로 깊숙이 쑤시는 것이었다. 여학생들의 옷을 길거리에서 찢어발기고 차마 입에 담을 수 없는 만행을 저질러댔다. 젖가슴을 주물러대다가 반항하면 여지없이 발이 얼굴이며 등을 가리지 않고 올라갔으며, 쓰러져 나뒹굴면 개 끌 듯이 질질 끌고 가서 대기하고 있던 차에 던져 올렸다. 대기하는 차가 없으면 팬티만 제외하고 모든 옷을 벗겨 머리를 땅에 박고 엎드리게 해놓고 지나칠 때마다 한 번씩 발길로 걸어찼다. 그렇게 공수들이 한번 지나간 도로는 비명과 함께 흘린 피로 강이 되고 있었다...

나는 1층까지 내려와 주차장이 있던 후문으로 나가려고 몸을 돌렸다. 주차장 지붕에서는 이미 공수들이 먼저 우왕좌왕하는 청년의 머리를 몽둥이로 내리쳤다. 그 자리에서 고꾸라지던 청년이 다시 일어나 반사적으로 도망치자 들고 있던 공수의 칼이 청년의 옆구리에 깊숙하게 꽂혔다. 청년은 옆구리에서 피분수를 일으키며 쓰러졌다. 옆구리에서 칼을 빼든 공수는 몸을 돌려 나를 발견했다. 나에게 쫓아오려는 순간 내 뒤에 있던 청년이 주차장벽에 쌓인 상자를 밟고 담을 넘으려하자 공수는 육중한 몽둥이로 그 청년의 뒤통수를 내리쳤다. 미쳐 담을 넘지 못하고 땅바닥에 나뒹굴었다. 금세 주차장의 여기저기에 사상자들이 피를 흘리며 나뒹굴었다. 칼로 쑤시고 몽둥이로 후려치는 살상이 불과 몇초 사이에 눈앞에서 벌어졌다."(김현채, '최후의 일인까지 최후의 그날까지', "518광주민중항쟁 증언록1", 광주:광, 1987, 83~84쪽)

신화를 위한 열정의 질주

캠퍼스가 깊은 겨울잠에서 깨어나는 1986년 3월. 대학 4학년 생활이 시작되면서 세진이와 재호의 반미 투쟁은 정점을 향해 치닫기 시작했다. 반미의 새 흐름에 따라, 아니 그들 스스로 반미의 흐름을 만들고 있었다.

우리 사회를 발칵 뒤흔들었던 1982년 부산 미문화원 방화사건이 일어났던 4년 뒤인 3월18일 오후, 비가 내리는 서울대 IMC회관 앞. 대학생 100여

명이 참여한 가운데 '반전반핵평화옹호투쟁위원회' 발족식이 열렸다. 위원장은 재호였다.

그는 반전반핵평화옹호투쟁위원장으로서 이날 시위를 주도했다. 이 시위는 1986년 역사적인 반미투쟁을 알리는 신호탄으로 해석됐다. 재호의 모습에 대한 강석운의 기억이다.

"재호는 침착하게 정치학과 사무실에 앉아 있었다. 이윽고 약속한 시간이 되자 메가폰을 한 손에 들고 사이렌을 울리면서 복도를 가로질러 밖으로 뛰어나갔다. 반전반핵 양키고홈!"('이재호 열사의 대학생활' 중에서)

재호를 중심으로 학생들이 모여들었다. 그의 선창에 따라 '반전반핵 양키고홈' "민족생존권 위협하는 핵무기를 철거하라" "친미독재 타도하고 미제국주의 몰아내자" 등이 울려퍼졌다. 그의 모습은 후배에게 깊은 인상을 남겼다.

주재술의 기억이다.

"3월18일, 역사적인 '반전반핵 평화옹호 투쟁위원회' 가 60여년 간 선배들의 민족해방 투쟁을 뒤이어 첫발을 내딛는 그날. 메가폰을 움켜잡고 두 팔은 굵은 핏줄을 너무도 선명히 드러낸 채 부들부들 떨고 있었으며 쏟아지는 빗발 속에서도 외치는 열사의 '반전반핵 양키고홈' 의 함성은 나의 가슴을 동여매어 횃불을 들고 서 있던 나의 두 팔 역시 떨게 하였다."('그대의 자리는 바로 여기' 중에서)

3월말. 세진이도 자연대 학생회장에 당선됐다. 당초에는 지난 1년간 사실상 단대 학생회장직을 수행했기 때문에 조직활동을 하려 했다. 하지만 자연대 학생회장으로 출마가 예정된 유모씨가 강제 징집되는 바람에 대신 출마했다.

그는 단대 학생회장연합 대표도 겸했다. 당시 총학생회장은 세진이와 청운중학교 동창이던 김지용씨. 김씨는 당선되자마자 곧바로 수배돼 쫓기는 신세가 됐다. 세진이가 김씨와 연락을 책임졌다. 경찰의 미행을 따돌리기 위해 7, 8번 차를 갈아타야 했다.

세진이는 반미운동을 대중적으로 전개하는 문제를 고민했다. 단대 학생회장연합 모임에서 그는 반미를 대중적으로 제기하고 나가야 한다고 주장했다. 많은 단대 학생회장이 "학생운동 전체가 탄압받을 수 있다"며 시기상조론을 제기했지만, 그는 차례차례 설득해 나갔다고 한다. 장유식의 증언이다.

"자연대 학생회장으로서 총학생회 활동에도 적극적으로 참가, 총학생회가 반미투쟁에 나서도록 하는데 중요한 역할을 담당했다…총학생회는 학생들의 자치적 의사를 대변한다는 점에서 반미운동 대중화에 중요한 배경을 제공한다." ('잃어버린 진실을 찾아서' 중에서)

또 서클주의를 극복하고 조직운동을 펼쳐야 한다는 구학련의 조직노선에 따라 '가족(family)' 으로 불리는 서클을 해체했다. 대신 과와 계열, 단과 대학별로 구성되는 셀(cell)을 조직해 나갔다. 한 서클 후배와 헤어지며 아쉬워하기도 했다.

"3학년 때 자민투, 민민투가 뜨면서 패밀리(family)가 해체되었다. 대신 소위 셀(cell)이라고 의대 예과 왕준이형 지도하에 별도의 팀에 있었다. 신촌 어느 술집에서 세진이형을 보았다.

-너 왕준이 밑에 있지?

-예

-왕준이가 똑똑하니까 처지지 말고 열심히 하도록 해라.

-예…

난 그렇게 부드러운 목소리로 이야기하는 세진이형을 처음 보았다. 지난 시절 무서운 조교 같던 선배의 모습이 아니고, 꼭 딸을 시집보내는 아버지 같은 그런 느낌을 받았다. 그게 마지막이었다.”(이영득, ‘세진이형에 대한 추억’ 중에서)

4월4일. 서울대 반미자주화 반파쇼민주화 투쟁위원회, 소위 ‘자민투’가 결성됐다. 한국 역사에서 조직적으로 반미 운동을 주도한 구학련의 공개 투쟁조직이 조직된 것이다. 자민투는 반미와 통일, 노동해방을 전면에 내세웠다. 세진이와 재호도 적극 참여했다.

“19세기말 이래 우리 민족의 역사는 제국주의 침략의 역사였고, 이에 항거하는 민중들의 지난한 민족해방투쟁의 역사였다.”(‘자민투 투쟁선언문’ 중에서)

자민투는 산하에 반전반핵평화옹호투쟁위원회(자민투 결성 이전에 조직), 조국통일촉진투쟁위원회, 민주헌법쟁취투쟁위원회, 노동자해방지원 연대투쟁위원회, 미제의 경제침략저지투쟁위원회 등 5, 6개의 투쟁위원회를 구성했다. 재호는 반전반핵옹호투쟁위원장이었다.

10일. 서울대 총학생회는 성균관대 대학생의 전방입소거부투쟁을 평가하면서 “전방입소훈련은 미국의 용병교육이며 식민지 노예교육”이라고 규정하고 4월28일부터 5월3일까지 예정된 전방입소훈련을 전면 거부키로 결의했다. 전방입소거부투쟁을 매개로 반미운동을 벌이기로 한 것이다.

16일. 김지용 총학생회장을 위원장으로 하여 ‘전방입소훈련 전면거부 및 한반도 미제군사기지화 결사저지를 위한 특별위원회’가 결성됐다. 자민투의 반전반핵평화옹호투쟁위원장이던 이재호는 전방입소거부특위의 부위원장도 겸했다.

"평화와 민족해방을 갈구하는 뜨거운 몸짓으로 침략의 총칼에 저항하여 투쟁한 선조들의 유골이 방방곡곡 삼천리 강산에 안치된 이 땅을, 한이 맺혀 감히 감을 수 없었던 부릅뜬 눈 앞에 또다시 피의 광란의 도가니로 몰아넣기 위해 발광하는 양키의 작태를 직시하자. 민족분단과 민중착취, 파쇼체제의 주범자인 미제의 가식에 찬 미소 뒤에 숨겨진 침략적 음흉한 마수와 발톱과 핵무기와 수많은 쇠붙이를 묻혀오는 살육의 날카로운 음모를 주시하자. 자 보라! 양키의 날카로운 침략의 마수가 민족생존의 심장에 겨누어진 조국의 위기를 백척간두의 민족의 생존을 간과하는 과오를 어찌 범하려 하는가?"('전방입소훈련 전면거부 및 한반도 미제군사화 결사저지를 위한 특별위원회 성명서 1986년 4월16일' 중에서)

재호는 반전반핵평화옹호투쟁위원회 발족 이후 수배가 된 상황에서도 반전반핵투쟁위, 전방입소거부특위 모임 등에 참여하며 투쟁을 적극 조직했다. 세진이도 자연대 학생회장, 단대 학생회장연합 대표로서 총학생회장 등을 만나며 대중적인 반미 투쟁을 전개하는 데 앞장섰다.

세진이와 재호는 전방입소훈련 거부투쟁을 반미투쟁의 연장선, 또는 반미투쟁의 매개고리로 해석하고 참여했다는 지적이다. 실제 전방입소거부투쟁이 반미의식을 전면적으로 파급시켰다는 평가가 나오기도 한다.

"전방입소거부투쟁은 반제의식을 학생운동 전반에 파급시켰다는 점에서 그 실효성이 높았고, 자민투는 그들의 이념에 공명하는 많은 지지세력을 학생 속에서 뿌리내렸다."(강신철 외, "80년대 학생운동사", 형성사: 서울, 1988, 146쪽)

특위 발족 이후 전방입소거부투쟁은 점차 가열되기 시작했다. 20일부터 매일 20여명씩 조를 이뤄 학내에서 구호를 외치며 선전활동을 벌였다. 과별

단대별 토론회를 열어 입소거부를 결의하기도 했다. 22일에는 아크로폴리스에서 85학번 전체의 입소거부 결의대회가 열렸다.

그렇다고 모든 게 예상대로 되지는 않았다. 중앙도서관을 점거해 '민족대학'을 선포하며 반미를 전면적으로 주장하려던 계획이 26일 중앙도서관 측이 전격적으로 휴관하면서 무산됐다.

다시 서울대 의대 도서관에서 농성을 하기로 했다. 세진이가 사전 답사를 하기도 했다. 하지만 27일 정오쯤 의대 주변이 경찰에 봉쇄되면서 또다시 무산됐다. 동료 학생 100여명만 연행됐다.

우리 사회에서 처음으로 반미를 전면적으로 제기하려던 계획은 일대 위기를 맞고 있었다. 돌파구가 필요했다. 세진이도, 재호도 결단이 다가오고 있음을 느꼈다. 물러설 수 없는 미지막 분투.

해방, 더 큰 효도를 향하여

1986년 1월 어느 날. 재호는 광주 용두동 집을 찾았다. 마지막으로 고향 집을 찾은 것이다. 아침 식사 후 큰 방에서 아버지 이영범과 함께 '시대 얘기'를 나눴다. 어버지의 기억이다.

"아버님, 혹시 우리나라가 이렇게 남과 북으로 갈려서 서로 분단돼 대립하는 이유를 아십니까?"

"그거야, 미국과 소련 두 강대국 때문에 우리 나라가 두 동강난 것이 아니겠느냐?"

"그렇지요. 아버지, 그러면 남북이 통일을 이루려면 어떻게 해야 한다고 생각하시는지요?"

"최우선적으로 외세가 물러가야지. 남한은 미국이 지배하다시피 하니까, 미국 군대가 떠나가기 전에는 어려울 것이고, 북한은...."

재호는 집에서 오래 있지는 않았다. 가족에게 인사를 하고 서울로 향했다. 광주민중항쟁에서 미국의 역할에 의혹을 제기하며 서울 미문화원을 점거한 함운경 등의 재판에 참석하기 위해서였다. 재호는 뒤따라온 동생 재욱에게 말했다.

"재욱아, 나는 서울 올라가야 한다. 내일 선배(서울대 물리학과 함운경)의 재판이 있는 날이라 꼭 가봐야 해."

특히 재호는 이때 종교에도 관심을 가지기 시작했던 것으로 보인다. 어머니 전계순은 집에 왔을 때 아들이 성당 예배에 참석했고, 자신에게 성당을 다니라고 권유했다고 회고했다. 또 분신 이후엔 십자가를 걸어달라고 유언한 점을 들어 가톨릭으로 귀의한 것 같다고 증언했다.

3월20일. 18일 반전반핵평화옹호투쟁위원회 발족식이 열린 이틀 뒤다. 아버지 이영범은 서울로 올라와서 아들 재호를 찾았다. 시위 주동자가 돼 수배가 됐다는 소식을 들었다.

재호의 자취방을 찾아갔지만, 만날 수 없었다. 헌 옷 몇 벌에 책 몇 개만이 썰렁하게 있었다. 정치학과 사무실에서도 만날 수 없었다. 학생들에게 아들의 소식을 물었지만, "오늘은 보지 못했다"는 말만 돌아올 뿐이었다.

"재호와 연락이 전혀 되지 않았다. 각종 시위에 참석, 시국에 대해 강연한다는 얘기도 들려왔다. 데모 대열에 들어갔구나, 큰 일 났구나 하는 생각을 하게 됐다."

한 학생이 아버지에게 "재호는 수배중이기 때문에 일이 있거나 행사가 있을 경우에만 관악산을 넘어서 학교에 온다"며 "모래가 재호 오는 날"이라고 귀띔해줬다.

하지만 이영범은 일이 있어 기다릴 수 없었다. 그는 귀향했다.

재호는 당시 아버지가 자신을 걱정해 상경했다는 사실을 알고 있었다고 나중에 고백했다. 그는 편지에서 아버지에게 용서를 구했다.

"상경하신 아버님을 만나 뵙고 모든 문제에 대해서 상세히 말씀드리고 싶은 마음은 헤아릴 수 없을 정도였지만 여하한 방법을 찾지 못하고 안절부절못하다가 며칠이 지나버리고 말았습니다. 아버님이 학교에 오셨다는 소식을 접하고서, 돌아올 수 없는 길을 가는 것도 아닌데 가슴이 꽉 차 울렁거림을 자제하기가 힘들더군요."(1986년 4월2일 부모에게 보낸 편지에서)

반전반핵평화옹호투쟁위원장을 맡은 이후 재호는 곧바로 경찰에 의해 수배를 받았다. 피곤힌 도피생활이 시작됐다. 찬란한 봄. 쉴 곳 없는 지친 청춘. 봄은 너무나 찬란해 그에게 슬픔을 줬을지도 모른다. 그래서 3월22일 서울 종로2가 파고다공원의 풍경을 이렇게 묘사했다.

빌딩 숲 사이로

조용히 비친

동상이 있었다.

손병희일 것 같은

생각으로 함성을 애써

그려보려 했지만

도주하는 꼬락서니만 떠오를 뿐이었다.

...(중략)...

그래서 눈을 감고
하늘을 쳐다봤다.
홧병 나신 아버님의
초췌한 모습이 아른거렸다.
('파고다공원에서' 중에서)

수배 중이었던 그는 생활에 적지 않은 제한이 있었다. 특히 그 동안 공부를 제대로 하지 못한 것이 안타깝다고 생각했다. 그래도 틈틈이 독서하면서 마음을 다잡으려 노력했다.

"저는 현재 부모님께서 염려해주신 덕택으로 의식주에 큰 어려움은 겪지 않고 있습니다. 다만 행동거지가 퍽 부담스러운 까닭에 원하는 공부를 깊게 할 수 없음이 안타깝습니다. 하지만 제가 맡은 역할을 분명히 수행 책임지고 난 다음 틈틈이 독서를 함으로써 자신의 방만함과 타락의 씨앗을 근원에서부터 제거하려는데 노력을 게을리하진 않습니다."(1986년 4월2일 부모에게 보낸 편지에서)

가족의 사랑, 특히 아버지 어머니의 사랑에 미안하고 죄송했다. 그는 진정한 효도는 '올바르게 사회에 봉사하고 의연한 삶을 개척하는 것'이라고 생각했다. 의연한 삶의 개척, 해방 승리라는 더 큰 효도.

"저는 부모님에 대한 효도를 물질적 봉양만으로 생각하지 않고 있으며 효도는 첫째, 올바르게 사회에 봉사하는 의연한 삶을 개척하는 것. 둘째, '승리'로써 은혜에 보답하는 것이라는 확신을 가지고 있습니다. 이러한 확신은 힘든 결단을 가능하게 하였으며 현재의 생활을 지탱해주는 절대적 기

초입니다."(1986년 4월2일 부모에게 보낸 편지에서)

하지만 새로운 삶에 대한 의지는 단호했다. 자신의 투쟁이 결코 불장난이 아니라 장기적 전망과 믿음 속에서 확신을 가지고 하는 것임을 분명히 했다.

"저의 생각과 행동이 결코 공허한 불장난이 아니라는 사실이 장기적 전망과 믿음 속에서 증명되는 날 기쁨의 해후를 할 수 있으리라는 확신을 가지고 있는 것입니다. 예전에 아버님께서 제가 어떻게 된다면 홧병이 나실 것이라고 말씀하셨던 기억이 납니다. 그러나 아버님의 젊으셨을 때의 활동으로부터, 아버님의 의연하심으로부터, 저는 아버님께서 조금이라도 흐트러지심이 없을 것으로 확신하고 있습니다. 저는 최근의 문제가 사소한 것으로 간주되기를 바랍니다. 그렇지 않을 때, 제가 그러한 믿음을 갖지 못힐 때 지는 자신감을 상실할 지도 모르기 때문입니다. 그것은 패배라는 묘비명을 남길 뿐입니다…오래 전부터 저는 자신의 삶을 준비해 왔고 비로소 드러냈다고 봅니다. 지금부터 새로운 삶이 시작된다고 봅니다. 누님과 동생들에게는 의연함을 보여주고 싶습니다."(1986년 4월2일 부모에게 보낸 편지에서)

아들의 편지를 다 읽은 아버지 이영범의 가슴은 마구 뛰기 시작했다. 구속을 각오하고, 아니 그 이상을 각오하고 실천하고 있다는 것을 느낄 수 있었기 때문이다.

"아들 재호의 편지를 읽어보니 쫓기며 앞장서서 투쟁을 하나 보구나 하는 생각이 들었다. 솔직히 말할 수 없이 아들이 걱정됐다."

재호는 이후 어떤 전화도 연락도 하지 않았다. 이영범은 재호가 각종 시위를 주도하고 있다는 소식만 풍문으로 들었다. 풍문으로만 아들을 만나는 아버지. 기약할 수 없는 길을 떠나는 아들.

고뇌하는 작은 예수, 반미를 품다

세진이도 사랑하는 가족과 이별을 준비했다. 가끔 사회와 역사에 대한 철저성이 마찰을 빚기도 했다. 4학년 진급을 앞둔 1986년 2월 어느 날. "1년만 무사히 보내 졸업해 달라"는 어머니 김순정의 당부에 그는 크게 화를 냈다. 이 경험은 그에게나 어머니에게나 모두 아픈 기억으로 남았다. 대화 요지이다.

"이제 1년 남았으니까 제발 졸업만 해다오. 엄마는 불안하고 가슴이 뛰어서 제 명에 못살겠다. 1년만 잘 보내자."

"어머니, 하나님께서 주신 목숨인데 어머니 목숨은 어머니 명대로 사시고 저는 저 대로 사는 건데 왜 그런 말씀을 하세요? 또 예수님께선 이 세상에 대접받으러 왔나요? 지금 고생하고 억눌린 사람이 얼마나 많은데 자식만 안일하게 출세해서 편히 살길 바라십니까?"

어머니는 세진이가 말하는 의미를 알면서도 이해하지 못하는 척 무작정 야단을 쳤다고 했다. '철이 덜 들어 하는 투정' 정도로 넘겼다.(김순정, '분실자살한 학생 김세진군 어머니 수기-우리 모두의 비극이다', "여성동아 1986년 6월호" 참고)

세진이도 나중에 당시의 일을 사과했다. 즉 진심이 아니었고, 부모의 반대가 두려워 일부러 신경질적인 반응을 보였다고 고백했다.

"그 동안 부모님께 대했던 태도는 저의 참 마음이 아니었습니다. 제 생각을 이야기했을 때 부모님께서 행하실 반대와 방해가 두려워 일부러 피하고, 괜히 신경질적인 반응을 보이게 됐습니다."(1986년 4월26일 부모에게 보낸 편지에서)

세진은 운명을 건 마지막 투쟁을 앞두고 주변을 정리해 나갔다. 4월 중순 어느 날 오후 3시30분. 그는 아버지의 서울 여의도 사무실을 찾아 용돈을 받아갔다. 3개월만이었다. 아버지 사무실 방문은 처음. 이전엔 보통 한 달에 한 번씩 집에 들렀다고 한다. 분신 전 부모와의 마지막 만남이었다. 아버지의 기억이다.

"오후 3시반경. 훤칠한 키에 오똑한 코, 미남형의 막내 아들을 회사 직원에게 자랑하고 싶기도 하고 또 세진이의 마음을 돌려주는 이야기라도 들려주고 싶었다. 비서에게 간부직원 몇 사람을 부르라고 시켰다. 세진이가 아버지에게 조용히 드릴 말씀이 있고, 시간이 없다며 둘이 있기를 청하였다. 늘 과묵하고 꼭 필요한 말만 하는 아들을 잘 아는 아버지는 세진이의 뜻대로 차를 시키고 둘만이 있었다. 잠깐의 침묵이 있는 동안 아버지가 긴장하고 있음을 느꼈는지 평소에 전혀 농담을 하지 않던 애가 차를 잘못 가져온 여직원에게 농담을 하여 아버지를 즐겁게 하더란다. 기분이 즐거워진 아버지가 찾아온 용건을 물으니 뜻밖에 용돈이 조금 필요하여 왔더란다. 아버지는 '용돈이라면 세진이 구좌에 송금하면 될 것이고 그것도 많은 돈이 아니니 전화로 이야기하면 될 터인데' 하고 의아해하면서도 사랑하는 막내 아들과의 만남이라 즐겁게만 생각하였다. 주머니에 줄 만큼의 돈이 있었지만 핑계 삼아 세진이와 더 함께 있고 싶어서 은행까지 세진이를 데리고 가서 돈을 찾아 주었다. 헤어질 때 아버지에게 작별인사를 한 세진이는 오랫동안 아버지의 얼굴에 눈길을 준 후 십여 걸음 가다가 되돌아보고 다시 목례를 한 후 되돌아서서 빠른 걸음으로 가더란다. 이때 빗방울이 방울방울 떨어지기 시작했고 빗속에 사라지는 모습이 살아서 본 세진이의 마지막 모습이 될 줄이야 어찌 짐작인들 하였으랴!"(김순정, '아버지의 나라가 되게 하소서' 중에서)

자신의 자취방도 정리했다. 주전자와 컵 몇 개, 한두 벌의 옷, 즐겨보던 성경과 찬송가, 칸트의 순수이성비판 등 몇 권의 철학서 등만 남겨두고 깨끗이 청소했다. 세진이는 사라지고 이제 자신이 좋아했던 칸트에서 비롯된 가명 김철우(金哲宇)만 남았다. 철학 철, 우주 우. 보증금은 가장 친한 친구였던 이정승 인문대 학생회장에게 전해달라고 부탁해놓았다.

분신 직전 어느 날 오후. 세진이는 자취방에서 성경 시편 23편 '다윗의 노래'를 읽었다.

하나님의 선하심과 자비하심이 나를 영원토록 지켜 주실 것이니.

다시 소생하시며 부활하셔서 영광의 하늘나라 아버지 집에 올라가시게 될 것이니. 시구는 가슴으로 박혔다.

"여호와는 나의 목자시니 내가 부족함이 없으리로다. 그가 나를 푸른 초장에 누이시며 쉴 만한 물가로 인도하시는도다. 내 영혼을 소생시키시고 자기 이름을 위하여 의의 길로 인도하시는도다. 내가 사망의 음침한 골짜기로 다닐지라도 해를 두려워하지 않을 것은 주께서 나와 함께 하심이라. 주의 지팡이와 막대기가 나를 안위하시나이다. 주께서 내 원수의 목전에서 내게 상을 베푸시고 기름으로 내 머리에 바르셨으니 내 잔이 넘치나이다. 나의 평생에 선하심과 인자하심이 정녕 나를 따르리니 내가 여호와의 집에 영원히 거하리로다."(시편 23장 1-6절)

시편 낭송을 마친 뒤 조용히 찬송가를 불렀다. 찬송가 431장 '내 주여 뜻대로'.

1704년 30년 종교전쟁(1618~1648년) 격전지 가운데 하나였던 실레지아(Silesia) 지역에서 아픈 몸을 이끌고 심방을 다녀온 뒤 두 아들이 불에 타 숨진 모습을 보고 절망의 끝에서 부른 독일의 벤자민 슈몰크 목사의 기도. 슈몰크 목사의 눈물이 그의 가슴에서 흘러내리고 있었다.

내 주여 뜻대로 행하시옵소서

온 몸과 영혼을 다 주께 드리니,

이 세상 고락간 주 인도하시고,

날 주관하셔서 뜻대로 하소서.

내 주여 뜻대로 행하시옵소서.

큰 근심 중에도 낙심케 마소서.

주님도 때로는 울기도 하셨네.

날 주관하셔서 뜻대로 하소서.

내 주여 뜻대로 행하시옵소서.

내 모든 일들을 다 주께 맡기고,

저 천성 향하여 고요히 가리니

살든지 죽든지 뜻대로 하소서....

참을 수 없는 고통과 시련. 그리고 믿음과 해방. 내면의 슬픔과 기쁨은 울음이 되었다. 엉엉. 살든지 죽든지 뜻대로 하소서. 아, 하나님이자 예수이자 사랑하는 가족이자 동지들.

26일 밤. 이정승 인문대 학생회장의 흑석동 자취방에서 편지를 썼다. 너무 사랑하기에, 그래서 더욱 슬퍼할 부모에게 보내는 편지였다. 자신의 결심이 결코 영웅심이나 학생회장이라는 의무감 때문에서 비롯된 것이 아님을 분명히 했다. 육체적인 피로와 마음의 행복. 그리고 해방.

"저의 행위는 한 순간의 영웅심이나 학생회장이라는 것 때문에 억지로 한 것이 결코 아닙니다. 대학 들어와서 읽은 수 백권의 책과 객관적인 조국의 현실을 바라보며 고뇌하며 오랜 시간 고민하여 얻은 결론입니다. 아버지, 어머니. 저를 믿어주십시오. 이 글을 받을 때쯤이면 이미 알게 되실 일을 준비하기 위해 무척 피곤한 생활을 하면서도 저는 아주 행복합니다...다만 저는 해방된 주체로서 스스로 선택한 길이고, 이번 일은 저 스스로가 주동적으로 만든 일임을 말씀드리고 싶습니다."(1986년 4월26일 부모에게 보낸 편지 중에서)

물론 세진이가 27일 서울대 의대 도서관 점거농성을 준비하고 있었다는 점, 26일 작성된 편지에서 구속에 대한 각오만 있고 분신을 암시할 만한 언급은 없다는 점은 애초에 분신을 결심하진 않았을 것이라는 관측을 낳는다.편지에서 다음과 같이 말했다.

"돌이켜보면 아주 피곤하고 힘들고 바쁘게 보낸 3년2개월의 대학생활이지만, 저는 저의 기득권이 포기되고 구속이 되더라도 조금도 후회스럽지 않습니다. 이 땅의 진정한 해방을 위해 교도소 안에서도 고민하고 나와서도 변혁해방 운동에 이 몸을 바칠 것입니다. 충격이 크시겠지만, 걱정하지 마십시오. 저는 아주 여유 있는 마음 상태입니다. 그리고 이 일을 주도하면서 아주 열심히 싸울 것이고 성실히 고민할 것입니다...구치소로 이동하면 다시 편지드리겠습니다(그 전에 면회가 가능하겠지요)."(1986년 4월26일 부모에게 보낸 편지 중에서)

27일 밤, 서울 흑석동 명수대 앞. 한 청년이 깊은 명상에 잠긴 듯 한강을 물끄러미 바라보고 있었다. 세진이었다. 내 주여, 살든지 죽든지 주의 뜻대로 하소서. 서울대 전방입소거부특위 긴급 모임 전이었다. 모임 장소인 이정승 인문대 학생회장의 흑석동 자취방으로 가던 후배는 버스 속에서 세진이의 모습을 봤다. 버스에 내려 그에게 다가갔지만, 깊은 사색에 잠긴 모습에 그냥 먼저 장소로 갔다.

특위의 마지막 회의. 시위장소와 방법 등을 둘러싸고 토론이 벌어졌다. 세진이는 20여분 간 투쟁 경과와 향후 방침을 발제했다. 그는 그러면서 '나에게 모든 것을 맡겨 달라'고 주장했다. "투쟁은 내가 정리하겠다"고도 했다. 분신 등은 언급하지 않았다. 한 회의 참석자의 증언이다.

"세진이의 '책임, 정리' 등의 발언에 대해 우리들은 이번 반미 시위를 주도한 뒤 구치소에서 학생운동을 정리하고 노동으로 존재를 이전하겠다는 맥락으로 이해했었다."

결국 세진이의 주장대로 결론이 났다. 1차 시위는 세진이와 재호의 책임 아래 신림사거리에서 연좌 투쟁을, 만약 1차가 실패하면 장유식 공대 학생회장의 책임 아래 서울 신대방동에서 2차 시위를, 그리고 이정승 인문대 학생회장의 주도 아래 아크로폴리스에서 정리 집회를 갖기로 했다.

회의가 끝난 후 세진이는 이정승, 장유식 등과 함께 근처 포장마차에서 국수를 저녁 삼아 소주를 마셨다. "빵(교도소)에 먼저 들어가서 청소해 놓고 기다릴 테니 나중에 따라오라"고 농담을 하기도 했다. 이정승의 자취방에서 잠을 잤다.

28일 오전 7시. 이정승은 부스럭거리는 소리에 눈을 떴다. 세진이가 평소와 달리 일찍 일어나 준비를 하고 있는 것이 아닌가?

"왜 이렇게 일찍 일어나 가려고 하니?"

"응, 조금 준비할 게 있어서."

"뭔데?"

"시너를 좀 사려고."

"시너를 왜 사려고 하는데?"

"짭새(사복 경찰)들이 접근하면 겁 좀 주려고 그래."

세진이는 이정승을 바라보고 씩 웃으며 방을 나섰다. 오전 7시30분쯤. 너무나 눈부셔, 그래서 슬픈 하늘이 열리던 1986년 4월28일의 아침이었다.

(김용출은 세계일보 경제부 기자이며 전기작가다. 올해 초부터 김세진 이재호 열사 평전을 준비해왔고 본 책의 발간 일정에 맞추어 '약전' 형식으로 내용을 정리해주었다. 현재 인터넷에 파독 광부들의 역사를 담은 '독일 아리랑'을 연재하고 있다.)

아름다운 청년

김세진·이재호

추모소설
"열정"

열정

김탁환

하나

1983년, 한국대학교에 입학하기 전까지, 강혁과 공승하는 서로의 존재를 몰랐다.

키가 크고 다부진 어깨에 왕방울만한 눈이 인상적인 강혁은 서울에서 태어나 M중과 M고를 졸업했다. 홀어머니의 뜻에 따라 어려서부터 판검사의 꿈을 키워온 활달한 청년이었다, 운동을 좋아하고 또 재능도 있어서, 그를 눈여겨보는 체육교사나 운동부 선배들이 많았다. 강혁은 한눈 한번 팔지 않고 묵묵히 공부에만 몰두하여 고등학교를 2등으로 졸업한 후 법대에 입학했다. 두꺼운 안경알 너머로 항상 주위를 두리번거리는 공승하는 식물학자가 장래희망인 호기심 많은 청년이었다.

나무와 풀들의 스케치를 즐겼으며, 고조선의 단군 왕검에서부터 대한제국의 마지막 황제 순종에 이르기까지 즉위 순서와 재위기간을 외울 만큼 놀라운 기억력의 소유자였다. 그 역시 개천에서 용 났다는 칭찬을 들으며 경상남도의 L중과 L고를 졸업한 후 생물학과에 수석으로 입학했다.

분신(焚身)하기 하루 전, 강혁과 공승하는 세탁소에서 양복을 빌려 입고 동네 사진관에서 사진을 찍었다. 그 사진을 들여다보고 있노라면, 그들이 얼마나 푸른 웃음을 지닌 선량한 인간인지를 알 수 있다. 공승하의 가늘고 긴 손가락에는 생명을 어루만지는 자의 자상함과 섬세함이 깃들여 있고, 강혁의 넓은 가슴과 짙은 눈썹에는 판사의 아량과 검사의 직관이 동시에 숨어 있다. 죽음의 그림자라고는 눈을 씻고 봐도 찾을 수 없다.

그들은 자신의 희망대로 삶을 이끌 수 있는 몇 안되는 사람들이었다. 능력있는 젊은이, 착한 아들, 성실한 가장으로서의 나날이 그들 앞에 펼쳐져 있었다. 사법고시나 대학원 입시를 준비한 적은 없지만, 마음만 먹는다면 언제든지 세상의 중심을 틀어쥘 수 있다는 자신감이 반짝이는 두 눈과 여유 있는 몸짓에서 풍겨 나왔다.

강혁은 입학식 다음날부터 법과 정의를 고민하기 시작했다. 그는 자신이 믿는 바를 행동으로 옮길 줄 알았다. 로마병정을 닮은 전투경찰과 마주칠 때도, 그는 늘 여유를 잃지 않았다. 대적선상을 뛰어다니며 각목을 휘두르는 그의 모습은 아름답다고까지 평가될 정도로 가볍고 현란했다. 상대가 쓰러지면 각목을 거두었고 각목에 못을 박거나 물을 뿌리는 짓은 결코 하지 않았다. 검은 마스크를 콧잔등이 덮일 만큼 올려 쓰고, 단 한마디의 욕설도 뱉지 않은 채, 냉정하게 시위에 참가했다.

용감한 영혼과 강한 육체를 지닌 그는 곧 선배들의 눈에 띄었다.

신입생 공승하는 아무도 눈치채지 못하게 시위대에 합류했다. 아주 오래 전부터 그랬다는 것처럼, 너무나 자연스럽게 노래를 부르고 구호를 외치는 바람에, 선배들은 그가 2학년은 되리라고 생각했다. 학생회관에 붙어 있는 대자보를 술술술 외우고 각각의 관점에 나름대로 비판을 더했을 때, 선배들은 그가 3학년이 분명하다고 여겼다. 작은 체구 때문에 각목을 들고 앞서 나가지는 못했지만 , 누구보다도 솜씨 좋게 보도블록을 깨고 열심히 돌을 날랐다.

둘은 곧 선배들의 부름을 받았고, 자정을 넘긴 시각에 허름한 지하술집에서 처음 대면했다. 첫만남에서부터 둘은 서로에게 끌렸다. 공승하는 강혁의 폭발하듯 터져나오는 민요가락을 좋아했고, 강혁은 공승하가 부르는 독일과 프랑스의 혁명가요를 즐겼다. 두 사람은 평생의 벗이 되기로 그 자리에서 약속했다, 죽음이 우리를 갈라놓을 때까지! 그들은 그렇게 축배를 들었다.

둘

1986년 3월 1일, 공승하가 준비한 반지하 자취방에 열두 명의 사내가 모였다. 그중에는 법대 학생회장 강혁도 끼여 있었다. 강혁은 새벽에 집을 나서며 홀어머니에게 말했다. 일주일 정도 들어오지 못할 것 같습니다. 어머니는 아무 말 없이 그의 옷매무시를 고쳐주었다. 3월로 접어들었지만 바람은 여전히 차고 쓸쓸했다. 때마침 기름이 떨어진 반지하방의 냉기를 열두 명의 체온으로 버티기에는 힘이 부쳤다.

몸을 웅크리거나 양손을 비비는 사람은 없었다. 자연대 학생회장 공승하를 중심으로 둥글게 모여 앉은 그들의 얼굴은 약간씩 굳어 있었다. 침묵 속에 떠도는 긴장감이 어깨를 짓누른 결과였다. 누구 하나 그 침묵을 깨려고 하지 않았다.

공승하는 두꺼운 안경알 너머로 자신을 제외한 열한 명의 얼굴을 차례차례 응시했다. 강혁은 공승하의 눈빛에서 어떤 결의를 읽어냈다. 지난 3년 동안 숱한 집회와 시위를 준비했지만, 공승하가 지금처럼 비장해 보인적은 없었다. 파출소 다섯 군데를 한꺼번에 타격할 때나, 총장실을 점거할 때, 시간이 될 때까지 옆구리에 끼고 온 식물도감을 뒤적거린 그였다. 그러나 오늘은 달랐다. 강혁은 공승하의 시선이 자신에게 건너오자 가만히 웃어 보였다. 네가 뭘 생각하는지 다 알고 있어. 걱정 마. 공승하의 눈가에도 잔잔한 미소가 언뜻 머물렀다가 지워졌다.

그들의 학창시절은 참으로 벅차고 가슴 뜨거운 나날이었다. 어두운 죽음의 시대였지만 두 사람의 가슴은 결코 차갑게 얼어붙지 않았다. 그들은 망치와 곡괭이를 들고 겨울강으로 가서 봄이 올 때까지 지칠 줄 모르고 얼음을 부수었다. 시위준비와 대자보 작업으로 하루가 멀다 하고 밤샘을 했지만 그들은 일처리에 조급하거나 지루해하지 않았다. 차가운 새벽 공기를 마시며 오늘 또다시 결전의 날이 밝았다고 노래할 따름이었다. 부실한 식사와 10분 단위로 짜여진 스케줄 때문에 양볼이 핼쑥해지고 두 눈이 퀭하니 충혈될 때도, 그들은 육체의 피로를 손목에 찬 시계처럼 아무렇지도 않게 받아들였다. 밤샘작업을 일주일이나 계속한 끝에 공승하가 쓰러졌을 때도, 강혁은 남들처럼 호들갑을 떨면서 꽃이나 과일을 사들고 병문안을 가지는 않았다. 그는 묵묵히 공승하의 공백을 메웠고 병문안을 가는 친구 편으로 아령 한 벌을 보냈을 뿐이다. 공승하는 강혁이 보낸 아령을 받아쥐며 모처럼 함박웃음을 웃었다. 입에 발린 백마디 위로보다 이 조그마한 아령이 필요했던 것이다. 그후로 두 사람은 새벽 여섯시만 되면 학생회관을 출발하여 순환도로를 달렸다. 강혁은 아직 완전히 회복되지 않은 친구를 위해 발걸음을 늦추었고 때때로 친구의 힘을 북돋아주기 위해 노래를 불렀다. 그 노래의 대부분은 지난 밤 대자보를 쓰거나 문건을 만들면서 공승하로부터 배운 곡들이었다. 여유가 생기면 그들은 공과대학 위 산중턱에 있는 4·19 기념탑을 찾았다. 짧은 묵념을 마친 후 그들은 그곳에서 서로에 대한 불만을 이야기했다. 상대방에 대한 따뜻한 마음만큼이나 그들의 비판은 시퍼렇게 날이 섰다. 그들은 자신의 잘못을 솔직히 인정했고 앞으로 다시는 그런 과오를 범하지 않겠다고 맹세했다. 술자리에서 그들은 끝까지 취하지 않고 늘 깨어 있었다. 희망과 절망, 슬픔과 분노가 어우러지는 분위기에서도 그들은 오늘을 정리하고 내일을 준비했다. 술자리가 어두운 절망이나 허황된 희망으로 흐를 때면, 그들은 서로 눈짓을 해가며 분위기를 바꾸었다, 강혁이 선창(先唱)을 하며 사람들을 이끌었고 공승하가 마지막을 단정하게 정리했다. 그들은 단 한 순간도 시간을 의미없게 흘려보내지 않았으며, 그들이 깨달은 삶의 원칙들을 선후배와 동료들에게 나눠주기를 주저하지 않았다.

1984년 봄, 강혁은 가리봉 오거리에서 사복조 다섯 명에게 사지가 들린 채 잡혀갔다. 그날 시위대는 강혁의 지시에 따라 30분이 넘도록 전투경찰과 대치했다. 검은 마스크의 강혁은 사복조가 앞으로 달려들 때마다 정면으로 맞닥뜨렸다. 사복조의 흰 헬멧만 보고도 뒷걸음을 치던 예전과는 사뭇 달랐다. 강혁은 흰 천으로 끝을 감싼 각목을 휘두르며 큰 소리로 구호를 외쳤다. 그보다 20미터 쯤 떨어진 곳에 시위대가 스크럼을 짜고 서 있었다. 확성기를 든 공승하가 땀을 뻘뻘 흘리며 시위대를 이끌었다. 축포처럼 최루탄이 발사되고 전투경찰들이 왼발을 구르며 빠른 속도로 전진하자 거리는 순식간에 아수라장으로 변했다. 강혁의 진가는 그 순간부터 빛을 발했다. 달아날 엄두도 내지 못하고 그 자리에 털썩 주저앉은 신입생들을 동분서주하며 안아 일으켰고, 머리채를 잡힌 채 질질 끌려가는 여학생들을 둘이나 구한 것이다. 슈퍼마켓이 있는 5층 건물 옥상으로 몸을 피한 공승하는 강혁이 10여명의 사복조와 맞붙어 싸우는 것을 똑똑히 보았다. 각목을 빼앗기고 무수히 구타당한 후 사지가 들려 잡혀가면서도 강혁은 큰 소리로 구호를 외치고 있었다. 공승하는 그 구호를 분명히 들을 수 있었다. 군, 부, 독, 재, 타, 도, 하, 자.

늦가을까지 공승하는 강혁을 만나지 못했다. 새벽 운동도 혼자서 했고 강혁이 책임진 일들도 그가 모두 도맡았다. 코피를 네 번이나 쏟으면서도 공승하는 아무 것도 포기하거나 양보하기 않았다. 공승하는 강혁에게 자신이 연필로 직접 그린 뎃생들을 보냈다. 첫 편지에는 앙상한 가지만 남은 겨울나무였다. 그 다음 그림에는 여기저지 눈이 움텄고, 그 다음에는 꽃이 피었다. 열매가 가득 열리고 농부가 그 열매를 모두 거두어들일 즈음, 강혁은 집행유예로 풀려났다. 구치소 정문에서 둘은 다시 만났다. 공승하는 강혁에게 두부를 먹이지도 않았고 환호성을 지르지도 않았다. 다만 눈에 띄게 야윈 벗의 손을 잡고 고개를 주억거릴 뿐이었다. 그날 밤 두 사람은 4·19 기념탑으로 가서 막걸리를 마셨다. 강혁이 서도 민요 한 자락을 흐드러지게 뽑자 공승하는 가방에서 책을 한권 꺼냈다. 혁명가요 모음집이었다. 공승하는 그 위에 손을 얹고 김민기의 노래 몇곡을 연이어 불렀다. 그 노래들은 느리고 잔잔했지만 결코 값싼 감상으로 빠지지 않았다. 공승하는 교문까지 걸어내려오면서 지나치듯 뇌까렸다. 너와 함께 있으면 든든해!

열한 명과의 눈맞춤을 끝낸 공승하가 허리춤에서 지도 한 장을 꺼내 펼쳤다.

"이탈자가 한 명이라도 있어서는 안됩니다."

붉은 싸인펜으로 진입로를 표시하기 시작했다. 사거리로 통하는 열군데 골목의 특징과 너비, 전투의 형태와 유의사항을 간단하게 설명했고 각 지점의 책임자를 맨 마지막에 호명했다. 공승하와 강혁을 제외한 나머지 열한 명이 상기된 얼굴로 고개를 끄덕였다. 그중 한 명이 물었다.

"퇴로가 어딥니까."

공승하는 안경을 치켜올리며 차분하게 대답했다.

"퇴로는 없습니다."

눈빛들이 조금씩 흔들렸다. 강혁은 공승하의 뜻을 진작부터 눈치채고 있었다. 공승하는 퇴로를 표시하는 데 사용하던 푸른 싸인펜을 처음부터 가져오지 않았던 것이다. 강혁이 공승하를 거들었다.

"대부분 시위전력이 없는 2학년들이니 곧 풀려날 것입니다. 우리의 의지를 확실하게 보여줘야 합니다. 무기력하게 전방으로 끌려가기보다는 전면적인 저항을 2학년들도 바라고 있을 것입니다."

2학년을 대표해서 이 자리에 참석한 정치학과 조양주가 강혁의 의견에 동의하자, 나머지 학생들도 공승하의 뜻을 받아들였다. 15분씩 시차를 두고 한 번에 한 명씩 방을 빠져나갔다. 둘만 남았을 때 공승하는 접어두었던 지도를 꺼내 폈다. 기다렸다는 듯 강혁이 공승하의 곁으로 바짝 다가 앉았다. 머리를 맞대고 지도를 뚫어져라 쳐다보는 두 사람은 한동안 말이 없었다. 이윽고 공승하가 싸인펜으로 어느 지점을 찍더니 그 위에 별표를 했다. 강혁이 빙긋이 웃었다. 공승하는 지도를 둘둘 말아 세로로 세운 후 그 끝에 라이터를 갖다댔다. 순식간에 불꽃이 피어올랐다. 지도가 한줌 재로 변한 것을 확인한 후 공승하는 반지하 창문을 반만 열었다. 차가운 새벽 공기가 방안으로 훅 밀려들어왔다. 강혁을 내려다보면서 말했다.

"필요한 물품들을 미리 갖다뒀어."

"왜 미리 말해주지 않았어? 설마, 날 빼놓고 혼자 하려던 건 아니겠지?"

"고마워, 하지만 널 앞세우지 않겠어. 이번엔 내가 먼저야. 내가 먼저 하겠어. 기억해둬."

"알았어."

두 사람은 한동안 서로의 눈동자를 바라보며 웃었다. 그들은 이 일의 중요성을 누구보다도 잘 알고 있었고 그 책임을 지는 데 아무런 주저함도 없었다. 그들은 서로를 믿었고 지금부터 서로에게 마지막으로 필요한 것이 무엇인가만 생각했다.

셋

명인선은 강혁의 전화를 받은 후 서둘러 택시를 잡아타고 종로서적 5층으로 갔다.

강혁과 공승하는 베스트셀러 진열대 앞에서 제법 심각한 얼굴로 서 있었다. 그녀를 발견한 강혁이 먼저 오른손을 흔들었다. 식물도감에 이마를 파묻고 있던 공승하도 그녀를 향해 빙그레 웃었다. 그들은 곧바로 엘리베이터를 타고 1층으로 내려갔다. 휴일 오후의 종로는 봄나들이 나온 사람들로 붐볐다. 강혁이 인선의 팔을 잡아끌었다.

"인선씨, 닭고기 좋아하죠? 우리 삼계탕 먹으로 갑시다."

인선은 공승하의 표정을 살폈다. 섬세한 성격만큼이나 까다로운 식성을 지닌 공승하는 삼계탕을 먹은 적은 단 한번도 없었다. 유난히 닭고기를 좋아하는 인선으로서는 아쉬운 일이었다. 공승하는 늘 한 걸음 먼저 가서 인선의 어려움을 돌보아주는 스타일이었다. 바쁜 생활을 하면서도 인선의 일주일 스케줄을 꼼꼼하게 챙겼고 인선이 계획한 일들의 승패를 예견했다. 그는 자신의 입장을 강요하지 않았으며 인선이 깨달을 때까지 잠자코 기다릴 줄 아는 남자였다.

"인선씨, 식기 전에 어서 드십시오. 인선씨랑 점심이나 먹자고 했더니 승하가 인선씨에게 삼계탕을 사드리고 싶다고 했답니다. 그러니 남기지 말고 다 드셔야 합니다."

인선은 숟가락을 들며 오늘이 무슨 날인가 곰곰이 따져보았다. 3월 1일 삼일절, 생일은 아니고, 둘 사이에 무엇인가를 기념할 만한 날도 아니었다.

강혁은 뜨거운 국물을 홀홀 불어가며 젓가락으로 닭다리를 끄집어내어 뜯기 시작했다. 옆에 앉은 인선이 숟가락 놀리는 모습을 말없이 지켜보았다.

인선은 느낄 수 있었다. 지금 이 남자는 내게 작별을 고하고 있다. 감옥에 가거나 잠수를 할 만큼 상황이 악화된 것일까?

1983년 여름, 농촌봉사활동을 하려고 홍성으로 가는 버스칸에 나란히 앉는 순간부터, 인선은 공승하의 차가운 단정함 뒤에 숨은 뜨거운 분노를 느꼈다. 생각한 대로 말하고 말한 대로 움직이며 자신의 선택을 결코 후회하지 않는 남자. 인선은 공승하가 어느날 갑자기 사라지지나 않을까 두려웠다. 그가 작별의 말을 남기지 않을 만큼 나의 사랑이 허약한 것일까? 인선은 종종 공승하의 어깨에 기대어 자신의 두려움을 고백했다. 난 울지 않을 거예요. 당신이 내 곁을 떠나도 당신을 원망하지 않겠어요. 내 생활은 흐트러지지 않을 것이며 어떤 협박과 모욕을 받아도 당신과의 행복했던 순간들을 말하지 않겠어요. 내 곁을 떠나야 할 때가 오면, 주저하지 말고 말해주세요. 당신의 빈자리를 내가 채울 수 있도록 허락해주세요.

국물을 드는 인선의 숟가락이 조금씩 흔들렸다. 인선은 어금니를 꾸욱 깨물며 공승하의 마지막 배려를 받아들이기로 했다. 그녀가 지금 할 수 있는 일이란 그가 흡족해할 만큼 맛있게 삼계탕을 먹는 것이다. 보조개를 드러내며 즐거운 웃음을 웃는 것이다. 바쁜 생활중에도 건강에 유의하라고 따뜻하게 충고하는 것이다. 슬픔이나 안타까움은 그가 떠난 후 그녀 혼자 삼켜야 할 몫이다.

"섭섭합니다, 인선씨. 승하랑 행복하면 그만입니까? 제겐 언제 인선씨 같은 여잘 소개시켜줄 거죠?"

강혁의 너스레도 귀에 들리지 않았다. 인선은 공승하의 목소리가 듣고 싶었다. 공승하는 꿀 먹은 벙어리처럼 단 한마디도 하지 않았다. 삼계탕을 다 먹고 거리로 나선 후에도 공승하는 인선과 강혁을 뒤로한 채 저만치 앞서 걸었다. 오늘따라 그의 어깨가 유난히 작아 보였다. 강혁은 인선과 나란히 발을 맞추었다.

"저놈, 좋은 놈이죠. 인선씨가 사람 하난 제대로 본 겁니다."

"……"

인선은 그 말을 작별인사로 받아들였다. 공승하의 걸음이 점점 더 빨라졌다. 그는 결코 뒤돌아보지 않을 것이다. 인선은 그가 보낸 편지의 한 구절을 떠올렸다. 사랑이나 혁명이냐 양자택일하라는 소설을 읽으면 짜증이 납니다. 고작해야 사랑 따위가 아니겠습니까?

고작해야 사랑 따위!

인선은 그 말을 이해하지 못했다. 연애편지에 이런 구절을 적은 남자의 심정을 헤아리기 어려웠다. 인선은 총총총 멀어져가는 공승하의 뒷모습을 바라보며 사랑과 혁명의 무게를 다시 한번 가늠했다.

"이제 그만 들어가십시오. 우린 또 갈 데가 있어서……"

강혁이 가볍게 목례를 하고 공승하를 향해 뛰어갔다. 인선은 걸음을 멈추고 두 사내가 지하철역으로 사라지는 것을 지켜보았다. 깊은 한숨과 함께 가슴 한 구석이 뻥 뚫리는 느낌이었다. 인선은 밀려오는 눈물을 참으며 공승하가 사라진 지하도를 향해 손을 흔들었다. 깊게 팬 보조개가 3월의 태양 아래 더욱 선명했다.

3호선 지하철을 타고 고속버스터미널역에 내릴 때까지 나란히 서서 신문을 읽었다.

열흘이 넘도록 집회와 시위를 했지만 그에 대한 기사는 어디에도 없었다. 세상은 조용했고 평화로웠고 또 그만큼 지루했다. 일간지마다 오늘의 사설은 '3·1정신을 계승하자'였다.

강혁과 공승하는 같은 생각을 하고 있었다. "오등은 자에 아 조선의 자주국임과 조선인의 자주민임을 선언하노라"로 시작하는 독립선언서, 분단의 장벽을 끊어야 한다는 것, 미국의 내정간섭을 거부해야 한다는 것, 핵무기가 이 땅에 들어와서는 안된다는 것.

공승하가 세 평 남짓한 보세점 산천으로 들어섰을 때, 강혁의 어머니는 손님과 흥정을 하고 있었다.

"어머니, 저 왔어요!"

눈인사를 주고받은 후 공승하는 벽에 걸린 천연색 옷가지들을 둘러보았다. 14년 동안이나 그녀는 터미널 지하상가의 이 작은 공간에서 옷을 팔아왔다. 하루하루 커가는 강혁을 지켜보는 것이 그녀의 유일한 즐거움이었다.

작년 겨울, 공승하는 강혁을 따라서 산천을 처음으로 방문했다. 법대 학생회장에 출마한 강혁이 '지지의 변'을 어머니로부터 받고 싶다고 했기 때문이다. 어머니가 구술하는 것을 공승하가 녹음해서 정리하기로 하고 그들은 밤 아홉시쯤 산천으로 들어섰다. 그녀는 손금고가 있는 책상 앞에 앉아서 일기를 쓰고 있었다. 남편과 사별한 후 14년 동안 하루도 빠지지 않고 쓴 일기였다. 그녀는 이미 오래 전부터 아들을 위한 글을 준비해두고 있었다. 녹음기는 필요없었고 공승하는 그녀가 일기장에 끼워둔 편지지 석 장을 받아서 그대로 돌아왔다. "내 아들 혁에게"로 시작하는 그 글은 곧 대자보로 작성되어 학생회관과 법대 게시판에 나붙었고 많은 사람들의 눈시울을 뜨겁게 했다.

네가 공부는 하지 않고 데모대의 뒤꽁무니만 따라다니기 시작할 때, 널 불러 야단친 적이 있었지. 내가 이런 꼴을 보려고 10년 동안이나 지하상가에서 옷을 판 것은 아니라고 말이다. 그때 너는 한참을 말없이 앉아 있더구나, 낮은 목소리로 내게 이렇게 말했지. 돌아가신 아버지는 늘 제게 조국과 민족을 사랑하라고 말씀하셨으며, 안일한 불의의 길보다는 험난한 정의의 길을 가라고 하셨습니다. 저는 지금 아버지의 말씀을 따라 저 자신에게 떳떳한 삶을 살고 있습니다. 아버지와 저의 명예를 더럽히는 일은 절대로 하지 않을 것입니다. 너무 걱정 마십시오, 그 순간 나는 네게서 네 아버지의 모습을 보았다. 겨레를 위해 한 목숨 바치겠다던 참군인의 눈동자를 말이다. 그 후로 3년 동안 나는 널 계속 지켜봐왔다. 과연 너는 조금의 부끄러움도 없이 네가 선택한 길을 걸어가더구나. 나는 네가 무슨 일을 하더라도 널 믿는다.

"건강하시죠?"

"그래 넌 어떠냐? 혁이 말로는 많이 바쁘다고 그러던데."

공승하는 병아리색 블라우스를 만지작거리며 어깨를 으쓱 올렸다.

"혁이가 도와줘서 잘하고 있어요."

어머니는 접는 의자를 꺼내 그의 앞에 폈다. 강혁이 검은 비닐봉지를 들고 가게로 들어섰다.

"어, 춥다. 3월인데 날씨가 영 풀리지 않아서 걱정입니다. 이러다가 봄옷들 장사하기 힘든 것 아닙니까."

그녀가 비닐봉지를 받아쥐며 말했다.

"별 걱정을 다하는구나. 꽃샘추위는 한 이틀 지나면 풀릴 거고 옷도 별로 남은 게 없으니 걱정할 필요 없단다. 그런데 이 시각에 웬일이냐?"

"어머니 보고 싶어서 왔죠. 뭐."

비닐봉지에는 김이 모락모락 나는 찐만두가 들어 있었다. 책상에 신문지를 깔고 만두와 간장, 단무지를 내놓았다.

"웬 거냐?"

공승하가 대답했다.

"어머니, 점심 거르셨죠? 돈 버는 것도 좋지만 이젠 몸 생각도 하세요. 혁이가 매일 걱정하던걸요."

"제 몸 걱정이나 할 일이지."

만두를 깨끗이 비우는 동안 공승하는 나무나 풀이 지닌 자연적인 색깔과 인간이 만드는 빛깔의 차이를 장황하게 설명했다. 인공적인 빛깔들이 눈에 확 띄지만 보면 볼수록 아름답고 마음 편한 것은 역시 자연의 색깔이라고 했다. 강혁은 별로 말이 없었다. 묵묵히 어머니 앞으로 찐만두를 밀어 놓았다. 어머니는 공승하의 말에 공감했고 네 번이나 손뼉을 치며 즐거워했다.

공승하와 강혁은 저녁 6시쯤 학교 앞으로 돌아왔다. 그들은 세탁소에 가서 양복을 빌린 후 사진관으로 갔다. 졸업기념 사진을 찍는다는 핑계를 대고 45분 속성으로 사진을 찍었다. 그들은, 이제 사회에서 새출발을 할 사람들이니 좀더 밝게 웃으라는 사진사의 요구를 순순히 받아들였다. 강혁은 결혼사진도 여기에 맡겨야겠다고 농담까지 했다. 공승하는 사진값을 치르면서 거스름돈 1500원을 받지 않았다.

어디에서도 음산한 죽음의 그림자를 찾을 수 없었다.

그들은 사진관을 나와서 내일 마지막으로 삶의 불꽃을 태울 곳으로 답사를 갔다. 5층 옥상에 올라서자 사거리가 한눈에 들어왔다. 공승하는 만원에 구입한 태극기 두 장을 들고 물탱크 뒤로 돌아갔다. 흰옷들이 수북이 쌓여 있었다. 공승하는 그 안을 헤집고 태극기를 보이지 않게 감추었다. 내일이면 그들의 몸에 휘감길 태극기였다. 두 사람은 난간 근처로 다가갔다. 3월의 밤바람이 차고 매서웠지만 두 사람은 아랑곳하지 않았다. 러시아의 벌목공들이 각자에게 할당된 나무를 찾아가듯, 그들은 곧 자신들이 설 자리를 찾았다.

두 사람은 막걸리를 사들고 새벽에 모였던 반지하방으로 돌아왔다. 방바닥은 얼음장처럼 차가웠다. 양복을 벗어 벽에 걸고 담요를 꺼내 바닥에 폈다. 이 빠진 사발 하나를 돌려가며 술을 마셨다. 안주는 필요없었다. 술기운에 온몸이 따뜻해졌다.

자정 무렵까지 그들은 웃고 떠들었다. 기억의 첫머리에서부터 시작하여 서로에게 가장 감명 깊었던 순간들, 행복했던 장면들을 이야기했다. 아쉬움 없는 멋진 나날이었다. 특히 스무살 이후는 그들 인생의 절정기였다. 몸 바

칠 조국이 있었고 지켜야 할 신념이 있었으며 책임질 일이 있었다. 그리고
무엇보다 자신을 알아주는 벗이 있었다. 그 밤에 그들의 말과 웃음, 몸짓과
노래는 이런 시구(詩句) 만큼이나 아름다웠다. 가야할 때가 언제인가를 알
고 가는 이의 뒷모습은 얼마나 아름다운가.

넷

　3월 2일 새벽 5시에 눈을 뜬 강혁과 공승하는 체육복으로 갈아입고 약수
터까지 뛰어올라갔다. 3년 동안 다닌 한국대학교의 전경이 저만치 아래에
펼쳐졌다. 그들은 거친 숨을 몰아쉬며 사진을 찍듯이 건물들을 눈으로 흝
어내렸다. 선배들의 피와 땀. 그들의 웃음과 눈물이 함께 쌓여 있는 곳이었
다. 약수터의 샘물은 오장육부를 서늘하게 만들었다. 어젯밤에 술을 꽤 마
셨지만 정신은 그 어느 때보다 맑고 깨끗했다. 약수터에서 내려오는 길에
공중목욕탕에 들렀다. 서로의 등을 밀어주면서, 주식시세며 별자리의 움직
임, 개봉영화들의 특징에 관해 평소처럼 의견을 나누었다. 강혁은 늘 숨어
있는 문제들을 찾아냈고, 공승하는 제기된 문제들을 하나의 관점으로 꿰었
다. 간간이 이견이 발견되면 몇마디 대화가 오고갔지만 대부분은 서로의
입장을 깊이 이해하고 받아들였다. 수건으로 몸을 닦으며 그들은 잠시 서
로의 몸을 바라보았다. 오늘이 지나면 영원히 사라질 몸이었다. 강혁이 묵
묵히 공승하의 등에 묻어 있는 물기를 털어내자 공승하 역시 강혁의 가슴과
목을 수건으로 훔쳤다.

　그들은 아침을 먹지 않았다. 오늘 그들은 아무것도 먹지 않기로 했다. 두
끼 쯤 굶는다고 육체와 정신에 이상이 오지는 않을 것이다. 그들은 두 시간

남짓 반지하방에서 유서를 작성했다. 강혁은 가부좌를 틀고 명상에 잠겼다가 '반전반핵양키고홈, 강혁' 이라고만 썼다. 공승하는 글씨의 획 하나하나마다 정성을 들이며 편지지 넉 장을 채웠다. 석 장에는 그가 죽은 후에 벌어질 상황들과 대처방법을 적었고, 나머지 한 장에는 자연대 학생회실에 있는 식물도감과 몇권의 책을 명인선에게 양도한다고 썼다.

양복을 말끔하게 차려입은 강혁과 공승하는 정확히 오전 10시에 반지하방을 빠져나왔다. 슈퍼마켓에서 편지 봉투를 한 장 사서 유서를 함께 넣었다. 강혁이 버스승차권을 구입하는 동안 공승하는 한국대학교 총학생회장에게 보내는 유서를 버스정류장 옆에 있는 우체통에 밀어넣었다. 5분 후 기다리던 버스가 경적을 울리며 도착했다. 공승하가 먼저 차에 올랐다. 강혁은 할머니 한 분을 부축해서 태운 다음 제일 뒤에 버스를 탔다. 두 사람을 태운 버스는 꽁무니로 검은연기를 내뿜으며 달리기 시작했다.

다섯

휘발유 두 통, 화염병 두 개, 핸드마이크 두 개, 전단 열 묶음, 태극기 두 장, 노끈, 각목 두 개.

보물찾기를 하듯이, 공승하는 헌옷 무더기에서 오늘 일에 필요한 물품을 꺼냈다. 바람은 여전히 거셌지만 작열하는 오후의 태양이 두 사람의 몸을 뜨겁게 달구었다. 강혁은 손수건을 꺼내 공승하의 이마에 송골송골 맺힌 땀을 닦았다. 사람들이 하나둘씩 사거리 쪽으로 몰려오고 있었다. 공승하는 화염병 두 개를 북쪽 난간 모서리 아래에 놓았다. 강혁에게 태극기 한 장을 내민 후 자신도 나머지 한 장을 들었다. 둘은 마주보고 서서 상대가 든

대형 태극기를 말없이 바라보았다. 그들의 육신과 함께 타들어갈 깃발이었
다. 강혁과 공승하는 노끈을 이용해서 상대방의 몸에 태극기를 묶었다. 태
극기가 온몸을 죄어오는 동안 강혁은 고개를 치켜든 채 작은 목소리로 노래
를 불렀다. 모두 떠나세 깨어 일어나 장백산맥 너머 만주로…… 공승하는
태극기가 자신의 몸에 잘 묶이도록 힘껏 맴을 돌았다. 그는 눈을 끔뻑거리
며 옥상에 놓여 있는 지형지물의 위치와 그의 자리를 마지막으로 확인했
다. 공승하가 손목시계를 끌렀다. 작년 메이데이 날 명인선으로부터 받은
선물이었다. 시간을 확인했다. 1시 50분. 이제 10분밖에 남지 않았다. 공승
하는 손목시계를 난간 위로 올려놓았다. 강혁은 뒷주머니에서 지갑을 꺼내
펼쳤다. 해군 정복을 입은 아버지와 웨딩드레스를 입은 어머니의 빛바랜
결혼사진이 들어있었다. 그는 부모의 행복한 얼굴을 엄지손가락으로 훑은
후 공승하의 손목시계 위에 지갑을 얹었다. 공승하가 먼저 난간 모서리에
놓아둔 화염병에 불을 붙였다. 특별히 심지를 길게 하고 시너를 조금 밖에
쓰지 않았기 때문에 30분은 충분히 그 불꽃을 유지할 것이다. 불꽃이 꺼질
경우를 대비해서 나머지 화염병들을 모아두었다.

"시작하지."

강혁의 목소리는 낮고 단단했다. 공승하가 휘발유통을 들어서 강혁의 몸
에 붓기 시작했다. 휘발유가 화염병 쪽으로 흘러가지 않도록 신경을 썼다.
콸콸콸 소리를 내던 휘발유 한통이 곧 바닥이 났다. 공승하가 남은 휘발유
한 통을 건네주며 물었다.

"기분이 어때?"

"좋아"

강혁은 엄지손가락을 들어보였다.

"안경에 기름이 묻지 않도록 조심해줘."

"알았어."

강혁은 휘발유통을 어깨 위로 번쩍 들어 공승하의 목덜미에 쏟아부었다. 공승하의 마른 몸이 금방 소나기를 맞은 생쥐꼴로 바뀌었지만, 상기된 볼과 반짝이는 눈은 여전히 강혁의 가슴을 든든하게 했다. 찬바람이 휙 불어 올 때마다 기름에 전 몸이 조금씩 떨렸다. 공승하는 각목과 핸드 마이크를 동족과 남쪽 난간에 갖다두었다. 이제 시간이 된 것이다.

강혁과 공승하는 서로를 향해 한 걸음씩 다가섰고 누가 먼저랄 것도 없이 양손을 맞잡았다. 살아생전에 마지막으로 나누는 악수였다. 손끝으로 전해 오는 상대방의 체온을 느꼈다. 두려운 빛은 찾을 수 없었다. 서로에 대한 믿음을 확인한 후 그들은 짧게 포옹을 했다. 상대방의 숨소리가 귓가에 맴돌았다. 이제 몇분 후면 영원히 사라질 숨소리였다

강혁이 먼저 동쪽 난간을 향해 뚜벅뚜벅 걸어갔다. 공승하 역시 조금의 동요도 없이 남쪽 난간에 그 모습을 드러냈다. 핸드마이크를 든 강혁이 큰 소리로 외쳤다.

"반 - 전 - 반 - 핵 - 양 - 키 - 고 - 홈!"

그 순간 공승하가 뿌린 전단이 하늘을 수놓았다. 태극기를 몸에 두른 강혁과 공승하를 향해 사람들이 박수와 환호성을 보냈다. 어제 새벽 반지하 방에 모였던 열명의 사내가 동시에 핸드마이크를 들고 도로로 뛰쳐나왔다. 시위에 참가하기 위해 거리를 배회하던 대학생들이 동시에 사거리로 쏟아져나왔다. 도로는 금방 사람들의 물결로 가득했다. 여기저기서 경적 소리와 함께 구호와 합창이 쏟아졌다. 강혁의 절규가 계속 되었다.

"반 - 전 - 반 - 핵 - 양 - 키 - 고 - 홈!"

사거리 중앙에 모인 시위대부터 강혁의 구호를 따라하기 시작했다. 손뼉을 딱 딱 끊어 치면서 그 구호는 사방팔방으로 뻗어갔다. 스크럼을 짜고 거리를 빙빙 돌던 시위대는 각 단과대학별로 책임자의 인솔에 따라 질서정연하게 도로에 주저앉기 시작했다. 박수와 구호는 파도처럼 리듬을 타며 이어졌다. 공승하가 전단을 다 뿌렸을 때 강혁은 그들이 뿌린 전단에 실려 있는 성명서를 읽어나갔다.

"반전반핵선언서"

강혁의 목소리는 이미 쉿소리가 날 만큼 쉬어 있었고, 핸드마이크의 성능도 매우 나빴다. 연좌한 시위대는 강혁의 말을 정확하게 알아들을 수 없었지만 그가 전단을 하늘 높이 치켜들고 온몸을 흔들어가며 고함을 내지를 때마다 큰 박수로 화답했다.

퍼펑

총소리와 함께 하얀 연기가 하늘을 뒤덮었다. 동쪽과 서쪽 도로에서 전투경찰이 동시에 밀어닥친 것이다. 앞장선 사복조가 미친 듯이 곤봉을 휘둘렀다. 학생들이 피투성이가 된 채 비명을 지르며 쓰러져갔다. 각목을 든 사수대가 화염병을 돌리며 막아섰지만 역부족이었다. 격리해산이 아니라 철저한 진압이 저들의 방침이었다. 부상자가 몇 명 생기더라도 전방입소를 다녀오는 동안 오늘의 상처가 깨끗하게 아물 것이라고 생각하는 듯했다. 시위대의 저항도 대단했다. 누구 하나 제 발로 일어서거나 골목으로 달아나지 않았다. 사복조가 다가오자 그들은 뒤로 벌렁 드러누운 채 하늘을 향해 주먹질을 해댔다. 매캐한 최루가스 때문에 눈물과 콧물이 끝도 없이 흘러내렸다.

"반 - 전 - 반 - 핵 - 양 - 키 - 고 - 홈!"

강혁은 아예 난간으로 올라서서 구호를 외치기 시작했다. 공승하는 주먹을 빙빙 돌리며 서쪽과 동쪽이 위급하다는 신호를 보냈다. 시위대와 실랑이를 벌이던 사복조 10여명이 강혁을 잡기 위해 인도로 빠져나왔다. 그들은 야생마처럼 인도를 달려 강혁과 공승하가 있는 건물의 비상계단을 오르기 시작했다.

"승하"

강혁이 핸드마이크로 건물 아래를 가리켰다. 건물로 뛰어들어오는 하얀 헬멧들이 눈에 띄었다.

"승하!"

강혁이 다시 그의 이름을 불렀다. 공승하는 고개를 두어 번 끄덕인 후 핸드마이크를 내려놓고 불붙은 화염병이 있는 북쪽 난간으로 걸어갔다. 강혁은 핸드마이크와 각목을 동시에 들어올리며 계속 구호를 외쳤다.

쿵

옥상으로 통하는 철제 비상문이 요란한 소리를 내며 흔들렸다. 공승하는 뒤돌아보는 강혁을 향해 다섯 손가락을 펴보였다. 잠긴 문을 열려면 적어도 5분은 걸린다는 뜻이다. 강혁은 환하게 웃었다. 마지막으로 삶을 정리할 시간까지 예비해 놓은 친구가 미더웠다.

쿵쿵

철제문의 손잡이 주위가 울퉁불퉁해지기 시작했다. 공승하는 조금의 동요도 없이 강혁을 향해 똑바로 걸어갔다. 강혁과 나란히 난간 위로 올라섰다. 공승하의 손에 화염병이 쥐어져 있는 것을 보고 시위대는 다시 박수를 치고 고함을 질러댔다.

강혁이 양팔을 휘돌리며 그 환호에 답했다.

텅

그 순간 비상문이 열리면서 사복조가 우르르 쏟아져 들어왔다. 강혁이 고개를 돌리는 것과 동시에 공승하가 자신의 손에 들려있는 화염병을 두 다리 사이에 떨어뜨렸다. 화염병이 터지면서 불꽃이 승하의 온몸을 휘감았다. 사복조가 움찔 몸을 떨면서 뒤로 물러섰다. 시위대의 비명소리가 메아리쳤다.

"승하!'

강혁이 마지막으로 친구의 이름을 불렀다. 화염에 휩싸인 승하는 아무런 대답도 하지 않았다. 휘감은 태극기의 흰 바탕이 완전히 사라질 즈음, 그의 몸이 허공에서 기우뚱 흔들렸고 너무나도 가볍게 난간 아래로 사라졌다.

강혁은 각목을 휘두르며 있는 힘을 다해 북쪽 난간까지 내달렸다. 라이터를 집어들고 화염병에 불을 붙였다. 왼손으로 화염병을 빙빙 돌리며 강혁은 한 걸음 앞으로 나섰다.

"다가오지 마라. 네놈들에게 잡혀갈 내가 아니다."

강혁의 늠름한 몸과 날카로운 눈매를 보며, 사복조는 슬슬 뒷걸음질을 쳤다. 강혁은 획 몸을 돌려 공승하가 떨어졌던 바로 그 자리에 올라섰다. 각목을 휘돌리며 큰 소리로 구호를 외쳤다.

"반 - 전 - 반 - 핵 - 양 - 키 - 고 - 홈!'

"잡아!'

비상문 앞에 워키토키를 들고 있던 사복조 분대장의 명령이 떨어진 것은 바로 그 순간이었다. 사복 하나가 강혁의 허리를 움켜쥐는 것과 동시에 강혁의 손에 든 화염병이 그의 몸에 묶인 태극기 속으로 사라졌다. 각목을 휘돌리며 몸을 일으켰을 때 불꽃은 태극이 그려진 중심원으로부터 확 피어올랐다. 그에게 달려들었던 사복들이 정신없이 뒤로 물러났다.

강혁은 팔꿈치에서 뚝뚝 떨어지는 불꽃들을 바라보았다. 죽음은 이렇게 오는 것인가? 가슴 한복판이 참을 수 없을 만큼 아파왔다. 어금니를 깨물었다. 어머니! 어머니의 얼굴이 스치고 지나갔다. 몸을 잘 가눌 수 없었다. 귀가 멍해지고, 아무런 소리도 들려오지 않았다. 통- 일, 해-방 ..... 글자 몇 개가 입안에서 맴돌았다.

책임을 진다는 것, 목숨을 건다는 것, 시간을 스스로 포기한다는 것.

승하는 끝까지 약속을 지켰다. 이제는 그의 차례였다. 결코 승하에게 부끄럽지 않은 친구로 남을 수 있도록 버텨야 한다. 고통에 일그러진 얼굴을 저들에게 보일 수는 없다. 나의 선택이 결코 값싼 영웅심이나 감상에서 비롯되지 않았음을 증명해야 한다. 무릎이 휘청거렸다. 더 이상 서 있을 수가 없었다. 강혁은 몸을 뒤로 획 젖혔다. 무릎 꿇지 않겠어. 강혁은 자신의 몸이 뒤로 넘어가는 것을 느끼며, 짧은 순간이지만 제 살이 타는 냄새를 맡았다. 지글 지글 타고 있는 살덩이들은 결코 추하거나 더럽지 않았다. 아버지가 유언으로 남긴 가훈이 떠올랐다. 명예를 목숨보다 아껴라.

고통이 더할수록, 그의 정신은 어제 새벽부터 지금까지의 일을 모두 기억할 만큼 맑았다. 조국을 위해 한 목숨 기꺼이 바친 사람들의 얼굴이 떠올랐다. 짧은 고통과 끝없이 이어질 평안. 그들도 나와 같았을까? 푸른 하늘이 시야에 확 들어왔다가 사라졌다. 흰옷을 말끔하게 입은 얼굴 하나가 어둠 속에서 은종처럼 흔들리고 있었다. 승하

여섯

공승하는 1986년 3월 2일 2시 15분에 숨을 거두었다. 향년 23세. 직접적

인 사인은 우측 두개골 함몰이었고 간접적인 사인은 2도 전신화상이었다. 5층에서 떨어진 후 즉사한 것이다. 가족들은 3월 5일 가족장을 치른 후 그의 시신을 창원 선산에 묻으려 했지만 총학생회의 반대로 무산되었다. 공승하의 선후배와 친구들은 3월 2일부터 보름 동안 시체가 안치된 자애병원 영안실을 떠나지 않았다. 공권력이 동원되어 시신을 약탈할 것이라는 정보에 따라, 학생들은 각목과 화염병을 들고 영안실을 이중삼중으로 에워쌌다. 실제로 한 차례 사복조의 침투가 있었으나 학생들은 시신을 잘 지켜냈다.

강혁은 1986년 3월 17일 새벽 1시에 숨을 거두었다. 향년 23세. 직접적인 사인은 3도 전신화상이었다. 그는 3월 2일 오후 2시 30분 경찰에 체포되어 경찰병원에서 응급처치를 받은 후 한국대 병원으로 이송되었다. 경찰병원에 도착하기 전부터 그는 이미 혼수상태였고, 3월 17일 숨을 거둘 때까지 산소호흡기에 의지하여 생명을 연장했다. 강혁의 홀어머니는 아들의 장기를 기증하겠다는 의사를 밝혔지만 대부분의 장기가 심각한 손상을 입어 타인에게 이식하는 것이 불가능했다.

1986년 3월 19일, 공승하와 강혁의 합동장례식이 한국대학교 총학생회 주관으로 아테네 광장에서 거행되었다. 경찰과 학교 측의 반대로 시신을 실은 버스는 학교 안으로 들어올 수 없었다. 장례식을 마친 학생들이 교문 앞까지 진출하여 화염병과 최루탄이 난무하는 가운데 경찰과 대치하는 동안 공승하의 시신은 창원으로, 강혁의 시신은 용인으로 각각 이송되었다. 자연대 학생회와 법대 학생회 간부들이 오열하는 유족들 곁에서 고인들의 마지막 가는 길을 지켰다.

1989년 대학생들의 전방입소는 전면중단되었다. 분신 3주기를 맞아서 도서관 옆에 강혁과 공승하의 추모비가 세워졌다. 졸업식이 열리는 2월 마지막 토요일이면 축하의 선물로 받은 꽃다발이 추모비 아래 수북이 쌓였다. 그 꽃무덤은 3월 2일 저녁까지 임의로 건드릴 수 없었다. 학교를 떠나는 졸업생들과 갓 스물을 넘긴 입학생들이, 추모비 뒤로 돌아가 두 사람의 열정을 찬양한 노 시인의 헌시를 읽은 후 꽃무덤 앞에 서서 묵념을 했다. 1986년에 그들을 기리는 노래가 만들어진 후부터 묵념과 함께 추모곡을 부르는 학생들도 늘어갔다. 두 손을 모아쥐고 노래를 부르는 그들의 뒷모습은 공승하처럼 단정했으며 분노와 슬픔으로 충혈된 그들의 눈동자는 강혁처럼 뜨거웠다.

> 그날은 오리라 자유의 넋으로 살아
> 벗이여 고이 가소서 그대 뒤를 따르리니
> 그날은 오리라 해방으로 물결 춤추는
> 벗이여 고이 가소서 투쟁으로 함께 하리니
> 그대 타는 불길로 그대 노여움으로
> 반역의 어두움 뒤집어 새날 새날을 여는구나
> 그날은 오리라 가자 이제 생명을 걸고
> 벗이여 새날이 온다 벗이여 해방이 온다

(김탁환은 국문과 87학번으로 역사소설 '불멸' 등을 썼다. 이 소설은 "창비"(99년 봄호)에 발표되었으며 2006년 4월 출간된 그의 첫 단편집 '진해 벚꽃'(믿음 in)에도 수록되었다)

아름다운 청년 김세진·이재호

ⓒ 김세진·이재호 기념사업회, 2007

엮은이 _ 김세진·이재호 기념사업회
펴낸이 _ 김종수
펴낸곳 _ 도서출판 한울

편집위원 _ 우상수·유재석·이승문·이왕준·이준한·이충복·장유식

초판 1쇄 인쇄 _ 2007년 4월 22일
초판 1쇄 발행 _ 2007년 4월 28일

주소(본사) _ 413-832 파주시 교하읍 문발리 507-2
주소(서울사무소) _ 121-801 서울시 마포구 공덕동 105-90 서울빌딩 3층
전 화 _ 영업 02-326-0095, 편집 02-336-6183
팩 스 _ 02-333-7543
홈페이지 _ www.hanulbooks.co.kr
등 록 _ 1980년 3월 13일, 제406-2003-051호

Printed in Korea.
ISBN 978-89-460-3736-6 03040

*책값은 겉표지에 표시되어 있습니다